大学生思想政治教育对生活世界的回归

DAXUESHENG SIXIANG ZHENGZHI JIAOYU
DUI SHENGHUO SHIJIE DE HUIGUI

李清薇 著

中国社会科学出版社

图书在版编目（CIP）数据

大学生思想政治教育对生活世界的回归 / 李清薇著 . —北京：中国社会科学出版社，2023.5
ISBN 978-7-5227-1948-1

Ⅰ.①大… Ⅱ.①李… Ⅲ.①大学生—思想政治教育—研究—中国 Ⅳ.①G641

中国国家版本馆 CIP 数据核字（2023）第 094671 号

出 版 人	赵剑英
责任编辑	刘　艳
责任校对	陈　晨
责任印制	戴　宽

出　　版	中国社会科学出版社
社　　址	北京鼓楼西大街甲 158 号
邮　　编	100720
网　　址	http://www.csspw.cn
发 行 部	010-84083685
门 市 部	010-84029450
经　　销	新华书店及其他书店
印　　刷	北京明恒达印务有限公司
装　　订	廊坊市广阳区广增装订厂
版　　次	2023 年 5 月第 1 版
印　　次	2023 年 5 月第 1 次印刷
开　　本	710×1000　1/16
印　　张	16.5
插　　页	2
字　　数	257 千字
定　　价	89.00 元

凡购买中国社会科学出版社图书，如有质量问题请与本社营销中心联系调换
电话：010-84083683
版权所有　侵权必究

前　言

从理论背景来看，随着科技进步，科技理性全面渗透于人类社会实践的各方面，对人存在状态的思考与科技理性导向下人的异化的批判，倡导人回到人本身，让人回到自己应该过与值得过的生活，逐渐成为人文社会科学研究的重要课题，而现代教育发展的一大趋势是教育生活化与生活教育化。从实践背景来看，思想政治教育的内容、方法与日益发展变化的学生特点、发展需求之间还不完全匹配，还需进一步加强诊断。从现实实践来看，思想政治教育与生活之间呈现"悬浮化"状态。在现实生活中，由于大学生思想政治教育与生活的日渐疏离，自身也面临着诸多的现实困境。大学生思想政治教育对生活世界的回归，既符合现代教育的发展趋势，也符合现代思想政治教育的本质要求，同时也是解决传统大学生思想政治教育现实困境的理想途径之一。

本书主要解决大学生思想政治教育回归生活世界何以可能、如何可能和怎样可能的问题。首先，关于大学生思想政治教育回归生活世界何以可能的问题。此问题的解答有助于进一步明确思想政治教育与生活世界之间是否有着本源性的联系，以此来论证大学生思想政治教育回归生活世界的合理性与合法性，奠定本书的理论支撑点。对于此问题的解答，从大学生思想政治教育回归生活世界的缘起与理论依据两方面进行分析。其次，关于大学生思想政治教育回归生活世界如何可能的问题。针对大学生思想政治教育与生活疏离而呈现的现实困境、所存在的问题，挖掘问题背后存在的原因，依据马克思的理论教育思想、古代生活哲学理论、主体间性理论，以及近现代国外相关的教育实践启示，从逻辑起点、目标导向、重要内容、具体方法、有效载体、实践路径六个方面进行探讨,以此构建大学生思想政治教育回归生活世界的内在机制与现实道路。最后,关于大学生思想政治教育回归生活世界怎样可能的问题。此问题关涉大学生思想政治教育回归生活世界的限度问题,任何事物过犹不及,需要把握适当的度,保持适度的张力。在不断推崇、论证与实践大学生思想政治教育回归生活世界的过程中,需从主体、价值、时空三个方面进行合理阈值的把握,以此防止价值迷失、泛主体化、泛生活化等问题的出现。

总之,大学生思想政治教育对生活世界的回归,是对生活教育理论的继承和发展,促进思想政治教育研究视角的转换,有利于大学生思想政治教育实现价值引领,科学世界与生活世界的融合,理论与实践的统一,使大学生思想政治教育能够更具有时代生命力。

目　　录

第一章　大学生思想政治教育回归生活世界的缘起 …………(1)
　第一节　思想政治教育源于生活世界 ……………………(1)
　　一　生活世界是思想政治教育的发源地 ………………(2)
　　二　思想政治教育随生活世界发生变化 ………………(4)
　　三　思想政治教育关涉理想生活的追问 ………………(6)
　　四　思想政治教育引领生活世界的发展 ………………(9)
　　五　生活世界是思想政治教育的目的地 ………………(12)
　第二节　思想政治教育引领生活世界的价值诉求 ………(14)
　　一　思想政治教育引领内在生命价值诉求 ……………(15)
　　二　思想政治教育引领立体化的生存诉求 ……………(19)
　　三　思想政治教育引领高阶级的理想诉求 ……………(22)
　　四　思想政治教育引领合理化的生活诉求 ……………(26)
　第三节　思想政治教育服务于生活世界 …………………(29)
　　一　生活世界是思想政治教育的实践寓所 ……………(30)
　　二　生活世界是思想政治教育的检验场所 ……………(36)
　　三　生活世界是思想政治教育的价值属地 ……………(41)

第二章　大学生思想政治教育回归生活世界的理论依据 …(49)
　第一节　马克思主义理论联系实际思想的深化 …………(49)
　　一　马克思恩格斯的理论教育思想 ……………………(49)
　　二　列宁关于理论联系实际的思想 ……………………(55)
　　三　我国关于理论联系实际的思想 ……………………(57)

第二节 中国共产党思想政治工作的优良作风 (60)
  一 宣传思想工作的三贴近 (60)
  二 大学生思想政治教育的三贴近 (62)
  三 社会主义核心价值观人知人晓 (67)

第三节 新时代思想政治教育工作的三因理念 (70)
  一 因事而化 (71)
  二 因时而进 (73)
  三 因势而新 (75)

第三章 大学生思想政治教育回归生活世界的内在机制 (78)

第一节 大学生思想政治教育回归生活世界的逻辑起点 (79)
  一 关注教育对象的现实生活经验 (79)
  二 尊重教育对象的现实生活需求 (85)
  三 注重教育对象的身心发展特点 (88)
  四 把握教育对象的现实生存空间 (93)

第二节 大学生思想政治教育回归生活世界的目标导向 (98)
  一 个人理想与社会理想相统一 (98)
  二 成人做人与责任担当相统一 (103)
  三 内部自律与外部他律相统一 (108)
  四 个人发展与社会发展相统一 (111)

第三节 大学生思想政治教育回归生活世界的重要内容 (116)
  一 将理想信念融于大学生的生活理想 (116)
  二 将核心价值融于大学生的生活经验 (120)
  三 用真善美指引大学生的生活方式 (124)
  四 用和谐关系引导大学生的生活实践 (129)

第四章 大学生思想政治教育回归生活世界的现实进路 (134)

第一节 大学生思想政治教育回归生活世界的具体方法 (134)
  一 自我反思法 (134)
  二 情境体验法 (139)

三　生活叙事法 ……………………………………………… (143)
　　四　渗透教育法 ……………………………………………… (148)
第二节　大学生思想政治教育回归生活世界的有效载体 …… (153)
　　一　实践体验为主的活动载体 ……………………………… (153)
　　二　以境化人功能的文化载体 ……………………………… (158)
　　三　主流价值导向的传媒载体 ……………………………… (163)
　　四　自我治理模式的管理载体 ……………………………… (167)
第三节　大学生思想政治教育回归生活世界的实践路径 …… (172)
　　一　营造以学生生活为主线的大思政格局 ………………… (172)
　　二　构建多场域多主体相融合的育人模式 ………………… (178)
　　三　设置学生知行合一为标准的评价体系 ………………… (183)

第五章　大学生思想政治教育回归生活世界的合理界限 ……… (189)
第一节　大学生思想政治教育回归生活世界的价值限度 …… (189)
　　一　普遍主义与个体价值的合理限度 ……………………… (189)
　　二　事实判断与价值判断的合理把握 ……………………… (194)
　　三　事实引领与价值引领的相互统一 ……………………… (198)
第二节　大学生思想政治教育回归生活世界的主体界限 …… (205)
　　一　防止主体性缺失 ………………………………………… (205)
　　二　防止主体性流溢 ………………………………………… (209)
　　三　防止虚假性自我 ………………………………………… (213)
第三节　大学生思想政治教育回归生活世界的时空场域 …… (218)
　　一　树立生活形态的场域意识 ……………………………… (218)
　　二　构建联结生活的基础场域 ……………………………… (223)
　　三　打造生活化的实践能量场 ……………………………… (227)

参考文献 ……………………………………………………………… (232)

后　记 ………………………………………………………………… (251)

第一章

大学生思想政治教育回归生活世界的缘起

从20世纪中叶，在西方社会中日常生活理论已成为一种重要的理论形态。日常生活理论，一方面展现了对人的关注，使哲学研究从抽象转入至现实生活领域之中；另一方面，转化了近代西方哲学之中主体、客体二元对立的思维方式。马克思曾说："个人怎样表现自己的生活，他们自己就是怎样。"① 思想政治教育承担着对个体的塑造与教育，间接地承担着对生活的反思与超越，它与生活之间存在着天然的内在联系。

第一节 思想政治教育源于生活世界

从社会发展历程来看，思想和道德教育源于社会性交往，它作为关系的调节器而产生，调节生活中人与人在社会交往中产生的矛盾、竞争与冲突。"一切以往的道德论归根到底都是当时的社会经济状况的产物。"② "人们自觉地或不自觉地，归根到底总是从他们阶级地位所依据的实际关系中——从他们进行生产和交换的经济关系中，吸取自己的道德观念。"③ 道德产生于所处历史条件的社会经济基础之上，在人们进

---

① 《马克思恩格斯选集》第1卷，人民出版社1995年版，第67—68页。
② 《马克思恩格斯选集》第3卷，人民出版社2012年版，第471页。
③ 《马克思恩格斯全集》第20卷，人民出版社1971年版，第102页。

行生产与交换的经济关系中。人们总是会有意识或无意识地联系自己所处阶级的现实关系，吸取自己的道德观念。

一　生活世界是思想政治教育的发源地

生活是一切理论的出发点，各种理论作为个体成长的背景，只有属于个体自己的生活才是真实的存在。没有生活的根基与土壤，一切理论都将失去原本的意义和价值。首先，生活世界相对于思想政治教育具有先在性。如胡塞尔所言，生活世界是有效的，它是预先给定的，而非依据某种目的、意图或是题材范围而有效。生活世界并不是一个非本真的状态，它源于人的直接感知与生活，具体而又真实。全部的经验由此产生，进而形成观念与意识。因此，思想政治教育需要立足于现实生活背景，关注现实生活之中的人。就如马克思所说，"我们的出发点是从事实际活动的人，而且从他们的现实生活过程中还可以描绘出这一生活过程在意识形态上的反射和反响的发展"[1]。在人们的现实生活过程中，可以了解意识形态其生活过程所呈现的反映。一切认识活动的本源是生活世界，思想政治教育要避免概念化与抽象化，就需要关注生活世界的价值，并将个体的生活背景作为教育的起点，将个体置于自己所属的生活世界背景中。只有植根于个体的现实生活，才能诠释与理解人生的价值与生命的意义。只有从个体的生活世界出发，才能使个体不再是"处在某种虚幻的离群索居和固定不变状态中的人，而是处在现实的、可以通过经验观察到的、在一定条件下进行的发展过程中的人"[2]。思想政治教育只有以个体的生活世界为起点，才不会与个体的现实世界、所属的群体相脱离，才能在一定的现实条件下，从个体的经验的变化中观察到其成长与变化，才能使思想政治教育成为能动的活动过程，而不是主体的想象活动，更不是僵硬的说教与抽象的教条。

其次，生活世界相对于思想政治教育是一种事实性存在。生活世界作为一种事实性的存在，具有先在性。任何理论或是理念的产生都是以

---

[1]《马克思恩格斯选集》第1卷，人民出版社2012年版，第152页。
[2]《马克思恩格斯选集》第1卷，人民出版社2012年版，第153页。

生活世界为基础而产生的。生活世界既是思想政治教育的本源，又是思想政治教育实践活动开展的前提。思想政治教育远离生活世界这一基础或是本源，将失去其应有的生命力，无法展现它在生活世界中应有的价值与作用。思想政治教育只有内生于生活中，在生活中展开，才能发挥其应有的价值。生活世界是事实性存在。本质的前提在于存在，思想政治教育的先决条件是生活，它与生活之间割裂与疏离，反而会成为一种异己力量的存在。思想政治教育只有在生活之中，才能发挥其应有的价值。就如弗兰克纳所说，道德的目的是对人们向善的生活的引导，它是因为人而设立的[①]。只满足于基本生理需求的生活仅仅是一种自然生活，而一种有价值与意义的属人的生活，离不开价值的引领与规范。思想政治教育作为一种价值范式，有着更高的自觉性。个体在不断追求与改造现实生活的过程中，需要有正确的价值导向与行为的引导，思想政治教育需要关注个体当下的生活境遇与现实的生活情境，才能形成一种亲近个体的生活向导，才能指导个体的生活。[②]

再次，生活世界相对于思想政治教育具有自在性。正如马克思所说，"人们的存在就是他们的现实生活过程"[③]。纵观整个人类社会发展的历程，人们为了生存和再生产的需要，以及日常生活的延续，需要进行新人的教育，而在进行教育的时候，新人并非洛克在白板说里提到的是一块白板。受教育者在进入学校接受教育的时候，往往夹带着自己过往生活中所习得的经验，以及自身对生活的理解与信念。因此，教育者需要关注受教育者的生活背景，以受教育者过往的生活背景为基点，同时尊重受教育者已有的生活经验与生活方式而施以教育。正如陶行知所说，"生活与教育是一个东西"[④]。思想政治教育需要建立在日常生活之上，需要以生活为中心。相比于生活世界的自在性，思想政治教育具有自为性，为人类所面临的异化、主体性的丧失以及生存困境，给予个体

[①] ［美］弗兰克纳：《伦理学》，关键译，生活·读书·新知三联书店1987年版，第243页。
[②] 肖群忠：《论生活与伦理的关系》，《中国人民大学学报》2018年第3期。
[③] 《马克思恩格斯选集》第1卷，人民出版社2012年版，第152页。
[④] 陶行知：《中国教育改造》，商务印书馆2014年版，第170页。

的人生与生活以指引。

最后，生活世界相对于思想政治教育是一个非课题性的世界。非课题性意味着将现实的生活世界作为一种无须言明和毋庸置疑的存在，不将它作为所存在的问题或是课题来看待。在思想政治教育的过程中，对于生活世界的把握需要克服主客二元对立的方法，而应直面生活世界本身，还原对于生活世界的本质、直观的认识，并在真实的生活世界中，挖掘教育的内在价值与意义。既要赋予思想政治教育现实针对性，还要在科学理性的框架之下，通过生活世界来进行审视。从而使思想政治教育一方面走出符号化与概念化的世界，另一方面能够回归教育初衷，重新诠释生活世界相对于思想政治教育所应有的重要作用与价值。

二 思想政治教育随生活世界发生变化

人类生活经验是教育的缘起，教育最初的形式是经验的传递，思想政治教育源于生活的需要。随着教育经验的积累与社会的演进，在人类社会发展到一定时期才开始出现。从以下几个方面来看，思想政治教育源于生活经验：

第一，从思想政治教育发展史来看，思想政治教育源于生活经验。原始社会实施集体教育，教育者由最有经验的长者承担，原始教育的内容由原始宗教、生活、生产、思想、道德等方面的教育组成。人们在获取物质生活资料的过程中，为了保障生存和保护自己，往往通过合作、互助的方式共同获取。因此，道德最初是为调节人们之间的关系而产生，通过行为的规范使个人的生存权益得到保障与维护。在日常的生产生活过程中，长者通过言传身教进行示范，受教育者潜移默化地受到影响，以此形成最初的思想政治教育。原始社会中的思想与道德教育服务于现实生活，渗透于生活之中，并与生活一体相融。随着社会的发展、阶级的逐渐分化，统治者为了维护本阶级的利益，制定了符合本阶级的原则与规范，思想政治教育逐渐演化为阶级意识与政治观念相关的教育。到现代社会演进为专门化的学科与意识形态教育，目的在于为一定社会的统治阶级的利益服务。从社会发展的历史来看，思想政治教育源于生活的需要而产生。因此，远离生活、割裂生活、悬浮于生活之上的思想政治教育，也就失去了自身存在的合理性与合法性。①

第二，从知识的形成过程来看，思想政治教育源于生活经验。知识的形成源于先验知识与生活经验的统一，先验知识的现实化与新知识的产生离不开生活经验，知识的形成与生活经验的实现同样也离不开书本知识。因此，书本知识的现实化与完整知识的形成，只有通过生活经验来得以实现，而书本知识不可能产生生活经验，仅限于书本知识的学习也无法使人获得现实而完整的知识。让书本知识回到生活之中，一方面可以使受教育者获得解决现实生活问题的生活经验，另一方面能够让受教育者获得现实而完整的知识。康德曾说："无感性则不会有对象给予我们，无知性则没有对象被思维。思维无内容是空的，直观无概念是盲的。"② 由此可见，知识的重要来源是感性生活经验。胡塞尔也曾进一步强调了知识所呈现的，既不是毕达哥拉斯强调的纯数字，也不是巴门尼德、柏拉图等强调的观念本身所具有的自明性，更不是洛克、休谟等强调的经验材料的具体、直接的呈现。知识的呈现应当是两者的相互结合。③ 只有感性、内容等才能让对象进行思考，思想才能真实存在。④ 知识的自明不是观念的自明，也不是经验的直接展示，它是两者的融合。维特根斯坦的"意义在于用法"的认识论命题，凸显了实践活动的重要性。在马克思主义的认识论中，知识得以形成的重要前提是实践，强调需要将实践活动与生活世界相结合。如果仅有先验形式，知识是不完整的。因此，个体所具有的认识活动应当符合人类的总体思维形式。⑤ 在个体的认识活动中需要将书本知识与生活世界相融合，只有在生活世界之中，才能获得完整的知识与认识。⑥

第三，从理性与经验的关系来看，思想政治教育源于生活经验。由

---

① 胡凯：《论思想政治教育理论研究中的生活话语》，《思想理论教育》2007 年第 11 期。
② [德] 康德：《纯粹理性批判》，邓晓芒译，人民出版社 2004 年版，第 52 页。
③ 高秉江：《胡塞尔与西方主体主义哲学》，武汉大学出版社 2005 年版，第 85 页。
④ [德] 康德：《纯粹理性批判》，邓晓芒译，人民出版社 2004 年版，第 52 页。
⑤ 王南湜、谢永康：《后主体性哲学的视域——马克思唯物主义的当代阐释》，中国人民大学出版社 2004 年版，第 265 页。
⑥ 黄首晶：《论书本知识与生活经验的关系——中外认识论"先验"研究深度变革中的视阈》，《云南师范大学学报》（哲学社会科学版）2007 年第 2 期。

于对认识起源的不同划分，西方哲学史大致可分为经验主义和理性主义，经验主义认为观念来源于感觉经验，理念不过是感觉经验的进一步抽象与概括而已。杜威打破了理性与经验之间的二元对立与分裂，他认为"理性在经验之内运行而不是在经验之外运行，……理性是经验所固有的，它是过去的经验得以纯化，使过去经验成为发现和进步的工具的因素"①。杜威对于理性与感性经验这两者关系的批判与反思，认为这二者之间并不存在完全的对立与分裂，使两者走向了联结。杜威认为二者能够统一于个体的经验之中，从而对经验进行了重新认识与界定，并且他认为经验作为关系性的存在，不只是感觉与印象，而是在主体与事物、环境的相互作用过程中产生，有着被动与主动的双层含义。理性包含于经验之内，不断促进经验的改造与加深，最终促使经验能够达到与学科逻辑体系相吻合的水平。从性质上来讲，经验是直接的、动态的、过程性的与主动参与的。②杜威提出了"教育即生长"的观点，认为生长"不仅指身体的生长，而且指智力和道德的生长"。个体的生长即经验的生长，而思想政治教育的意义在于不断拓展好的教育经验，以此促进个体的成长。

三　思想政治教育关涉理想生活的追问

存在论与目的论是关于生活的双重理论。从存在论的角度来看，人作为一种事实存在，受到客观现实世界的限制，需要接受与遵守现实生活世界已有的各种规范；从目的论的角度来看，人并不仅仅满足一种事实性的存在，而是通过存在进一步探寻生活的意义与目的，即所谓的幸福。生活的目的在于生活自身有着无限的容纳力，而非仅仅为了某种结局。生活的目的就是其本身，目的在于个体生命的生长与生活的完善。幸福需要创造，需要在开放的生活世界中寻求可能的生活，而生活的意义在于它自身就是一种创造性的实践，能够在现有的生活世界基础上创

---

①　[美] 约翰·杜威：《民主主义与教育》，王承绪译，人民教育出版社2001年版，第242—243页。

②　魏华：《"一个经验"：杜威美学中一个容易被误读的概念》，《湖北社会科学》2015年第8期。

造可能的美好生活。① 所以，生活的目的就是其本身，目的在于个体生命的发展与生活的完整。②

首先，引导个体对理想生活的价值追问。思想政治教育关涉生活理想、理想信念、人生价值等问题，对人的生存与生活有着引导与导向的作用。思想政治教育与人的生活内在相关，承担着相应的价值追问，即人们应该追求什么样的生活，在追求理想生活的过程中，自己应该成长为什么样的人，什么样的人生是有价值的，什么样的生活理想既符合社会进步发展的方向又能满足个体的现实需求，什么样的人生追求是高尚的等相关问题的价值追问。美好生活既是一种理想的生活状态，同时还引导人们在现实的基础上超越并追寻可能的生活，激励人们在现实生活中寻求美与善的的价值，寻求使人之成为人的优良品格。美好生活是一种人生指引的方向与目标，而对美好生活的追问源于对现实生活的不完满，体现为对理想生活的反思与价值追问。正是对现实生活不完满的反思、追问与批判，才能将美好生活作为人们基础性的价值取向，并将此作为教育理想去说服与引导人。因而，思想政治教育正是立足于现实生活的不完满之上，进而追求理想生活的特殊实践教育活动。

其次，对高阶级共同生活理想的价值引领。"物质生活的生产方式制约着整个社会生活、政治生活和精神生活的过程。"③ 共同生活理想的产生与物质生活的生产方式相关，由于不同的生产与生活方式，使生活理想也各不相同。从历史发展的纵向上来看，在相同的时代与社会中，由于生产条件与生产关系的相似，使生活方式相对固定，也使人们的生活理想大致趋同。但是从横向上来看，不同的环境、生存方式等，进而呈现出不同的生活方式与生活理想。由于共同生活理想有着不同层次的主体，要使共同生活方式更符合人的发展，需要对一定范围内的主体进行充分的认识。从历时态来看，共同生活理想与生活方式主要呈现出三个阶段。第一阶段，以人的依赖关系为前提的共同生活方式。这一

---

① 赵汀阳：《论可能生活》，中国人民大学出版社2010年版，第15页。
② 陈玉祥：《德育生活化目标的人本解析》，《现代大学教育》2010年第5期。
③ 《马克思恩格斯选集》第2卷，人民出版社2012年版，第2页。

阶段的共同性表现为对国家、宗教等虚假共同体的绝对认同,人们自给自足,生活方式散漫而缺乏创造性。第二阶段,以物的依赖性为基础的人的独立性为前提的共同生活方式。社会分裂为两大阶级,人们在资本物化逻辑的控制之下选择生活方式。第三阶段,以自由个性为基础的共同生活方式。这一阶段实现了真正的自由,个人与社会的统一,也使共同的生活理想从可能到现实。对于生活方式的选择则呈现出自由、自为的特点,人将作为完整的人而普遍存在。在这一阶段,自由人联合体基础上的共同生产方式,实现了个性与共性的高度统一。这一阶段需要在共产主义社会才能实现,而共产主义社会不仅仅是物质生活的极大丰富,还需要精神、政治以及社会等各方面生活的丰富与发展。对于这一目标的追求与实现,需要个体的理性自觉,即对自己生活的自治,让自己的行为与习惯能够适应社会发展的需要,还能够促进个体的自我成长、发展与完善。思想政治教育的价值引领,在于让每个人能够自觉选择文明、合理的生活方式,不仅让个体能够成为生活真正的主人,同时在共同社会理想实践的道路上发挥自身应有的能力。思想政治教育不仅担负着对现存生存状态的反思与批判,还承担着高阶级的共同生活理想的价值引领。既体现对个体存在的认同,也是对个体价值与意义的认可。在鼓励个人进行生活创造的同时,也强调共性的生活方式,最终使共性和个性能够达到更高层次的统一。

  最后,追寻一种可能的生活状态。生活的根本特性是真实性,生活有着多层次性,既有着具体感性也有着抽象理性。每个生命个体习惯于重复的感性生活,但偶尔也会实现对理性生活的超越与提升。思想政治教育不仅在于让人们能够认知与了解当下社会的中心任务、阶段性目标与现状等,还关注人们的生活方式与质量,引领人们追求一种理想或可能实现的理想化生活状态,在此价值指引之下引导人们整体思想与道德水平的提升,以此能够适应社会发展的需要。在教育的过程中,不仅需要面对现实生活本身,还需要对生活中各类问题进行反思、质疑与批判,从而引导个体的发展与完善,从而能够积极发挥主动性与创造性,为可能生活的实现创造条件。可能的生活既是一种生活理想,也是一种教育目的。它作为一种理性存在的生活状态,本质超越,又是实现人的全面发展的客观条件。

四 思想政治教育引领生活世界的发展

"全部社会生活在本质上是实践的。"① 实践需要在现实生活中进行，才具有生命力。生活实践需要结合具体的历史现实条件，需要关注具体存在的生活着的现实个人。在现实的变化与发展过程中，需要不断把握人存在的历史状态，逐步摆脱物的依赖，以及人的依赖的局限，充分占有自身的全面本质，才能实现自由而全面的发展。因此，生活实践是思想政治教育的重要内容。

首先，思想政治教育引领生活实践。实践不仅是人的类本质，还是生活世界的基础。马克思曾说，人"通过实践创造对象世界，改造无机界，人证明自己是有意识的类存在物，就是说是这样一种存在物，它把类看做自己的本质，或者说把自身看做类存在物"②。"正是在改造对象世界的过程中，人才真正地证明自己是类存在物。"③ 以上可知，实践是人创造与改变世界的基础，而实践活动也成为揭示生活世界所有问题的关键所在。④ 思想政治教育立足于生活实践。实践是人的类本质，人在创造与改造对象世界的过程中展现自己的类本质，也在此过程中作为类存在物而存在。因此，实践活动也成为揭示生活世界所有问题的关键所在。思想政治教育最终是为了人的生活而服务，生活实践是思想政治教育获得的基础。脱离了生活实践，思想政治教育就陷入了抽象与空泛。思想政治教育不能作为抽象的理论而独立存在，它的产生与发展源于人的需要。同时，也不能将思想政治教育的内容悬置于现实的过程之外设立一个抽象世界，使它成为无实质内容的形而上学。人们对思想政治教育的认知与接受，需要有真实的生活体验与感悟。从实践生成论上来讲，思想观念与道德品质伴随着社会生活而不断变化。只有在社会生

---

① 《马克思恩格斯选集》第 1 卷，人民出版社 2012 年版，第 135 页。
② 《马克思恩格斯选集》第 1 卷，人民出版社 2012 年版，第 56—57 页。
③ 《马克思恩格斯选集》第 1 卷，人民出版社 2012 年版，第 57 页。
④ 王光秀：《论当代视域中的马克思生活世界理论》，《理论探讨》2013 年第 2 期。

活实践的过程中,个人成长与教育才能够获得一致性发展。[①] 只有促进了人生幸福的行为,才是正确而有价值的。思想政治教育作为一种教育实践活动,通过引导个体的自我改造,实现对个体生活世界的改造,并通过社会生活实践,引导个体懂得什么样的社会生活实践能够给自己与他人带来幸福,并引导个体在社会生活实践的过程中,不断提升自己的道德品质与人格魅力。

其次,思想政治教育指导生活实践。生活实践在具体的现实生活中发挥着重要的作用,一切的创造性活动都要经过实践。生活实践是人类生存与生活的根基,思想政治教育远离了历史的、具体的与现实的社会生活实践,就会演变为保守、故步自封与没有生命力的理论说教。思想政治教育需要引导个体在实践中感悟,否则就是僵死的教条。生活之中蕴含着丰富而繁多的教育资源,只有在生活实践之中思想政治教育才能彰显其现实意义与价值,而个体也只有在实践与感悟的过程中,才能不断升华自己的认知与理性。思想政治教育的价值引领功能,只有在具体的生活实践中,才能发挥其应有的作用,才能实现对个体政治意识与道德修养自觉性的提升。通过生活实践将个体引向生活、自然与社会,并引导个体学会探寻自己所属的生活世界,并能够与其进行不断沟通、对话与交流,让自己更高阶级的人生追求成为内心的一种理性自觉。当思想政治教育能够和个体的现实生活实践发生方方面面的联系,并能够对他的生活实践给予有价值的指导与意义指引时,才能够具有吸引力、生命力,才能够深入人心,进而产生持久的影响力。生活实践需要真理,生活作为个体与共同体的实践活动,需要有一定的原则、目的以及方向。没有真理的指引,生活实践是随意而无目的的。好的思想政治教育既要符合个体的需求,还要具有价值感与实践感。有价值的思想政治教育在于一种指示性,即在生活实践中的价值应然问题。当个体面临生活实践过程中的矛盾、困境与冲突时,需要针对所存在的问题进行反思,进而能够寻求一种普遍性的实践准则与指示性真理。思想政治教育引导个体不断反思自己所属的选择、观念、原则与行为,为应有的理性辩

---

① 鲁洁:《德育现代化实践研究》,江苏教育出版社2003年版,第56页。

护，为自己做出的价值判断寻求依据，并使生活实践中的各种行动能够符合普遍的正当性。

最后，思想政治教育超越生活实践。在现实生活实践中，人类形成了自己特有的生活方式，生活本身作为一种主体性的存在，人们总是在现实生活基础上不断超越，寻求更加美好的生活。思想政治教育的目的在于，引导个体向更有价值和意义的方向发展，同时在此过程中也承担着对个体思想与行为进行调节的重要使命。思想政治教育的目的在于让个体能够对生活内在蕴含的价值尺度有所觉解，同时引导个体不断拓展生活的意义领域，使个体在超越现实的过程中，实现自我的超越，"使他作为一个人作为一个家庭和社会成员"[1]，拥有真正属于自己的生活与值得过的生活。思想政治教育的诸多方面，都融合于它所存在的生活样态之中，同时又作为一个整体在生活实践之中展开。它不能离开生活实践而单独存在，总是存在于具体的生活情境之中。正是这种直接性与现实性的存在基础，才能使思想政治教育的抽象理论演变为具体的价值指引。"人之为人，内在而且必然地包含着一种理性的超越和自我反观。"[2] 一方面，人客观地存在于现实生活世界之中；另一方面，由于内在理性的驱使，而又不断超越于现实的生活世界。思想政治教育不仅需要将生活作为现实出发的基点，将现实生活实践作为其主要的内容，还要能够超越现实生活本身，实现更高层次的生活实践指引。正是这种超越的本性，需要思想政治教育不断引导人们对生活实践进行反思与重塑。通过引导个体反思生活实践活动，一方面，使各种规范与准则能够内化于心，让思想政治道德水平得到提升；另一方面，能够外化为行为方式，形成一种科学、健康与良好的生活习惯与生活方式。在此基础上，引导个体积极参与到创造可能世界的社会生活实践之中。可能的世界是对现实生活世界的超越，能够促使社会成员更好地成长与发展。从现实生活状态走向理想生活状态，思想政治教育在这个过程中，不仅教

---

[1] 联合国教科文组织国际教育发展委员会：《学会生存——教育世界的今天和明天》，华东师范大学比较教育研究所译，教育科学出版社1996年版，第2页。
[2] 高秉江：《生活世界与生存主体》，《华中科技大学学报》（社会科学版）2001年第4期。

会个体掌握人们的行为在现实生活中是什么样的状态，还要学会掌握应当或可能的行为状态，在立足于现实生活的基础上，助推追寻理想生活世界的可能性。

五 生活世界是思想政治教育的目的地

作为实在的两个领域，自然生活与精神生活两者间的关系，随着时间的流逝而发生变化，它们并不是并行不悖地处于无始终的当下。当两者呈现在人们面前的时候，首先发展并达到顶峰的是自然生活，然后才是精神生活的自觉状态，而这不是自然生活的简单延伸与拓展，而是实在本质的变化。生活将自然生活、精神生活连接在一起，使自然与精神融合，形成相互融通的世界。① 生活既是思想政治教育的价值、意义与作用得以展现的基础，也是思想政治教育得以具体实现的重要载体。

第一，思想政治教育的目标通过生活得以落实。在原始社会时期，教育与生活是相互融合的状态。在正规、有组织的学校教育出现之前，教育与生活是一体的关系，教育在生活之中展开。随着人类社会的进步与发展，知识理性、工具理性等的肆虐，学校教育的产生及演变，使教育越来越远离人们的生活。在教育过程中，知识训练与机械的理智训练替代了生活的丰富性。教育呈现了工具化与知识化，个体的主观性逐渐陨落与丧失，人逐渐呈现出成长危机与精神家园的失落，进而导致了生长的危机。科学世界是异乡的家园，目的在于修理理性，而生活世界才是根，才是成长的家园。② 生活作为思想政治教育的本源，思想政治教育不仅具有政治属性与伦理道德属性，还应当具有生活所属的性质、含义、特征与意义，同时还要表现能够为个体生活所服务的功能。它立足于现实生活，以生活实践为内容，同时传递着生活的意义。杜威提出教育即生活，揭示了教育所具有的生活意义。思想政治教育作为教育的一个分支，也应立足于生活，将生活作为平台与载体，将生活意义贯彻其中。

---

① 柴秀波：《奥伊肯的精神生活理论及其现代启示》，《国外理论动态》2008 年第 11 期。
② 项贤明：《泛教育论——广义教育学的初步探索》，山西教育出版社 2000 年版，第 231 页。

第二，思想政治教育的内容通过生活得以鲜活。思想政治教育需要关切现存的生活世界与状态，在现实生活中不断探寻所存在的意义，关注当下、指向未来，才能真正成为当下与未来发展所需要的教育。陶行知曾提出为了生活、依据生活等教育主张，要求教育内容要与生活相联系，教学应当具有生活气息，不可远离受教育者的生活世界，需具有生命的活力。教育教学应当成为一种积极、健康、纯真而充满智慧的生活，由此才能使教育教学呈现其自然的状态，让受教育者能够自然地成长与生成。因此，思想政治教育需要回到个体所属的、当下的生活之中，与生活实现整合。通过对学生直接经验的关注，发掘生活所蕴藏的教育意义与价值，从而破除生活世界与科学世界之间的界限、间接经验与直接经验之间的鸿沟。思想政治教育的认知素材来源于生活，客观世界所获得的真理性认识需要根植于生活之中。在进行教育的过程中，一方面可以通过生活使个体获得生活的信念，获得自我发展的内驱力；另一方面，在生活实践中，使个体能够获得对生活有着最本质的认识与理解，同时升华个体在生活中得到的各种观念，坚定其理想信念。如果忽视了生活所蕴藏的巨大教育意义与价值，个体就难以形成对生活、世界、人生等正确而完整的认识。

第三，思想政治教育的方法通过生活得以创新。思想政治教育要能够贴近生活、贴近学生的实际，就需要重视生活这个载体。在生活过程中，个体将历史发展积累下的规范与原则内化于心，同时又在生活过程中外化成良好的习惯与行为。同时，人们思想与行为的改变在现实的日常生活中发生，通过个人现实生活的方方面面展现出来。思想政治教育的价值引领作用在现实生活中得以展现与实践。正如亚里士多德所言："我们必须先进行实现活动，才能获得这些德性……我们做公正的事情才能成为公正的，进行节制才能成为节制的，表现勇敢才能成为勇敢的。"[①] 思想政治教育生活化，需要让受教育个体投身于生活之中，解放受教育个体的头脑、双手、双眼，让其接触自然、社会与生活，给予

---

① 苗力田主编：《亚里士多德选集（伦理学卷）》，中国人民大学出版社1999年版，第31页。

空间与渴望学习的时间,让其通过生活汲取营养,以此形成个体优良的个人品性与行为规范。学校、书本都因生活而变得鲜活,否则都是呆板而木讷的。思想政治教育随着社会生产的发展、人类社会的进步而不断演变,随着现实生活的变化发展而不断变化,生活世界给思想政治教育提供了生长的基础、源泉与动力。一方面,思想政治教育的内容与范围由生活决定。人总是在一定的时空范围之内,以某种特定而固有的生活方式生活,有着其特定的背景,社会关系作为生活的重要组成部分,存在着个人与他人、个人与集体等方面的矛盾,而思想政治教育作为这些矛盾与关系的调节器而存在。好的、认真的、合理的生活就是好的、认真的、合理的教育。思想政治教育的内容、范围、外延不可超越生活的限度,一旦过度超越,就会使理论与实际相分离。另一方面,思想政治教育这一特殊的实践活动需要在现实生活之中展开,并对个体的具体现实生活给予指导或指引。只有与生活发生密切的关联,才能使其具有说服力与实效性,以生活为载体,在生活中开展,才能充实与指导生活。杜威认为,脱离了社会情境,忽视了社会需要,要培养良好公民,就犹如在岸上教孩子游泳。思想政治教育需要借助生活的各类场景与广阔舞台,借助生活所提供的各种渠道与载体,挖掘各类丰富的教育资源,通过生活这一载体来实现思想政治教育的最终目标,使思想政治教育能够融于生活、贴近生活、引领生活,最终能够服务于生活。[①]

第二节 思想政治教育引领生活世界的价值诉求

作为一种培养人的特殊实践活动,思想政治教育对于个人的生活理想、人生追求、人生意义等起着导向的作用。它引领着受教育者不断反思自身当下的生活状态,其着眼点不在于对于现实生活状态的被动接受

[①] 范关香:《开放社会德育生活化的必然性与实现途径》,《南通大学学报》(社会科学版) 2012 年第 6 期。

与满足，而是立足于当下的生活状态，反思自己的个人理想、人生追求、人生意义等问题。思想政治教育的价值引领在于引导人们对于现存生活状态的反思与超越，通过思想政治教育与生活之间这种张力的保持，使个体能够学会审视当下的生活现状，在批判与反思的基础上，能够运用正确的世界观、人生观、价值观来指引自己的现实生活，学会用正确的价值意识引领自己的社会生活实践活动，能够创造自己所属的美好生活与可能的生活状态。

一 思想政治教育引领内在生命价值诉求

首先，关注个体内在精神生命的积极展现。意义是指内在的时间意识，是个体对自身生命流程的意识，而体验的意义在于建构个体自身的生命流程。[①] 现今的人对自己或是生活没有确定的信念，虽然现代社会取得了惊人的成就与持续不断的发展进步，但是在丰富的物质成果与心理需求之间却存在着尖锐的矛盾。物质主义的盛行，非但没有形成一种普遍的信任与安全，反而使人们的精神生活易陷入困惑与不安之中。社会的进步，使人们的兴趣专注于可见的世界之中，人们为成果而陶醉，但内心生活却未能得到相应的充实。因此，心灵开始变得困惑和不安。随着社会的进步与发展，人们的物质生活逐渐丰富与富足，但是相应的精神生活却充斥着诸多的不安、迷茫，以及生活意义丧失等诸多问题。思想政治教育引导人们找寻独立于身体之外的活动，即人们内在的精神生命，以此找寻它们相互依存与影响的关系。只有当两者互相协调、共同进步时，个体的生存才能够和谐。当精神生活被忽略时，人们会呈现出对于生活的困惑与不安，而这种困惑与不安正是源于人们现实生活中生活意义的缺失。随着国家、社会对个人的重视，不但重视个体的身体健康，同时还重视心理的健康，以及身心的和谐统一发展。在中国式现代化的进程中，国家倡导共同富裕，强调物质生活与精神生活的共同发展与丰富。在不断追求经济高质量发展的过程中，还需要重视精神生活

---

① ［奥］阿尔弗雷德·舒茨：《社会世界的意义构成》，游淙祺译，商务印书馆2012年版，第12页。

的丰富与发展，强调精神生活所具有的功能与价值，让个体能够真正体会与领悟到完整生活的意义与价值。① 就如卡西尔所言："人的本质不依赖于外部的环境，而只依赖于人给予他自身的价值。财富、地位、社会差别，甚至健康和智慧的天资——所有这些都成了无关紧要的。唯一要紧的就是灵魂的意向、灵魂的内在态度；这种内在本性是不容扰乱的。"② 人的本质依赖于生活的丰富性与人自身的价值，其生活本性与人自身是内在本性得以稳固的基础。思想政治教育的使命在于引导个体建构内在精神生命，引导个体在内在生命的积极展现与体验之中获得生活的意义，一方面能够反思现存的生活世界，另一方面能不断拓展自己的精神生活空间。从而能够为自己的个人生活奠定坚实的内在基础，充盈个人生活意义，使个体能够拥有充实与丰富的人生，过有价值的生活。

其次，引导个体内在精神价值的动态生成。思想政治教育自身蕴含着生活的特性，对于生活的指导，以及引导个体对于现实生活理想、人生价值的感悟等。思想政治教育随着生活实践的展开而生成，呈现着诸多现实生活经验的总结、升华与提升。思想政治教育不仅具有生活的意义，还伴随个体的生活经验、生活体验相应而生，在个体的现实生活之中给予思想、行为上的指引。现实个人作为有生命的现实个体，在实现个人人生价值的过程中，蕴含着对于现实生活的审视、反思、批判与超越。个人生命价值的展现就是个体现实生活状态的呈现，通过思想政治教育引领个体对自身的生活质量、生存状态予以反思，使个体在已有的生活经验与基础之上获得领悟或启发，以此能够追寻更高层次的生活目标与生活理想。在追寻理想生活、可能生活的过程中，能够构建一种新型的、符合社会发展需求与个人生存理想的生活方式。思想政治教育通过真善美的价值引领，引导个体创造更美好的生活。思想政治教育需要创设个体真实的生命体验活动，与个体的日常生活相结合，将现实世界的生活与可能的生活相联系，从而能够引领并超越生活，让个体在生活

---

① 柴秀波：《奥伊肯的精神生活理论及其现代启示》，《国外理论动态》2008年第6期。
② ［德］恩斯特·卡西尔：《人论》，甘阳译，上海译文出版社2004年版，第11页。

中体会生活的价值与意义，以此培养个体丰富的情感、健全的人格。思想政治教育不能脱离了生活世界成为空泛的理论或结论，而应关注生活世界的多样性与动态生成性，应关怀个体的生活，教会个体体验生活，学会研究、反思与读懂生活。只有读懂、领悟生活的真谛，才能够真正拓展思想政治教育所具有的功能、价值与意义。思想政治教育对于生活的超越，一方面，源于思想政治教育蕴含着对于个体现实生活指导的隐含教育意义，也暗含着对于人生价值的深入阐释与提升。在一定意义上，思想政治教育所具有的反思性能够间接促进个体生活的自觉性；另一方面，思想政治教育所具有的活力与生命力，需要通过生活实践来得以丰富、提升与完善。思想政治教育作为一种特殊的实践教育活动，不仅具有育人的功能，还蕴含着较强的实践性。在思想政治教育的实施过程中，教育者需要抛弃过多定义性的理论、言语、科学化的表达与僵化式的教条，应当融入更多生活价值，以及对于个体生命成长的思考，让个体能够在动态的生成之中、在具体现实的生活之中领悟思想政治教育的教育功能与作用。通过现实生活对思想政治教育进行展开，让理论能够联系教育对象的生活实际与生长实际，以此彰显思想政治教育的生活意义与生命活力。思想政治与生活密不可分，但是并不意味着思想政治教育只是对生活简单地依附，它与生活之间存在着一定程度的张力，在不断促进个体价值完善与意义生成的过程中，还要引领个体对现实生活的超越。一方面，挖掘生活中不够明确或是隐含的教育意蕴；另一方面，还要能够运用生活所具有的实践性，不断延展其生命活力。通过反思性与超越性促进个体生命的自觉性，以及让个体实现对自己所属生活的自治。思想政治教育作为育人的基本活动，不仅需要充满活力生命力，还要具有较强的生活性。在进行思想政治教育的过程中，需要重视现实生活实践的重要作用。教育者需要摒弃过多定义性的语言、表达方式与僵化的教条，在进行教育的过程中体现对个体生命价值的关切，注重个体生命的动态生成，让个体学会自觉维护自身的存在与发展，以此使个体的生活能够更加幸福，更富有价值与意义。

最后，拓展个体内在精神生命的意义空间。在哲学上，意义涵盖着意指和意谓的含义。意指顾名思义是指意义所指向的对象，意谓就是指针对所指向的对象而赋予了新的意义。个人在成长的历程中，总是不断地将个人的意识、观念等投射至对象化的活动与实践之中，以此不断创造属于自身的意义世界。在现实生活中，思想政治教育为个体提供思想、道德与价值指引，对其生活世界不断进行建构，为个体拓展其生活意义的空间。思想政治教育只有在这些能够彰显自身意义的行动中，才能够呈现出生命力。从思想政治教育具有的实践性来看，只有将思想政治教育通过生活才能使个体内化于心、外化于行，才能够使思想政治教育发挥其自身所具有的价值引领与导向作用。思想政治教育引领着人们审视现实生活、反思现实生活并超越现实生活。从实践上来看，可能性即意味着超越，个体只有把思想政治教育落实在行动才能实现其超越。个体自身具有某些局限性，需要以社会主导的思想价值体系作为引领，为自己的生活世界构建可能性。思想政治教育作为这样一种思想体系而存在，它通过对个体的指引，让个体确信自己的行动，使个体在构建自身可能生活世界的同时，还能够不断超越其自身，寻找自我存在的更广阔的意义空间。生活本身的问题即意义问题。尼采曾说人是有病的动物，因为人拥有对自身价值实现的渴望，总是不断寻求生命和生活所具有的价值与意义。作为现实生活的个人，不仅需要满足自己基本的生存需要，还要满足对于个人精神生活的需要。在社会生产与生活实践的过程中，不仅展现着对于所在环境的适应与自身存在的满足，还体现着对于环境的改造与自身的超越。正如萨特所说，自我是永远被追求而又永远追寻不到的东西。"人是一个自我创造的过程，因为人所是的意识总是和他所经验的东西保持着一段距离。"[1] 人的这种不完满性与未完成性，就是促使自身作为一种价值存在而永远无止境的学习以及完善自身的过程。"人不仅拥有一个现实世界，而且还拥有一个可能的世界。"[2] 对于个体所追寻的超越或是可能的生活，正是人依据自身所认同的价值理想，在精神世界中所构筑出来的理想生活样式或形式，而这种理想的

---

[1] [美]黑泽尔·E.巴恩斯：《冷却的太阳——一种存在主义伦理学》，万俊人等译，中央编译出版社2004年版，第15页。

[2] 鲁洁：《超越与创新》，人民教育出版社2001年版，第404页。

生活样式或形式正是源于当下的现实生活，同时为当下的生活提供一定的参照或参考的。个人作为有意识的存在物，不但要满足自身最基本的生存与生活的需要，还要通过现实的社会生活实践，不断拓展生命与生活的意义。可能生活是人根据自身所认同的价值理想，在精神世界中所构建的生活理想形式。这种生活形式源于现实生活，也为现实生活提供了参照。对于可能生活的追寻，是一个永无止境的过程，而个体在这个追求与创造的过程中，获得生命与生活的意义。[1] 通过对生活价值与意义的探索，逐渐形成人们在现实生活中的各类规范与价值观念。生活作为一种事实性的存在，具有先在性与非课题性，而思想政治教育作为一种价值性的存在，具有导向性与指引性，两者之间有着密不可分的联系。人的发展过程是生命意义不断丰富的过程，思想政治教育的最终目的是促进人自由而全面的发展，引导个体反思为何而生，从而帮助个体发现与创造生命的意义。思想政治教育在唤醒个体生命意义与价值的同时，不断提升个体的自我意识，在自我的反思与省察中，引导个体在创造性的实践中追寻生命的意义，拓展个体的生活意义空间。[2]

二 思想政治教育引领立体化的生存诉求

第一，引导个体反思生存状态的非完满性。随着人们对自由的追求，人的生存状态不断发生着变化。自由本性的基础是自在自为的存在，这是一种朴素性的存在状态。在对自由本性追寻的过程中，追求什么样的自由即追寻什么样的存在状态的问题，由此产生了对人的存在状态的反思。这种反思引导着人们超越已有的存在状态，进而追求趋近于完满的存在状态。人的存在状态的不断优化，就是人对自由这个终极价值的追寻。人的存在状态在追求自由的过程中不断变化发展，而自由最终实现于人的存在状态之中。思想政治教育的使命不仅仅是停留在我们能做什么，而是指向于我们应该做什么。人本身具有无限的创造性与超越性，在直面生存状态中反思，在现实生活实践中不断延伸存在的空间

---

[1] 姚冬梅：《论生活的意义与德育的使命》，《思想政治教育研究》2010年第2期。
[2] 梅萍：《生命教育：旨在生命意义的教育》，《思想理论教育》2011年第11期。

与拓展存在的意义。在现实生活实践中,个体所采取的生活方式与态度,是个体价值追求的内在本性的外显化。实践活动并非简单的试错,它蕴含着对终极价值的追求。思想政治教育需要给予内在终极价值的引导,需了解个体的价值诉求,从内激发个体的内驱力,并给予正确的方向指引,以此呈现出内在说服力,而非简单的权威性命令与说服教育。思想政治教育需要让个体通过自己的内在经验,知道自己应该做什么,应当拥有什么样的生活,自主地认定它,以此成为自己生存与发展的向导。同时,在实践中不断反思,不断审视与矫正自己的存在状态。通过对外在支配力量的扬弃,达到自律的状态,最终获得自我实现。正如马克思所说:"他自己的生活对他来说是对象。仅仅由于这一点,他的活动才是自由的活动。"[①] 实践是人感知存在的途径,人的类本质就是不断超越自身,成为另一个自己,人的外化与内化一同展开。由于对象的丰富性与无限性,又不断激发着人的类本质潜能,从而使人在实践的过程中不断认识自我、发展自我。人不断追求永恒价值的意义,不断地展现、实现与超越自我,在超越的过程中不断复现自己。由于世界的无限性,造就了物种尺度的多样性与人的多维性,人在意识到自己存在状态的同时,又不断追求可能存在的完满状态。正是这种完满状态的终极价值引导着人的实践,不断反思与改变自己的生存状态,发展与彰显自己的自由本性。所谓完满性生存状态是一种可能的理想状态,通过这种理念的力量给予人激励与引导,并赋予无限的想象空间。马克思的共产主义给予了这样一种人的完满性存在状态,思想政治教育以此作为参照,通过不断反思与优化个体现有的生存状态,激发个体内在的驱动力与想象空间,在不断追寻与超越自由本性的过程中,促进个体自我价值的实现,并能够超越现有的生存状态。

第二,引导个体审视人之为人的存在价值。随着社会的全面进步与发展,物质生活水平的提升,如何在经济高速发展的过程中,增强社会凝聚力,提高人们的思想政治素质,使思想政治教育能够真正进入有生命的个体,使之成为个体的自觉行为,是检验思想政治教育成效的关

---

① 《马克思恩格斯选集》第 1 卷,人民出版社 2012 年版,第 56 页。

键。各地区由于地理环境、资源、思想观念等方面的差异，导致个体生活态度与选择之间的差别，这种差别是资本与劳动之间对立而历史地产生的。人的本质规定性是社会属性，因为人性本身是历史的产物，是人之为人的内在属性。人性是随着社会的发展、历史的进步与人类文明的推动而不断变化的，"整个历史也无非是人类本性的不断改变而已"①。人性作为历史的产物，是人之为人的人性逐渐把人从原始的野蛮带向文明，"文明本身便是人性的改变之结果"②。教育使人性逐渐从原始的野蛮走向文明。思想政治教育作为个人精神信仰与社会道德的源泉，对于维系社会和凝聚人心具有重要作用，同时对个体的内在品质塑造与精神境界提升也有着重要价值与意义。不仅需要着眼于对人性精神的改造和提升，还要关注人们当下的生存状态、生活状况与生存境遇，引导个体如何作为真正的一个人而存在，不仅仅追求的是物质、感官的享受，还应有着人生价值与生活意义的反思，以此寻求人的全面发展与精神境界的提升。③ "因为教育的意义本身就是改变人性以形成那些异于朴质的人性的思维、情感、欲望和信仰的新方式。"④ 每个个体的价值追求，决定着自身所属的生活形式。生活过程、方式与范围形成了思想政治教育的重要场域，人的价值需要在生活世界中呈现。因此，思想政治教育需要从个体的生活世界出发，以全新的视角审视个体生存与发展的意义与价值，从个体的生活构成出发，转向属于人的生活世界，找寻人的生存之意与存在价值。⑤

第三，引导个体构建立体化生存的主体条件。人的生存从平面化走向立体化所需要的主体条件是人格的完善。思想政治教育需要引导个体人格的完善，主要包含以下三个方面：一是对生存意义追问的自觉意

---

① 《马克思恩格斯选集》第1卷，人民出版社2012年版，第252页。
② [美] 约翰·杜威：《人的问题》，傅统先等译，上海人民出版社2014年版，第162页。
③ 胡沫：《从人的生活世界看思想政治教育的经济学跃迁》，《思想教育研究》2006年第10期。
④ [美] 约翰·杜威：《人的问题》，傅统先等译，上海人民出版社2014年版，第162页。
⑤ 王鉴：《"教育与生活"问题之问对》，《当代教育与文化》2012年第1期。

识；二是高度的社会责任感；三是高尚的精神境界。完善人格的核心内涵是三者的有机统一。社会责任与生存意义相关联，人生的价值、意义与人类社会的发展密切相关，主要体现于对人类延续与发展的责任感之中。人应该如何生活，需个体对自己的生活不断进行审视，不断反思自己的生存目的与意义，这既是一种社会责任感的体现，也是对自身生存意义的关注。责任感是外在的表现，而精神境界则是内在的，具有更高的层次性。个体要实现完美而有意义的人生，需要有高度的责任感，同时还要具有高尚的精神境界，只有两者的结合，才能实现一种立体化的生存状态。没有完善的人格，就无法意识到自身存在的责任，更无法实现对精神境界的更高追求，进而人生的意义也无法得以充分实现。正是基于个体对自我责任与义务的认识，才能在不断追寻生命意义的行为过程中，融入自身应尽的责任与义务，使个体不断超越自身，能够与世界融为一体。当人能够不断超越自身，同时融通过去、现在与未来，进而达到一种高远的境界，即能够与天地万物融为一体，才能体现人生的最高境界与意义。立体化生存状态的实现，需要永恒的意义追求、高尚的精神境界以及高度的社会责任感三者的有机结合。[①] 立体化的生存蕴含着对意义的自觉追问，对意义世界自觉关注的缺失就是一种平面化的生存，是对立体化生存的否定。人的生存状态总是在曲折中不断动态发展，通过不断扬弃走向生存与意义的连接。平面化生存为立体化生存提供了基础与契机，通过超越平面化生存状态构建生存与意义的相互统一，获得更广阔的意义之境。[②]

三　思想政治教育引领高阶级的理想诉求

首先，思想政治教育启发个体的生活自觉。现实生活的个人，作为思想政治教育的对象而存在。思想政治教育需要不断关注个体当下、未来的生存与生活状态。不仅仅是为未来的生活做准备，更应该让个体生活着走进教育，在个体的生活之中展开教育。在具体的教育中，需要将

---

① 柴秀波：《从平面化生存走向立体化生存》，《学术交流》2007 年第 1 期。
② 柴秀波：《从意义角度对生存状态的哲学考察》，《兰州学刊》2006 年第 10 期。

个体的自我需要、个性特点与教育的引导相结合，从而能够形成一种个体自身所属的生活方式与生存状态。作为生活过程的存在，思想政治教育有其自身的特殊性，它需要不断让个体意识到他们自己是处于生活之中。同时，启发个体对现时、现存的生活进行深入的审视与反思，进而能够更深入地理解生活、省察生活。通过自我进一步确认生活的目的与意义，进而能够塑造个体的生活过程，培养个体对生活的热爱之情，引导个体能够在享受现时生活的同时，还能积极地创造可能的生活。思想政治教育不仅仅是充盈个体当下的世界，还要让个体在充盈与扩展之中，感受到世界的美好。同时，让个体意识到思想政治教育与当下的生存息息相关，作为自属生活的一部分而存在，以此能够激发个体的开拓精神与创造意识，提升个体的精神境界，进而改善其生活方式。通过对个体的积极引导，让个体学会感受生活、理解生活、省察生活与创造生活。通过个体自我所确认的积极生活方式，进一步创造未来生活，进而充实个体的精神世界。这种积极的精神导向奠定了个体未来的精神之路，同时还能够成为一种内在的驱动力量，引导个体对于未来可能生活化的把握与创造。

其次，思想政治教育内化个体的生活智慧。教育的永恒性在于人类自身繁衍与发展的需要，只要有人类的存在，教育就有着永恒发展的可能。思想政治教育是做人的工作，思想政治教育的核心在于教育对象思想与行为的发展与变化。现实个人的存在，是思想政治教育得以存在的现实基础，也是让思想政治教育具有生命力与活力的基础所在。思想政治教育最终的目的在于人的生存与发展的需要，旨在诠释与构建人的价值，探索个体生存成长的意义。在诠释与构建人的生存与发展的价值时，需要以人的生命存在为根本，在人的生活成长过程中进行引导，在提升个体生命无限可能性的同时，还要超越生命自身追寻独特与自由，成就生命的完满。由于科学世界与生活世界的日渐分离，工具化与知识化倾向日渐突出，人在技术理性下时常处于被遮蔽与异化的状态，进而使思想政治教育理论缺乏应有的活力。只有将思想政治教育转化为生命与生活的成长理论，将理论的逻辑转向人的逻辑、生活的逻辑，进而开发人潜在的创造性与可能性，才能够引导人走向无限可能。在实施思想政治教育的过程中,要以个体的生活智慧的成长与生成为基点。坚持以生活为中心,将生活的诸多实践元素融入知识教育之中。注重培养方法意识与问题意识,教会个体能够敏锐捕捉到生活中的各类现象,反思现实生活中存在的问题,将知识智慧转化为生活实践智慧。在生活中应用所学,解决所思,从而实现思想政治教育的目的域。在具体的教育中,有意识地挖掘理论与生活情境中的智慧内涵与意蕴,使思想政治教育理论能够真正成为生活之学、智慧之学。①

再次,思想政治教育规范个体的生活细节。日常生活由丰富的生活细节组成,它与个体的生命感受息息相关,时常处于一种自发性、非系统化的状态之中。日常生活既不宏大壮阔也不惊天动地,更多的日用而不自觉的惯常性生活细节,由诸多动态生成而流变的生活片段所组成。思想政治教育脱离了日常生活,就会变为宏大叙事与抽象理论,只有将其渗透于日常生活之中,才能够真正地落小,实现落地落实。当代教育史的研究逐渐转向生活,主要"着眼于具体的细节方面,留下教育生活的日常情境"②。由于日常生活具有自发性与切身性,所运用的教育理论过于抽象或宏大,将难以获得预期的教育效果。只有将思想政治教育的内容融入生活的细节之中,让人们切身地感受、体会与体验,才能达到思想政治教育所期待的效果。若无法使人一夜顿悟,作为教育者就需要从细节入手,改变个体的特定行为,通过细小的行为引导个体的改变。③ 思想政治教育需要以日常生活中细小而琐碎的细节为载体,在教育的过程中创设生活情境,变革根本的日常观念,结合个体的生存方式、交往方式以及各类活动方式,在日用而不觉的日常生活中与日常生活的实践相融合,以此深入人的内心。从思想政治教育的发展历史来看,做思想政治教育工作需结合具体的事与情,这不仅是党的思想政治工作的宝贵经验,同时也是将思想政治教育与各类具体的生活事件相结合。在做的过程中关切与呼应个体的生命动态生成,在此动态生成的过

---

① 刘炎欣、陈理宣:《教育理论何以关涉生活智慧》,《基础教育》2016 年第 1 期。
② 周洪宇:《教育生活史:教育史学研究新视域》,《教育研究》2015 年第 6 期。
③ 高德胜:《道德教育的 30 个细节》,中国人民大学出版社 2018 年版,第 3 页。

程中切实解决个体所遇到的现实问题与矛盾，以此使思想政治教育能够融于人心、融入生活。

最后，思想政治教育强化个体的生活意志。随着人类社会从传统向现代的转化，人类脱离了原来单一而封闭的生存方式，从以农业化为主的狭隘生存方式转化为开放、平等、公共的生存方式，并通过物质资料的生产以及生命活动展现出来。思想政治教育需要对这种最基本的生存方式进行把握，才能融入个体现实的生活世界之中。随着专业化分工的发展，人与人之间的差异性日渐凸显，不同的社会生活实践方式使各主体之间的生活方式有所不同，进而导致在日常生活之中呈现出不同的个体特征与行为方式。思想政治教育要能够把握最基本的社会生活实践活动方式，找到融入与作用于生活的联结和载体，进而才能够引导与塑造个体的生活过程。思想是行动的先导。通过把握日常生活中社会交往的特点、规律与方法等，引导与调节个体的精神世界，使个体不断适应变化的生存方式，以此解决个体在价值多元化中面临的各种困惑。[①] 随着生活的多样化，个体的观念、思想也随之产生各种差异。在现实生活过程中，思想政治教育的当代意义尤为重要。一方面需要对生活中各类多元的问题给予回应，另一方面还需要不断深入反思已有理论的价值与意义，确保其理论的实效性。随着社会生活的复杂化、科技对于许多自然边界的突破，新的关系与价值关系随之产生。面对日益复杂的生活现实，思想政治教育致力于成为指导人们共同生活与行为规范的保障，并对人们的生活活动给予价值指引。公共性的扩展构筑了人们的共同生活，而人类命运共同体的提出也证明了这一点，共同体即意味着普遍意义或者统一的规范。生活的多样化与动态化，生活方式与价值的多元化，人该如何作为人而生存与生活等问题也随之凸显。由于个体自身的不完满性，需要不断与他人进行合作。在生活中，合作作为价值基础，需要个体不断进行分享。思想政治教育作为一种调节手段，直面问题与规范自身，维系共同体为目的的交往，使自我与他人形成统一，在他人

[①] 叶方兴：《从"悬浮"走向"融合"——论现代性语境下思想政治教育与日常生活的关系》，《探索》2019年第6期。

的认可中获得自我意识，同时获得共同感或是共通感，以此使共同体的成员能够形成相同或是同质的生活意志。

四 思想政治教育引领合理化的生活诉求

第一，促进个体当下与未来生活方式的统一。思想政治教育是生活的过程，并不仅仅是生活的预备。它需要回到个体的生活形式，以此作为社会生活的雏形，在个体经验的获取与改造中，提升个体的主体性，使个体能够在生活中通达未来的自由之路。它需要培养个体对社会生活的积极改造，而非简单地被动适应。学校获得知识的目的在于，需要它的时候知道怎样寻求，而非知识本身。① 现代思想政治教育并不是从传统知识论的角度出发，而是指向于未来，以未来的生活方式为旨归，指向未来自由生活的可能性，并通过个体经验的获得而开启未来的自由之路。个体作为整个教育生活的主体，需要将学校里所学的东西运用于生活之中。通过对学校与生活之间隔离的超越，促进个体生活的统一性与完整性。正如"学习必须学习有意义的东西，学习能扩大他的眼界的东西，而不是学习纯粹烦琐的东西"②。这既是一种生活方式的习得，也是内在精神的建构与统一。随着科学技术的不断进步与发展，逐渐渗透与改变着人们的生活方式。在现代性的语境下，思想政治教育也面临着各种需求与挑战，需要适应现代的生活方式。不但要激发个体的潜力，指向未来的生活方式同时还要为个体未来的生存提供理论依据与指导。当下与未来生活方式的统一，是思想政治教育的目标。从现代性本身的视域出发，又能够超越现代性本身。作为立人的根本活动，思想政治教育不单单是当下的政治生活，还要直指个体自身，指向个体的生活本身。通过外在影响力进入个体的内在世界，才会有较强的引导力与教育意义。作为思想政治教育实践活动本身，其教育目标与内容若简单地以现实生活需求为依据，将导致个体失去独立的精神追求，仅仅成为适应

---

① [美] 约翰·杜威：《学校与社会·明日之学校》，赵祥麟等译，人民教育出版社 2005 年版，第 222 页。
② 赵祥麟、王承绪：《杜威教育名篇》，教育科学出版社 2006 年版，第 46 页。

当下生活方式的工具。思想政治教育促进个体发展的完整性，指向过去、现在与未来，不仅包含着人类与文明的结晶，还包含着现代价值理念，并包容于人类社会文化的整体发展之中。①

第二，促进个体自由自觉的生命存在方式。生活方式内含怎样生活与生活怎样两方面的问题，思想政治教育在引导个体对现实生活状态的反思中，不断探索美好生活的定义，以及人自由自觉的生命存在方式。②生活方式本身也蕴含着丰富的思想政治教育内涵。通过对个体生活方式的塑造与改善，进而提升个体的内在个性品质与精神境界。思想政治教育需要引导个体学习与了解，社会生活发展的基本规律，我国社会生活方式的当下目标与未来取向，个体自身生活心理、生活观念等方面的内容，进而间接实现改善个体生活方式的目标。生活方式是在一定的思想观念指引下，作为生活主体的个人与生活资料、环境等相结合所呈现出的倾向与特征。无论何种生活方式，人的主观精神都有着重要影响与作用。个体的各种主观观念，通过生活过程中的需求、观念、态度等表现出来。个体的精神境界，通过个体的生活理想，对生活空间的填充而呈现出来。生活方式的社会意义，通过人的社会化表现出来，并影响着人的一生。生活观念、生活心理、生活规范等的差异，使个体的心理品质、个性特点、行为方式等也呈现出不同的特质。同时，社会的文明程度也集中体现在生活方式之中，积极的生活方式促使个体情感与理性的高度发展，使生活的需要范围不断扩展，生活目标不断调整与提高，以此促进经济关系、政治制度的变革与发展，使更加合理的社会规范得以推广，同时促进人的整体发展与社会文明的进步。落后而陈旧的生活方式既阻碍社会的进步，也是历史的惰性。思想政治教育包含社会、人生、生活等方面的内涵，在对个体生活方式的教育中尤为重要。通过良好生活方式的塑造与实践，进一步形成个体良好的自我意识与社会关系，从而使个体表现出更加优秀的思想意识、政治素质、道德品质

---

① 刘铁芳：《从苏格拉底到杜威：教育的生活转向与现代教育的完成》，《北京大学教育评论》2010年第2期。

② 王雅林：《生活方式研究的社会理论基础——对马克思历史唯物主义社会理论体系的再诠释》，《南京社会科学》2006年第9期。

与人格特质。思想观念是人的根本,生活中的各类行为只是其外在表现。个体的思想行为问题,也会通过生活方式的问题表现出来。思想政治教育需要标本兼治,才能避免空洞与流于形式,将好的生活观念与有意义的生活方式内化为个体的生活品质,才能引导个体实现对美好生活的追求,才能使个体在生活中展现出良好的精神品质与精神风貌。

第三,促进个体形式与社会发展相和谐的生活方式。生活方式是特定的社会条件下,个人、群体或是所有成员在特定的价值观引导下,以满足自身生存与发展的需要,而形成的具有稳定特性的生活活动形式与行为特征。① 现代社会改变了传统的生活方式,由于价值的多元化与信息传播的迅捷,社会的主流价值观受到各种价值理念,以及各类社会思潮的冲击与影响。一些人来不及辨识与选择,致使生活方式的选择随意化与浮躁化。生活方式不仅表达了人的生活,还表达了人的品质。"个人怎样表现自己的生活,他们自己也就怎样。"② "物质生活的生产方式制约着整个社会生活、政治生活和精神生活的过程。"因为"不是人们的意识决定人们的存在,相反,是人们的社会存在决定人们的意识"③。社会观念的急剧变化与个体人生理想的各类冲突频现,致使个体的生活方式难以抉择。现代社会的通信、运输工具的发展,满足并丰富了人们日常生活用品,商品与娱乐产品充斥着人们的生活世界。人们习惯性地接受这种为商品而生活的生活方式,致使生活方式难以实现质的变化,至此出现单向度的生活行为与方式,并逐渐失去理性、自由等生活的习性。过度的物质消费与商品充斥,使个体失去与自身、他人、生命与生活的对话,失去更深层次的情感体验能力,以及在此过程中的所能够体验的喜悦与悲伤。思想政治教育通过引导个体良好生活方式的确立,最终促进其自由而全面的发展。通过对个体生活实践的引导,不断传承中华民族的价值体系、思维方式、社会观念等,指引个体用独特的视角去观察与审视世界,进而培养其合作精神的养成。与此同时,还需引导个

---

① 王雅林、董鸿扬:《生活方式概论》,黑龙江人民出版社1989年版,第5页。
② 《马克思恩格斯全集》第3卷,人民出版社1960年版,第24页。
③ 《马克思恩格斯选集》第2卷,人民出版社2012年版,第2页。

体学会选择、判断、确立与整体人类社会生活相和谐、适应的生活方式。它并非是未来可能的生活方式，而是当下动态实践生成的生活方式。思想政治教育的目标在于突出人的自由全面发展，而不在于对个体的思想钳制。通过启发与引导，给予个体更多的理解、尊重与包容，同时充分发挥个体的自主性与积极性，让个体主动积极地内化社会主义意识形态所蕴含的育人价值与导向价值，从而能够进一步提升自身的实践能力与创新力。在促进自身发展的过程中，能够形成积极向上、科学健康的生活方式。① 人类生活方式的最高理想正是理性、欢乐、自由与美德的生活。思想政治教育需致力于引导个体构建与现代社会生产发展、社会文明进步相适应的科学、文明、健康的生活方式，这既是作为精神文明建设的重要组成部分，也是促进社会发展的积极力量。

第三节　思想政治教育服务于生活世界

随着人类社会的变迁与发展，人自身生存发展与生活的需要，为思想政治教育提供了土壤与根基。从发生学的视角来看，思想与行为的变化源于人们日常生活、生产方式的变化，以及社会形态的不断变迁。思想政治教育对人们的主观意识起着引导与指向的作用，在人们的日常生活中具有独特的价值。自原始社会时期开始，德性教育就与人们的日常生活密不可分，人们运用德性的教化来进行人们生活关系与生产关系之中利益关系的调节。而"一个人是通过共同生活的过程来教育自己，而不是被别人所教育的"②。纵观整个教育史，不同的教育家在不同时期强调了生活对于教育的重要价值与意义。如裴斯泰洛齐就曾指出教育之中生活具有不可替代的重要作用。卢梭曾强调"不仅社会生活本身的经久不衰需要教导和学习，共同生活过程本身也具有教育作用"③。杜威

---

① 张国启：《大学生思想政治教育生活化路径探讨》，《思想教育研究》2008 年第 4 期。
② 联合国教科文组织国际教育发展委员会：《学会生存——教育世界的今天和明天》，华东师范大学比较研究所译，教育科学出版社 1996 年版，第 27 页。
③ [法] 卢梭：《爱弥儿（上卷）》，李平沤译，商务印书馆 2007 年版，第 11 页。

在继承与发展了前两者的基础上，提出："生活在一起这个历程本身应有教育作用，它扩大且启发经验，刺激并丰富想象，使我们负责言论和思想的准确、逼真。"① 陶行知则明确指出"生活即教育"。② 列宁也曾反对道德教育仅限于学校之内，反对脱离生活实际。③ 在进行思想政治教育的过程中，只有与生活相联系、指向生活，才能发挥其应有的价值与作用，仅仅将整个教育压缩为几节课或是知识的灌输，将很难有持久的影响力或印记。

一　生活世界是思想政治教育的实践寓所

首先，思想政治教育的基本矛盾需在生活中解决。思想政治教育需要解决的基本矛盾，是社会所需要的与个体现存的思想观念、政治素质、道德品质等之间的矛盾。④ 通过深入分析思想政治教育的基本矛盾发现，想要有效地促进教育目标与受教育个体已有思想政治素质之间的转换，就要将外在性的教育目的转化为受教育者自身内部的矛盾，以此来解决受教育个体自身现有思想政治道德素质水平与个体自为发展要求之间的矛盾。在整个内部矛盾转化的过程中，个体所受的外界影响大部分源于生活。思想政治教育所运用的手段、形式或方法，想要真正促进个体自身内部矛盾的形成与转化，还需要依赖于生活方方面面的教育影响。在个体素质的发展过程中，思想政治教育发挥着重要作用，它与生活相互作用与影响。通过对生活的协调、提升与改造，进而促进人的发展。个体不仅拥有自己所属的现实生活，还不断受到现实生活的影响。个体既是自我发展的主体，也是所属生活本身的主体。个体在对所实施的教育影响，进行选择与转化为自我发展的内部矛盾的过程中，有着主动性与能动性。一方面，个体总是立足于自身的生活需要、体验、经验

---

① ［美］约翰·杜威：《民主主义与教育》，王承绪译，人民教育出版社2001年版，第5—6页。
② 陶行知：《陶行知全集（第二卷）》，四川教育出版社1991年版，第7页。
③ 赵惜群：《关注生活：德育目标的价值取向》，《中南大学学报》（社会科学版）2008年第6期。
④ 陈秉公：《思想政治教育学原理》，高等教育出版社2006年版，第6页。

与感受等,来选择外界所施加的教育信息与影响;另一方面,个体自身存在于一个自属的现实生活中,在此基础上形成了自我独有的意识框架,而这个框架对于教育影响有着过滤的作用。不同的认知结构会对教育影响与信息做出不同的理解与回应。不同的人,同一种理论,在面临不同的生活情境时,所做出的理解与回应也会不同。因此,在实施思想政治教育的过程中,既不能脱离个体自身所属的现实生活,也不能脱离个体置身其中的社会生活,将其置身于真空之中,更不能将个体视作可以任意塑造的对象,应当给予个体充分理解与尊重。思想政治教育的功能在生活中具有有限性,生活对人的发展起着重要作用,在进行教育的过程中,需要直面生活本身,并能够在生活中进行教育与引导。从心理学的视角来看,个体思想与品德的变化,既不是先天内在本能的延伸,也不是外部环境机械化的影响,而是构建于人与人交往的生活实践之中。离开了社会交往与生活实践,思想政治教育就会失效或是无效,最终难以落实到个体的生活之中,不可能有思想政治道德素质的产生与发展。巴雷特在讲到信仰的学习时说:"这不是一种人单靠理智即可获得的知识,甚至根本不能靠理智获得的知识。他是凭籍身体和热血、骨骼和内脏,凭籍依赖和愤慨以及迷惘、热爱和恐惧,凭籍他对那永远不能通过理智去认识的存在的热情信仰,而取得这种知识的。一个人只能通过生活,而不是推理来获得这种知识。"[1] 思想政治教育想要发挥自身应有的作用,能够对个体的思想政治素质与道德品质产生实质性的影响,就要不断维持这种教育影响的持久性,并能将所产生的教育成效转化为个体稳定人格的一部分,进而转化为个体的生活实践本身。思想政治教育施加的影响不转化至生活之中,就难以实现思想政治教育的预期教育理想与目标,而个体的思想品质与道德素质,就无长期一贯的稳定性,易于产生流变。因此,思想政治教育"拿全部生活做教育的对象,然后教育的力量才能伟大,方不至于偏狭"[2]。

---

[1] [美]威廉·巴雷特:《非理性的人——存在主义哲学研究》,杨照明、艾平译,商务印书馆2004年版,第79页。

[2] 陈波:《陶行知教育文选》,浙江大学出版社2014年版,第174页。

其次，思想政治教育的教育实效需在生活中落实。思想政治教育预期的教育效果并非一朝一夕就能达成，也不能够靠单纯的知识灌输来实现。它的落实需要长时间潜移默化的影响，需要对个体进行有意识的启发与引导，让个体不断经历接受、转化、螺旋式上升与发展的过程。思想政治教育的落实，需要达到个体在日常生活中日用而不知。让个体在应用的过程中，从不自觉状态逐渐转变为有意识与目的的应用，将生活作为载体与实践的寓所，不断加强个体的应用能力，将所学应用于实践。一方面不断增加学生个体的体验，使所获得的知识能够得到加强与巩固，另一方面不断提升个体应用所学解决自己实际的价值困惑与思想问题，以及在现实生活中所面临的各种考验与难题，最终能够实现学以致用。苏格拉底曾认为理想教育是一种朋友式的交往与探讨，以及发现好的事情与好的东西。教育是对美好事物的寻求，通过认识纯粹的事物，将人的心灵引至崇高与卓越。如色诺芬所言："我认为苏格拉底不仅他本人是幸福的，而且他也把那些听了他的话的人导向了美好和光荣的大道上来。"[1] 理想的教育不仅需要引发教育者的成就感与价值观，还需引导教育对象能够探寻高贵与美好。苏格拉底在引导对话的过程中始终贯穿着对美好事物的期盼，在立足日常生活的基础之上，超越日常生活追求"高贵的质朴和宁静的伟大"[2]。思想政治教育同样需要引导个体突破当下的生活，保持对美好事物的追求与期盼，在追求的过程中获得人格的宁静与高贵。思想政治教育有其本身特定的形式，它的关键在于将美好的事物寓于生活之中，引导个体发现当下生活之上更加美好的事物。未经审视的人生或者生活是不值得长期追求的，而思想政治教育正是引导人们能够审视当下的生活状态，不断追寻更高层次或是更加美好的可能生活状态与生活理想，以此唤醒个体对物质生活之上的精神境界追寻，在追寻可能生活的过程中，不断拓展自己所属的意义空间。思想政治教育并不是简单的知识与技能的传授，其根本在于指向人性的可能性，激发人作为独立存在的有生命的个体，自身所具有能动性、积

---

[1] ［古希腊］色诺芬：《回忆苏格拉底》，吴永泉译，商务印书馆2000年版，第117页。
[2] 刘小枫：《西方民主与文明危机》，华夏出版社2018年版，第318页。

极性与主观能动性,能在自我觉悟中不断调整与改变自己的思想与行为。思想政治教育的价值内涵不仅蕴藏于生活之中,还凌驾于现实生活之上,不断地通过一种可能的理想指引,使教育对象学会审视现有的生活状态,并能够获得超越与日常生活的高层次价值指引。因此,真正有效的思想政治教育需要融于教育对象现实的生活经验与体验之中,使其更深层次地体会与理解思想政治教育所具有的科学性与价值性。思想政治教育不仅要关注教育对象的需求变化、个性特点,还需要不断地延伸至教育对象的生活之中,给予教育对象真善美的生活指引。思想政治教育一方面在于促进人的思想与行为的改变,以及人自身的全面发展与政治社会化的实现,另一方面,还在于在现代化的进程中使个体能够形成现代的人格特质与特征。一切有灵之物,其本性都趋向于对幸福的追求。对于幸福生活的解释各不相同,但是幸福生活始终是人自己创造的并且属于人类自身。幸福生活与人的自我完善存在着内在联系,人的自我发展需要自我发展与完善,实现更丰富的人性。美好生活的追寻与人的全面发展有着内在的本质联系,环境与教育在人的自我成长、发展过程之中起着不可替代的重要影响与作用。思想政治教育融于个体的生活之中,才能不断通过不同的载体、方式、手段或方法对个体产生潜移默化的影响,使思想政治教育能够深入人心,不断提升其教育实效,以此促进个体的自我发展与完善。思想政治教育促进个体对于人性的回复、超越与解放,让个体最终实现自由生活。这一目的的达成,需要引导个体与现实生活中的非人性化现象进行抗衡,与矛盾与冲突的社会秩序作斗争,个体为了实现人性的完满性,寻求人性的解放,就需要不断提升自我的学习能力,提高自我意识。在具体实施的过程中,不仅仅是简单的外部强迫灌输,而要根据个体的需要、兴趣,结合个体的日常生活场景,让个体能够将所学融入生活之中,能够在任何时间、场所都能够主动地运用所学,逐渐将这种主动意识转化为无意识行为,并成为一种习惯与本能。思想政治教育要让个体学会省察当下的生活,体验到创造生活的更大乐趣。[1]

---

[1] 刘海燕:《终身教育的召唤——回归生活世界》,《教育发展研究》2006年第20期。

最后，思想政治教育的教育影响需在生活中体现。传统的思想政治教育所呈现的知识灌输与理想化人格塑造源于思想政治教育与生活的日渐疏离。随着人们对科学知识的重视，工具理性的肆虐，科学世界逐渐远离生活世界，使教育逐渐远离生活世界，悬浮于现实生活世界之上。思想政治教育作为学校教育的重要组成部分，也逐渐倾向于知识化、工具性与理想化，使思想政治教育逐渐脱离教育对象的生活本身。生活不仅是思想政治教育的现实实践基地，也是引导个人思想观念、政治素质与道德品质形成的关键场所。纵观思想政治教育发展史，最初的萌芽也是源于人们现实生活与生存发展的需要，相关知识理论的呈现，不仅是对生活的简单复刻与再现，还需要立足于当下的生活实际，通过各种批判、反思与价值指引，呈现出个体理想与社会理想的不同层面，以此能够更好地指导人们的社会生活实践。生活作为思想政治教育产生、发展、变化与创新的根基、土壤，不仅要关注不同阶段的时代需求，还需要关注人的全面发展的需要，个体的成长、发展与完善离不开现实的生活实践、具体的生活环境与现实的社会基础。

因此，思想政治教育不能够脱离具体的时代条件、社会条件、历史方位，以及人们的现实生活基础而独立存在。思想政治教育需要关注具体的生活背景、社会条件，以及人们具体现实的生活情境与生活环境。只有将思想政治教育与人们的具体生活经验相联结，在具体的生活实践中进行检验，使人们能够将理论联系实际，不断地指导实践，才能切实地使人们的思想与行为发生转变，使思想政治教育的知识与理论内化于心、外化于行，以此才能实现思想政治教育应有的价值与作用。思想政治教育的实效性，并不是简单看人们对于理论的掌握程度，还需要关注在具体的现实生活实践之中人们的行为表现。思想政治教育需要不断地凝聚人们的共识，围绕着党和国家的中心工作与任务，而不断激发出每个个体的创造力与活力，让自己能够为国家的社会主义现代化事业而不懈努力与奋斗。思想政治教育所具有的本质属性，体现在个体现实生活的实践之中，它并不是让个体简单地臣服于现实生活，而是对其进行积极向上的引导，对善与美的追寻，以当下的现实生活为基础，在辩证否定中不断发展、提升与超越。生活是思想政治教育践履的土壤。思想政治教育不可能远离生活而独自存在,也不能高于生活悬浮于生活之上,它需要在具体而现实的生活情境之中展开。好的、有价值的思想政治教育,让个体不仅能够获得相关的理论知识,更为重要的是能够引导个体去践行,能够实践与创造更加美好、幸福的生活世界。思想政治教育远离了现实生活,忽略了对于个体的现实关切,最终只会走向虚无。从思想政治教育的本质来看,它是关乎健全人格、完满人性与更高生活质量的教育,若将它从具有现实而完整意义的生活之中抽离出来,就会演变为抽象而空洞的概念与理论。从整个思想政治教育的发展史来看,凡是脱离个体现实生活的教育,往往只会获得高投入低实效的后果。因此,思想政治教育需要以生活为中心,构建生活化的模式,引导个体在现实生活中践行所学所感,增强其应用于实际生活问题的能力,并最终在生活中得以强化与升华。思想政治教育同生活之间有着天然的联系,指引着人们的发展方向、道路和目标,通过对个体观念的塑造、思想素质、道德品质等方面的提升,一方面引领着个体对于美好生活的追寻,另一方面还不断激发个体成长为社会所需要的良好公民。"生活就是人的生命活动展开的过程,人只有通过自己的生活,才能实现自身的生命潜能,丰富、建构自己的人性,才能真正成为人。"[①] 生活是知识的源泉,个体的认知在现实生活世界之中延展与丰富,在具体的生活实践之中得以强化与丰富。因此,思想政治教育在某种意义上也是一种个体的生活体验过程。通过观照生活与思想政治教育的联系,才能够使思想政治教育检验、渗透于个体的生活细节之中,以此不断发挥常态化的作用与影响。通过生活的真实性与常态化,无形植入于个体的日常生活之中,发挥生活立德树人的潜在价值,同时还可以通过生活中的实践,不断塑造个体的价值观念与精神境界。生活情境的创设与带入,使受教育者既能够利用现有的生活情境,又能够深化立德成人的体验。生活的多变、多样与复杂的特性,需要思想政治教育切合生活的特点,在遵循自身教育规律的基础上,能够在生活之中渗透其教育理念,使生活与其所具有的

[①] 高德胜:《生活德育:境遇、主题与未来》,《教育研究与实验》2012年第3期。

教育意蕴相融合，以此在生活中实现其教育价值。①

二 生活世界是思想政治教育的检验场所

首先，思想政治教育的真理性需经由生活检验。从学理的渊源来看，思想政治教育在科学化与知识化追求中，对个体的现实生活逐渐遗忘，与生活的日渐脱离而陷入困境。从根本意义上来看，思想政治教育理论是关涉生活智慧的教育理论。它将人的生命存在作为基点，将人的生活作为生成土壤，不断促进个体探索与深入思考生命、生活的价值与意义，不断促使个体超越知识理性、技术理性、科技理性中被异化、被遮蔽的状态。作为个体生存与成长的理论，需要关注人的生活智慧，并将其作为原点。在进行知识教育的过程中，不断融入相关的生活元素与实践元素，更多的是重视思维意识和方法意识的培养，将目的视域从单一的理论建构转化为知识理论与生活智慧并重的教育。思想政治教育源于生活，但是随着科学化理性思维的盛行，使其理论逐渐忘却了其奠基性的源泉，即生活世界，从而使思想政治教育所产生的实效难以获得检验，所获得的生活智慧缺乏关照，其教育价值不断削减。功利化与工具化的目的日渐凸显，使思想政治教育逐渐丧失了对现实生活实践的指导。只有不断引导个体生成生活智慧，以此构建稳定的内在品性、人格特质，才能实现理论意义与实践意义的统一。人本身是拥有智慧的生物，而智慧源于生活，表现了人在生活体验中所形成的处事态度与行为方式。它蕴含着个体对于生活所独有的理解，与个体自主选择的行动逻辑。人类智慧创造了人类的生活世界，教育情境中的智慧性教育行动的体验具有一种特殊的结构。生活智慧表现了人的综合素质与能力系统。它是人在直面生活之时，表现出的立世态度，能够在多变而复杂的情境中自如应对，同时展现出独有而高超的生活状态与人生境界。思想政治教育培育的重点在于个体的生活智慧，人的智慧发展依赖于好的教育。这一方面需建立在知识与技能传授的基础上，另一方面还需要将理论与

---

① 张铭凯、靳玉乐：《论立德树人的实践逻辑与推进机制》，《中国电化教育》2020年第8期。

实践相结合，并融合个体的体验、感悟与情感等多方面的因素才能得以实现。只有将人的智慧潜能得以延伸，才能使思想政治教育脱离应试化与工具化，才能关涉人的生活智慧，实现对生活实践的价值引领。从教育理论的发展历程来看，以理性人性论所构建的理论知识，与生活渐行渐远，使生活智慧淹没于知识教育之中，使科学知识演变为教育理论唯一的知识，因而孔德提出了实证知识最有价值，需将它取代其他的知识。斯宾塞认为"科学是一切知识的基础"①。至此，教育理论逐渐转向功利主义的追求，使教育意义被割裂，使人的个体需求、主体性与能动性无法得以展现。思想政治教育在实施的过程中，不仅要寻求知识教育、智慧生成、价值引领的有效融合，还需要关注个体的精神品质与生命价值的培育与提升，一方面需要不断注重知识体系的完备性，另一方面还需要对个体的生活实践给予现实性的指导。思想政治教育在实施的过程中如果过于偏重理性知识的学习，而忽略生活智慧的培育，最终将使思想政治教育走向模式化与程序化，成为一种科学的而非人文的存在与发生，以此丧失思想政治教育真正的价值引领作用，以及对于个人全面发展的指导。思想政治教育成为一种生活智慧，离不开理论与实践、生活世界与科学实践的相互融合与贯通。思想政治教育需要在教育实践的情境中进行理性反思和批判，最终能够凝练真善美。思想政治教育需要以开阔的姿态融入生活之中，关注个体生活世界和生活智慧的生成，能够用个体的生活智慧引领社会生活，才能够走出学科与逻辑体系的局限，使其具有无限生命力。②

其次，思想政治教育的实践性需经由生活检验。初始的思想政治教育作为一种生活自身的样态而存在，与生活密不可分。"心智以知识的形态为存在，是可以教授的；但德性方面的习惯只能在生活中形成。"③ 个体对于意义世界的价值追求，也只有在丰富而多样的

---

① ［英］赫·斯宾塞：《斯宾塞教育论著选》，胡毅、王承绪译，人民教育出版社2004年版，第45页。
② 刘炎欣、陈理宣：《教育理论何以关涉生活智慧》，《基础教育》2016年第1期。
③ 曹辉：《道德教育的生活本义及其回归路向》，《湖南师范大学教育科学学报》2015年第3期。

现实生活世界中实现。杜威认为："一切教育都是通过个人参与人类的社会意识而进行的。"① 思想政治教育在个人的成长与学校教育中扮演着重要的角色，生活本身蕴藏着丰富的思想政治教育资源，思想政治教育需要融入人们的生活之中，才能真正产生情感的共鸣与心灵之间的相通。教育者与教育对象之间才能有着相互交流与信息互动的基础，并能够在相互的信息交流中，使双方都不断成长与发展。思想政治教育不仅要承载着生活的深刻含义，还起着对个体生活方式、生活行为等进行塑造的作用。思想政治教育需要将生活作为基本点，扬弃对知识的科学化追寻，将理论知识与个体完整的生活相融合，并关注个体的生命成长。思想政治教育所具有的生活性，是教会个体能够学会生存与生活，能够在共同的生活之中相互理解与沟通，并教会个体对感性生活的反思，促进其理想人格的培育。② "教育是一种生活的方式，是一种行动的方式。"③ 思想政治教育的价值导向与指引功能，需要在生活中发生。同时，只有在具体的生活实际之中才能实现对人的行为的约束与调节，明确个体未来的发展目标，让个体在现有生存状态的基础上，能够实现反思与超越，以此走向未来具有可能性的世界，能够追求更高的价值层面。从心理学的角度来看，有意识与无意识是人的精神世界所存在的状态。思想政治教育是教育者将思政理论知识有意识地传递给学生，引导学生逐步加强认识，进而形成心理内部沉淀，使个体能够运用相关知识解决思想观念、道德素质、政治意识等方面存在的问题。这些所学所悟通过个体的有意识注意与无意识注意保存下来，逐渐形成一种思维定式与习惯，最终实现内化于心、外化于行。从社会学的视角来看，思想政治教育在个体社会化的实现过程中，能够促进个体逐渐适应与参与社会生活，使个体成长为符合社会发展需要的良好公民，通过对个体思想道

---

① [美]约翰·杜威：《杜威教育名篇》，赵祥麟、王承绪译，教育科学出版社2006年版，第1页。

② 李社亮：《回归现实生活：道德教育的理想路径——一个关于道德价值取向的话题》，《河南大学学报》（社会科学版）2017年第2期。

③ 李志强：《走进生活的道德教育——杜威道德教育思想研究》，中国社会科学出版社2009年版，第160页。

德素质的提升，进而促进人的全面发展与社会的发展。"教育成效的体现就是学生人格的全面提升与素质的全面完善。"① 思想政治教育通过对个体进行科学而正确的世界观、价值观、人生观的指引，使个体能够更加理性、清醒、客观地认识现实生活世界，在个人的发展过程之中，能够结合国家、社会的发展需要以及时代的需求，不断塑造自己的思想、提升自己的道德素质与丰富自己的人格，促使个体能够适应社会的发展需求与时代要求。在现代化的社会境遇之下，思想政治教育需要与生活融合，用一种合理的状态，矫正现代性之下二元对立的状态，形成与生活相融的完满状态。思想政治教育与生活双方需要在各自独有的运行逻辑之下，实现有机融合与深入互动，以此使思想政治教育在现代性的语境下，实现生活意义与价值。在生活领域中，人的生命与生命活动通过生活得以展现。通过对现存生活状态的反思与批判，改变个体的生活观念，构建合乎人性生存发展的理性之境。与此同时，思想政治教育与生活还具有深层次逻辑的关联性。从本体论的层面来看，思想政治教育为生活的存在、发展与完善提供了担保，而思想政治教育又不断地渗透于现实生活，具有其现实性。"生活的意义，在某种程度上即体现于对生命价值的肯定和确证，而生命存在的本源性，则同时赋予日常生活以本源的规定。"② 生活，不仅涉及人类精神文化与文明的传承，还涉及现实生存个人所能够存在的意义空间与维度。生活缺失了价值引领，就会丧失其应有的意义性维度。思想政治教育根植于个体的生活实际，传递着个体的生活价值追求，引导着个体的思想观念，丰富着个体的精神世界，使之成为社会生活中的合格成员。③

最后，思想政治教育的价值性需经由生活检验。教育与人的成长与发展相伴而生。杜威曾指出：人一生持续性不断的成长过程中，教育都

---

① 袁本新、王丽荣等：《人本德育论》，人民出版社2007年版，第21页。
② 杨国荣：《日常生活的本体论意义》，《华东师范大学学报》（哲学社会科学版）2003年第2期。
③ 叶方兴：《从"悬浮"走向"融合"——论现代性语境下思想政治教育与日常生活的关系》，《探索》2019年第6期。

起着至关重要的作用。因为"教育即生长"。"习惯是生长的表现。"①陶行知曾提出生活即教育,从生活的角度强调教育对人与生活的重要意义与作用。"没有'教育即生活'的理论在前,决产生不出'教学做合一'的理论。"②因此,教育源于生活,生活离不开教育,人的生存与生活同样离不开教育的指引。思想政治教育需要从个体的实际出发,关注个体的实际生活需要,并能够引导个体在生活的过程中,进行自我感知与反思。从自我教育的基点出发,让个体能够在生活体验中不断自我成长与发展。在实施思想政治教育的过程中,教育者通过对社会的思想道德相关要求的理解,不断引导个体在生活中进行自我反思与教育,从而提升个体的思想道德,能够实现个人的全面发展。思想政治教育需立足于现实基础,从个体的现实出发,使目标更具多维性与层次性,更加贴近个体的生活现实与生活情境,才能够实施接地气与行之有效的思想政治教育,以此才能真正提升个体的思想政治道德素质与水平。思想政治教育需要直面生活,从现实生活中提出教育素材,根据个体在现实生活过程中所遇到的价值困惑、道德问题、思想困惑等,从具体的内容出发,给予指引,而不是只从各种生硬且抽象的大道理或是远离现实生活的教条出发进行教育。同时,引导个体在生活体验中去反思、感悟、生成与发展,不单单是依靠简单抽象的知识学习、机械化记忆或是模式化的训练。教育者在实施思想政治教育时,需要注重对个体主体性的尊重与发挥,因为内因是事物发展的根本依据,而外因只是事物发展的条件。个体的主体性在思想政治教育中有着决定性的作用,个体思想政治道德观念以及良好行为习惯的养成,都来自个体的主体实践活动与生活中自觉自为的生活实践。从个体的内部出发,借助生活的外在影响因素,结合个体的生活体验,激发个体的情感、塑造个体的品质、内化个体的信念,最终能够外化为现实生活中的良好习惯。③陶行知曾提到:"只要有人们的生活,就要有教育,要以生活来教育,为生活向上的需

---

① [美]约翰·杜威:《民主主义与教育》,王承绪译,人民教育出版社2001年版,第45—54页。
② 陶行知:《陶行知全集(第二卷)》,四川教育出版社1991年版,第7页。
③ 阳剑兰、曾长秋:《思想政治教育生活化的追问》,《湖湘论坛》2010年第1期。

要而教育。"① 人作为关系的存在物，在现实生活之中离不开人与人之间的社会交往，思想政治教育在人们社会关系的调节中发挥着重要作用，思想政治教育的有用性与实效性在现实生活中得以呈现。思想政治教育与生活的本源性联系，思想政治教育需要不断与生活发生联结，不断与生活相融合，扎根于生活的土壤之中。随着中国特色社会主义伟大事业的推进，社会主义现代化强国的建设，中华民族伟大复兴的不断推进，思想政治教育要随着国家的中心任务而不断发展与创新，既要关注到现实生活世界的实际变化，也需要关注到个体生存与生活中的现实需要。思想政治教育不仅关涉到个人人生价值、目的、理想等的指引，还要能够给个体在现实生活世界中所面临的各类思想困惑、价值问题、道德冲突等问题给予指导。一方面能够指引个体进一步理解生活的价值与意义，另一方面还要引导个体重视对思想政治道德素质的提升与人格的完善，从而能够实现一种积极向上的生活方式。思想政治教育成效关键，在于走进个体的生活之中，通过培养个体的实践意识与能力，不断促进个体感悟与内化正确的思想政治观念与价值观念，促使个体能够重组、建构自属的价值体系与意识框架。不仅要让个体学会生存与成长，还要让个体学会关心、做人与生活，让个体从自己身边的点点滴滴做起，学会为人处世。同时，还要注重个体自我修养的提升，将正确的价值观念、共同的社会理想与核心价值体系，在现实生活实践中去体悟与实践，贯穿于成长与发展的方方面面。

三　生活世界是思想政治教育的价值属地

首先，思想政治教育旨在为生活服务。从价值论的视角来看，思想政治教育作为一种特殊的社会实践活动，对个体生活有着特定的价值与意义。从本体上来看，生活价值高于思想政治教育的价值，生活具有先在性与独立性。思想政治教育引导个体追求美好生活，给予个体正确的人生观、世界观与价值观，只有对人生幸福与美好生活进行追求的行

---

① 董宝良、喻本伐、周洪宇：《陶行知教育论著选》，人民教育出版社2011年版，第6页。

为，才是正确而有价值的。因为只有人才拥有属于自己的生活，生活在本质上是属人的。世界上不存在脱离于生活实际、生活实践的抽象个人，只存在生活于现实生活世界中的具体个人。"个人怎样表现自己的生活，他们自己也就怎样。"① 生活一方面表达着人的生存方式，另一方面也是人的发展与生成的过程，人就是自己生活的主人。思想政治教育不能简单地作为一种束缚人的外部影响力，而是要深入个体的生活内部，促进个体的生活能够变得更加美好与幸福，能够使个体的精神世界更加的丰盈与完满。从价值性上来看，它不是为了自身的存在而存在，应该为人的生活而服务。人从出生开始就建立了各种各样的社会关系，在具体的现实生活之中，思想政治教育也承担着对于社会交往之中人们行为的规范、社会利益关系的调节与社会冲突的化解等职责。思想政治教育通过对人们思想的塑造、行为的规范，不断缓解各方社会利益的冲突，使社会成员能够更好地凝聚共识，形成社会共同体，维持社会的稳定与和谐。同时，团结一切可以团结的力量，推进中国式现代化实践进程。思想政治教育在现实生活之中所起的规范、调节与引领的职能，与社会生活中的强制性规范力量相辅相成，以此形成教育合力，不断引领个人的全面成长和社会的发展进步。只有引导个体从自身所经历的个体体验出发，顺从自己内心的意志，才能更有效地引导与规范个体在生活中的各类行为。除了对生活具有工具价值外，还能够赋予生活一种精神性的意义存在。作为精神生活建设的重要组成部分，它一方面指引着个体对善与美的追求，另一方面为个体的生活指引着方向与目标。随着现代社会物质文明的高度发达，科技理性的不断膨胀，思想政治教育越来越体现出自身存在的重要性。思想政治教育不仅与生活有着本源性的关系，而且在生活中产生，最终为生活而服务。思想政治教育一方面需要不断适应现实生活，另一方面还要不断随着现实生活的发展变化而不断创新。它不仅仅是对个体或群体社会生活的简单干预或影响，而在于更好地协助或引领个体追求更高层次的生活意义与生命价值。思想政治教育的存在在于指向未来理想的生活形态、未来的理想社会，以及人的自

---

① 《马克思恩格斯全集》第 3 卷，人民出版社 1960 年版，第 24 页。

由而全面的发展。思想政治教育与生活两者之间的关系进一步说明，思想政治教育应当直面人们的生活世界，应面向具体的生活现实，直面每一个在生活中具有生命力的鲜活个体，才具有存在的现实价值与意义。人们共同的生活世界是所有学科产生的基础与土壤，思想政治教育在生活中不仅具有特定的意义，使生活得以正常进行与维持，而且还需要协助个体能够生活得更好。思想政治教育的内容，应直面人们的生活世界，应面向具体的生活现实，直面每一个在生活中具有生命力的鲜活个体，这也是思想政治教育为生活服务的根本所在。思政教育在具体实施的过程中，需要回到现实生活世界中，把它转化为个体所属的各种生活形式。同时，使个体能够经历这种生活体验，能够获得与生活世界各类关联中所产生的学科知识，并能将这些学科知识统一于自己的内部意识结构之中。只有不断与个体的生活价值、意义相融合与统一，才能实现其自身目的的现实性与完备性。思想政治教育在一定意义上促进了社会进步与发展，通过对个体的思想政治意识、道德品质等的引导与塑造，间接促进社会的长足进步与发展。它的内容与方法正如同工商业发展变化一样，都是社会生活不断发展与变化的产物，都是为了不断适应新社会的发展需求而产生的。它的最终目的是促进个体生活经验的生成与转化，教育的过程不是教育者对受教育者的知识的灌输与传递，或居高临下的说教，而是通过对个体经验的引导与拓展，延伸个体的社会性存在，最终实现个人生活与社会生活的统一。[1]

其次，思想政治教育旨在培养会生活的人。在人类的发展历史上，思想政治教育是在对各种各样思想矛盾的解决中发展而来的，其价值在于对人的培养，其价值意义也蕴含在立德树人这一目的的追求之中。生活指向人的全部社会实践，纵观思想政治教育自身的发展史，思想政治教育在不同的历史阶段、历史时期社会生活中发挥着不同的影响作用。从革命斗争时期提出把支部建在连上，到后来提升到生命线的地位。思想政治教育对于解决人们的思想困惑、矛盾冲突与

---

[1] 刘铁芳：《从苏格拉底到杜威：教育的生活转向与现代教育的完成》，《北京大学教育评论》2010 年第 2 期。

凝聚共识、人心发挥着重要的重要和优势，它承担着立德树人的根本任务，还传递着人们对于更高层生活理想与整体生活意义的追求。思想政治教育所要培养的人，是生活与现实生活之中具体的人，人的全部社会生产与生活实践构成了生活世界的真实镜像与面貌。思想政治教育作为一种具有特殊价值与意义的社会实践活动，一方面反映着教育中育人的根本追求与目标，另一方面又作为一种特殊的生活方式存在于个体的社会生活中。思想政治教育脱离了生活，只会成为知识技能的训练场或是获得分数的工具，只有立足于培养生活中的人，才能实现个体完整人格的培育，以及能够进行深度反思的能力。思想政治教育并非生产简单的劳动者，也非简单的工具人或是没有灵魂的存在，它指向的是现实生活中的具体个人，培育的是会生活的人。生活才是现实个人得以存在的现实基础，在思想政治教育实施的过程中，不仅要注重知识本身，更应注重知识与生活之间的关系。知识论使教育与生活割裂，学科知识成了人与生活的主宰，进而导致了唯知识论的工具理性倾向。思想政治教育也受此观念的影响，使之更多地突出事实引领，而忽略了价值引领的作用。思想政治教育不应成为知识传输的工具，而是应促进个体的现实生活，使个体能够主动积极地生活。教育在生活中进行，目的在于培养学会生活的人。以个体自身与个体的现实生活为出发点，一方面需要注重思想政治教育自身的人文关怀，另一方面还要注重对生活的导向作用。在现实生活中，若只有科学与技术的发展，但没有对生活的关注，生活其中的人只能是单向度的人，而人的生存也与自身的自我意志相分裂，同时必然饱受着物欲与工具理性的双重侵蚀。

思想政治教育需要将生活作为根基，在促进个体健康发展之下，还要引导个体反思自己身处其中的物化的生活方式，同时能够发挥思想政治教育对生活的建构作用。通过思想政治教育去守护与创造生活中的真善美，通过思想政治教育为生活立法。思想政治教育的基本态度是直面生活存在的问题与困境，引导个体能直面现代社会的诸多矛盾与问题，这样才能使个体的人格获得独立，才能在道德两难时做出合理的选择与判断，在生活中能够直面与体验时代的波折与困难，并在这一过程中能够实现自我提升与教育。回归生活世界的思想政治教育，需要关注个体的生活现实，协助个体在生活中实现幸福的可能，帮助个体形成合理的价值观念，获得找寻幸福的可能方式。个人对于人生价值、人生意义、人生幸福等方面的认知，暗含了个人所崇尚的人生信念与生活价值追求。现实生活是物质生活与精神生活两者的相互统一，作为主观感受为主的精神生活，对于幸福的不同标准与定义存在于不同个体的主观认知与感受之中。思想政治教育对于个体的人生层次与人生境界起着塑造、提升的作用，为使个体达到精神本性的完整性，需要使个体生命不断处于创造性的活动中，不断处于创造的状态。人和动物的区别，在于人具有主观能动性，能够在对象化的活动中展现自身独有的精神力量与创造力。通过不断地创造能够给人带来不同的情感体验与满足，能够更好地激励个体突破现有生活模式与框架，不断拓展新的生活局面，达到新的人生高度与人生境界。① 重复性的活动只是生存而非生活。② 思想政治教育的目的存在于生活之中，为生活中的人而服务，就如"在实践的事务中，目的并不在于对每一课题的理论和知识的理解，更重要的是对它们的实践。对德性只知道是不够，还要力求应用或者以某种办法使我们变得善良"。思想政治教育对于现实生活的价值引领，在于教会个体能够如何更好地生活，能够使个人发展和社会发展相统一。思想政治教育不仅要关注个体的生活现实，协助个体在生活中实现幸福的可能，帮助个体形成合理的价值观念，获得找寻幸福的可能方式，同时还需要将生活作为根基，在促进个体健康发展的同时，还要引导个体反思自己身处其中的物化的生活方式，去守护与创造生活中的真善美，能够为生活立法。同时，能够直面生活存在的问题与困境，指导个体能够正视与客观分析现代社会所存在的诸多矛盾与问题，以此使个体的人格获得独立性，并能够在道德两难时做出合理的选择与判断。让个体在生活中，直面与体验时代的波折与困难，并在这一过程中能够实现自我提升与

---

① 赵汀阳：《论可能生活》，生活·读书·新知三联书店1994年版，第123页。
② 叶文梓：《从"知识世界"走进"生活世界"——对学校道德教育基础的反思》，《浙江社会科学》2001年第3期。

教育。

最后，思想政治教育旨在构建一种新的生活范式。从生活的角度出发，思想政治教育产生于生活之中。思想政治教育源于生活，指向于更高层级的生活状态。在人类的整个发展历史进程之中，随着社会生活的变迁与社会形态的改变，个人价值和社会价值两者之间的矛盾和冲突得到进一步的缓和与平衡。关于思想政治教育科学性与价值性的评价，需要结合具体的历史发展阶段，如果只是简单抽象地评价成为了社会或是为了个人，都无法得出可靠的结论。思想政治教育所引导的生活世界是个人与社会的有机统一，而非两者之间的冲突与对立。从整个教育发展的历史来看，育人是教育根本，在教育过程中忽略人，不关注人的主体需求、获得与感受，其培养的对象就只是实现某种目的的机器或工具，而不是人本身，最终使教育成为了非人的教育。[①] 人的价值实现需要一个过程，现代社会中对于人的关注与肯定，将人的发展作为社会进步发展的衡量标准与尺度之一。同时，也将个体智力与精神财产作为推动社会可持续发展的持续动力，人在获得类主体的确认后，将进一步获得独立与解放，最终成为独立的个体。这样的生活现实反映在思想政治教育领域之中，具体表现在对个人价值的理解、关注与重视，个人价值和社会价值的评价与实现，都是具体的与历史的相互统一。思想政治教育无论是为了社会还是为了个人，最终都是为了生活，都是一定历史阶段的社会现实生活在思想政治教育上的反映。社会由每个具体的现实个人所构成，现实个人存在于历史的、具体的与可经验的生活阶段之中。思想政治教育不仅仅是促进人的思想与行为的改变，以此促进人的发展，同时还需要不断履行好自己的时代使命，促进社会的发展与进步，实现对现实生活世界的重构与改造。作为社会的基本元素，现实的个人与人的活动是两个基本的组成部分。社会呈现的是人与人之间的交往与连接，作为反映人的社会关系的有机体而存在，社会环境与现实生活条件不仅是人们赖以生存的基础，也对人的生存与发展起着决定性的影响作用。人的发展与生活环境是一个不断进行社会化的过程，而社会化发展的目

[①] 杜时忠：《德育十论》，黑龙江教育出版社2003年版，第26—27页。

的在于实现人的自由而全面的发展，思想政治教育的最终目标是实现人自由而全面的发展，它的实现需要建立在客观实际与真实生活之上，需要从理想化回到现实生活之中。思想政治教育的多元化与务实特性，都源于它的本质特征，同时它还具有育人属性和政治属性。一方面，通过社会主流思想意识的引导，使个体能够形成正确的政治觉悟与理想信念，以此提升个体的政治素质与道德水平，同时促进个体精神世界的和谐与进步。另一方面，思想政治教育作为上层建筑，作为社会教育、学校教育的重要组成部分，不仅是弘扬国家主流意识形态的主渠道，也是党和国家凝聚社会共识、团结民众的重要手段。无论是从育人的角度还是政治的角度，目的都在于实现人的发展与社会的稳定。通过优良社会环境的打造、文化软实力的提升，精神文明与物质文明的协调发展，为个人的发展创造优良的社会环境与氛围。思想政治教育指向于一种新的生活范式的构建，"随着今天中国社会的急剧变迁，在实际思想政治教育领域，一些原先适用的思想政治教育与新的日常生活之间出现了差距"[1]。社会的进步发展与时代需求的变化，需要思想政治教育不断保持自身与现实生活之间适度的张力，不断介入个体的现实生活世界之中，对于个体在现实生活之中所面临的思想困惑、矛盾与冲突，能够给予正向的导向、更高层次的引领。

　　思想政治教育需要审视各类生活现象，回应生活中存在的现实问题，对生活的异化问题进行批判，从而能够积极引领生活与超越生活。思想政治教育并不仅仅是现实生活世界的回声虫，还应当独立于现实生活世界之上，具有一定的超越性，引领人们对于美好生活的艰苦奋斗，对于远大共产主义理想的追求，对于人的自由而全面发展这一终极目标的追求。思想政治教育还需要引导个人在社会发展目标、国家发展战略之中认清时代之大我，在集体、家庭与个人内心之中认清小我的存在，将生活实践的价值追求与个体所需的价值诉求相结合，在美好生活的图式中，超越错误的价值观念与社会思潮，对生活重新进行建构，引导个体在各自生活的样态中反思自己与所处时代相关联的价值。在时代的大

---

[1] 蓝江：《论日常生活中的思想政治教育》，《思想理论教育》2008年第1期。

背景中寻找大我，在自己的生活之中寻找小我，将小我与大我统一于所处历史发展阶段的社会理想之中，统一于历代奋斗的理想生活图景之中。思想政治教育既服务于人的全面发展，也指向于美好生活的奋斗，它与流变的生活并行不悖、同向而行，在生活实践之中不断赋予个体精神力量，促使个体创造更好的生活环境与生活条件等。同时，将流变的生活作为根基，在现实的社会生活实践中回应时代赋予的责任与义务，不断凝聚社会共识，实现对个体生活的塑造与价值引领。"每一代人有每一代人的长征路，每一代人都要走好自己的长征路。"[①]

---

① 《习近平谈治国理政》第二卷，外文出版社2017年版，第48页。

第二章

大学生思想政治教育回归生活世界的理论依据

第一节 马克思主义理论联系实际思想的深化

一 马克思恩格斯的理论教育思想

马克思的理论教育思想形成于马克思主义理论的创立过程之中,它主要是指运用马克思主义理论,说服、教育与武装人民大众的思想,通过无产阶级的世界观与方法论武装广大人民群众,以此唤醒无产阶级所拥有的阶级意识,坚定马克思主义理论信仰,最终实现个人与社会自由而全面的发展。它是对马克思的理论教育相关实践活动的总结和理论的升华。①

第一,理论需要彻底才能说服人。一是理论要立足于现实个人本身。马克思的理论教育思想提出之初,在《〈黑格尔法哲学〉导言》中强调理论的彻底性原则,"理论只要彻底,就能说服人"②,正确的理论反映的是时代精神的精华,理论掌握群众就将发挥其能动作用,转变为强大的物质力量。人自身具有能动的创造性,精神因素通过实践活动转变为现实的物质力量。精神力量的物化需要一定的条件,只有先进、彻底的理论,才能让群众相信、接受。理论需要立足于个体本身,需要立

---

① 韩玲:《马克思的理论教育思想研究》,中国社会科学出版社2009年版,第124—128页。
② 《马克思恩格斯选集》第1卷,人民出版社2012年版,第10页。

足于现实生活实际本身，才具有针对性与契合性，才能够说服人与吸引人，实现理论自身的有效性，使理论教育能够从抽象转化为具体，从理论转化为实践。理论自身需要反映事物的本质，抓住事物的根本，才能真实地反映事物本身，日常的经验反映的仅仅是事物纷繁的表面，仅仅依靠经验，就不可能揭示事物的本质与发展的必然趋势。二是理论需立足于现实生活本身。理论要能够正确、客观地反映现实生活本身，符合客观实际、客观规律，才能够转化为强大的物质力量。理论需要与社会发展的客观实际、时代精神相契合，才能转变为广大人民群众的现实社会实践活动，才能实现预期的理想目标。理论通过个体的创造活动而实现，但一种理论、思想观念得以传播，往往看它是否能够满足现实的社会发展需要。就如哲学是时代的精华，任何思想理论并不是凭空产生的，而是有着特定的时代需要与现实需求，经过长期的社会实践与历史沉淀才得以产生的。时代的变化与社会的变迁，不断促使着理论的转化，现实生活之中遇到的各种现实困境与问题，也不断呼吁着理论的创新。随着实践的不断发展，理论也随着不断变化，理论通过自身的说服力不断回应人们在现实实践中遇到的各类思想观念与认识方面的问题。理论的出发点在于对现实问题的回应，解决实际问题，并不是为了理论而理论。好的、正确的理论都是基于实际问题的理论，马克思主义理论中所提出的理论，都是基于自己的时代条件而提出的，也为未来所需要解决的问题提供了立足点。理论要具有彻底性，只有在全面、深入、透彻解释世界的基础上，才能够进一步转化为有强大物质力量的思想武器而改造世界。在运用理论的过程中，还要随历史条件而转移。对于前人、前时代的理论，需要在继承中创新与发展，既不能全盘否定，也不能完全照搬照抄，需要运用辩证的方法、科学的态度加以对待。

第二，理论需要掌握群众。在马克思的群众史观之中提出理论掌握群众，理论的科学性在于是否代表了广大人民群众的根本利益，是否趋向于人民群众，反映了群众所需。理论与广大人民群众之间有着双向的互动与需要，理论转化为广大人民群众的物质力量，就需要人民群众能够切实掌握理论，并能够作为自己的精神力量，以此实现对现实世界的改造。马克思主义理论具有实践性，并不是简单地存在于人们的头脑之中，而是需要通过现实的社会生产实践转变为强大的物质力量与精神力量，实现其自身内在的价值。"思想根本不能实现什么东西。为了实现思想，就要有使用实践力量的人。"① 历史发展的基础与决定力量是广大人民群众的物质实践生产实践活动，人民群众既是历史的主体，也是历史的创造者。人类历史的发展与社会的发展，离不开物质力量与精神力量的相互统一，这两者统一于现实的社会生产与生活实践之中。人民群众不仅是改造自然世界的主要力量，还是社会变革与发展的主要力量，社会的进步与发展离不开人民群众的历史活动。马克思的群众史观强调人民群众是历史活动的创造者，人民是自己生活的主人。理论只有反映人民群众的根本利益与要求，才能够掌握群众。"'思想'一旦离开'利益'，就一定会使自己出丑。"② 思想理论要推动历史的发展与社会的进步，就需要反映广大人民群众的利益活动。根据马克思的认识论，认识是辩证发展的过程。人们首先获得感性认识，这一认识是以实践为基础，然后再通过思维的加工与处理，最终上升为理性认识，最后再回到实践之中去检验与发展。这一过程是从感性认识到理性认识再到实践的过程，从实践出发到认识，再从认识到实践，在螺旋式的上升与发展之中，实现认识过程的飞跃。认识过程的飞跃需要以群众对理论的掌握为前提，作为改造世界的主体，理论只有经由人民群众掌握，才能回到实践活动之中，转化为改造世界的强大物质力量。理论的实践性在于能够指导人民群众的社会实践活动，它的真理性在于能够揭示事物的内在本质与变化发展的规律，要使它发挥作用，就要通过人民群众转化为新的观念与方法，不断指导人民群众进行实践。理论教育的意义在于，能够通过理论使人民群众将其转化为物质力量去改造世界。理论存在的合法性，一方面在于自身逻辑的合理性，另一方面在于群众的接受度。理论教育活动是从说服群众到掌握群众的一个发展过程，从实践出发又回到实践之中，从群众本身出发又回到群众之中的动态发展过程。理论体系的形成，将对人们的社会实践产生深远的影响与导向作用。通

---

① 《马克思恩格斯全集》第 2 卷，人民出版社 1957 年版，第 152 页。
② 《马克思恩格斯全集》第 2 卷，人民出版社 1957 年版，第 103 页。

过开展成体系的理论教育活动，才能够将正确的政治理论、政治观点、政治意识等转化为广大人民群众的思想观念。理论的实现程度，既取决于理论对于现实实践的满足程度，也取决于实践主体的掌握程度。只有将理论转化为广大人民群众的自觉认识，将理论转化为人们现实实践中的决策与判断的时候，才能说实现了真正意义上的理论掌握群众。

第三，理论需联系实践。马克思理论教育的根本原则与方法之一是理论联系实践。马克思主义理论产生于实践之中，又不断在实践之中实现发展。马克思在批判旧唯物主义与唯心主义时，将实践的概念引用其中，既反对对于现实世界纯思辨的批判，也反对感性、抽象地理解客观世界。"凡是把理论引向神秘主义的神秘东西，都能在人的实践中以及对这种实践的理解中得到合理的解决。"[①] 人类作为实践性的存在，所有的精神活动与物质活动都是以实践作为基础，对于理论的解释、理解与接受都是源于实践本身的现实需要。在个体的现实生活之中，并非是意识决定了生活，而是生活决定了意识。在理论教育发展的过程中，实践作为决定性因素存在其中。理论教育的主体也因实践而产生，所谓时势造英雄，而并非是英雄造时势。实践作为理论教育内容与理论教育主体之间的中介，促进了理论教育内容与主体之间的互动。人的实践活动，既改变着自我，也改变着环境。历史的发展过程就是人的实践发展过程，历史发展过程只有通过人的具体实践活动才能够理解。个体在具体的社会实践中，不但改变着环境，也改变着自我。社会的改造与人的思想认识的提高，只有通过各类实践活动，在不断认识与改造世界的过程中，才能获得自由而全面的发展。理论只有在实践中才能产生，实践有着直接现实性。"理论的对立本身的解决，只有通过实践方式，只有借助于人的实践力量，才是可能的。"[②] 思维的客观真理性需要通过实践来进行验证，在具体的实践活动之中才能够证明自己思维的现实性。若离开现实实践，只简单、纯粹地追求理论与实践在形式上的统一，就只会将理论演变为人们观念头脑中的枷锁，演变为观念之间的斗争。人

---

① 《马克思恩格斯选集》第1卷，人民出版社2012年版，第135—136页。
② 《马克思恩格斯全集》第3卷，人民出版社2002年版，第306页。

的内在精神品质与思想观念的发展，与自身所处的现实历史条件息息相关，也与自身所受的理论教育活动的水平息息相关。个人现实关系的丰富性，在一定意义上决定了精神生活的丰富性。在现实中开展的实践活动，需要从客观实际出发，从所处时代的特点出发，而不能将抽象的理论作为出发点。在理论教育与学习的过程中，需要不断结合实际，走出纯粹、抽象与脱离现实的思辨世界。在理论研究的过程之中，脱离了现实问题与所处的现实关系，远离整个社会现状，就只会以教条式的方法来进行现实问题的处理与解决。人们在某个特定的时候应该做什么，立刻做什么，并不是存在于幻想之中，而是根据活动所处的具体时间、环境与既定的历史条件而定的。对于问题的解决应当是对于问题本身的回答。实践具有客观现实性，就需要理论教育能够客观地直面问题本身，根据实践的发展而不断进行策略与方式的调整。理论教育要想获得预期的教育效果，就需要将实践作为理论和客观实际之间的桥梁，将实践作为物质力量转化的中介。只有在具体的社会实践中，人们主观上的思想观念才能转化为具有客观形态存在的物质对象化活动。只有将理论付诸实践中，才能使主体所具有的内在精神力量客体化。理论需发挥自身的指导作用，对人民群众的实践活动进行积极指导，才能实现理论的育人功能。人们对于理论的客观性与真理性的阐释，需结合具体的现实情况与具体的现实历史条件。马克思主义不是理论，更不是教条，而是作为行动的指南，对于理论的认识需要从实际出发，将理论的原则与实际需求相结合，与人民群众的思想水平相结合。[1]

第四，理论需以具体历史条件而转移。恩格斯认为，作为一个真正意义上的马克思主义者，对待马克思主义需要有科学的态度。在当时的历史条件下，一些所谓的马克思主义者将马克思主义作为适用于所有时间、地点与历史条件的绝对真理，由此导致理论本身演变为错误的理论，忽视理论本身的具体历史条件进行主观的阐释。[2] 对于理论的引

---

[1] 韩玲：《马克思的理论教育思想研究》，中国社会科学出版社2009年版，第163—183页。

[2] 《马克思恩格斯全集》第36卷，人民出版社1975年版，第98页。

用,也不考虑实际运用的历史条件与客观因素,由此必然导致工作中的失误。恩格斯曾强调:"在将来某个特定的时刻应该做些什么,应该马上做些什么,这当然完全取决于人们将不得不在其中活动的那个既定的历史环境。"① 马克思恩格斯更加强调理论本身的实践意义,将理论作为行动的指南。在人类社会历史的发展过程中,将社会的演进视作发展的过程,不从观念上对社会发展的历程、现实状况加以限定与描述,不给社会发展限定最终的目标,而是以发展的眼光,正视发展过程中所需要解决的现实问题。马克思恩格斯的著作中对于共产主义之中美好社会的详细细节描述较少,在 1983 年法国《费加罗报》对恩格斯进行提问时,他强调人类社会是不断发展与变化的社会,未来社会有着未来的现实状况,我们不能够限定最终的目标,也无法详尽描绘未来社会的样子,当今再正确的理论也无法描绘出未来社会的样子。恩格斯在《论住宅问题》中也强调,住宅问题的解决要随着现实的具体情况而转移,同时还应联系一些具有深远意义的问题,比如城乡之间对立的消灭。对于未来社会相关问题的解决,只是靠单纯的臆造,只会是空想的方案,没有实际意义,我们也不用为这样的问题而困扰。② 马克思主义理论并非是脱离具体社会历史条件的绝对真理,也非对于历史实践的简单总结,更不是悬浮于现实生活之上的空洞理论体系或是高于生活之上的概念体系。它是在不断的实践中获得又在实践中不断发展与变化,也是实践的行动指南。无论是在革命时期,还是在中国特色社会主义的建设时期,它都是立足于中国实际,结合中国的现实实践,在实践的过程之中获得发展,成为能够以具体的时间、地点与历史条件而不断变化发展的真理。在理论的运用与发展过程中,若违背了理论联系实际这一原则,就将遭受相应的挫折与教训。③ 所取得的成功,都是源于对这一原则的不断坚持与发展。

---

① 《马克思恩格斯选集》第 4 卷,人民出版社 2012 年版,第 541 页。
② 《马克思恩格斯选集》第 3 卷,人民出版社 1995 年版,第 156 页。
③ 靳安广:《理论联系实际思想的深化:从马克思到邓小平》,《河南师范大学学报》(哲学社会科学版) 2015 年第 4 期。

二 列宁关于理论联系实际的思想

第一,理论需立足于实践。对于现实问题的观照、指导与解决,是理论的内在价值,而由于理论自身具有普遍意义,针对具体的现实问题往往不能立即给予解决的方案。从社会主义的发展历程来看,也是不断从理论走向实践,在现实发展的过程中遭遇挫折再走向成功的变化。不同的社会主义国家与地区针对各自不同的环境变化、国内外实际情况,不断用发展着的马克思主义理论指导着本国的社会生产实践与生活实践,一方面既坚持马克思主义的基本原理,另一方面又不断结合本国的实际现状、特点,以及自身所处的时代特征。[①] 列宁作为坚定的马克思主义者,坚决反对将马克思主义作为一种公式,他强调作为马克思主义者,就需要不断联系具体、生动的生活实际。他曾强调不可能苛求马克思主义者知晓社会主义道路上的所有情况,所有的只能在具体的实践中才知道该如何走、怎样走,也只有在千百万人的行动之后,在经验之中才能呈现出来。[②] 列宁所领导的社会主义革命,就是在马克思主义理论指导下不断摸索与前进的过程,在面对复杂多变的国内外环境与本国的具体实际时,并不将所谓的真理、原则当作超越时空、适用所有情况的普遍真理与绝对真理。如果只是将某个原则或理论当作解决一切问题的良方,反而是在现实之中对马克思主义的背离,解决不了任何实际问题。列宁也曾指出,若像考茨基一样将马克思著作奉为解决所有问题的良方,其得到的结果只能是运用马克思的个别词句掩饰了马克思的实质。[③] 他依据辩证法的精神提出,一切需取决于实际情况,并要求所有的共产党人都应该实事求是地看问题。[④] 这一原则的提出,就要求在了解与认识世界的过程中,需要人们按照世界本来的面目去认识与了解,需要从所处的现实情况出发,能够认清自身所处的真实情境,立足于现

---

① 杨发航:《马克思主义理论教育的基本经验初探》,《思想理论教育导刊》2011年第5期。
② 《列宁全集》第32卷,人民出版社1985年版,第111页。
③ 《列宁全集》第45卷,人民出版社1990年版,第296页。
④ 《列宁全集》第40卷,人民出版社1986年版,第41页。

有的历史条件去思考与解决问题。在面对自身所具有的缺点时,也应该能够正视问题本身,依据问题的实质来进行诊断,才能对症下药。在制定政策、方略、方针的过程中,应尊重已有的事实,将其作为制定的依据和基础。列宁曾提出:"马克思主义要求,任何郑重的政策必须以经得起严格的客观检验的事实作为根据。"① 无论在进行科学研究还是理论教育的过程中,都应该依据事实来进行,若只是将无产阶级的各种策略建立在个体的主观愿望之上,就等于将它置于空中楼阁,而无法在现实实践中进行,只是成为个体的想象而已。在无产阶级的事业之中,在社会主义革命运动的过程之中,有着诸多残酷的现实与不快的真相,但是不能够仅仅用美好的词句将这些所存在的事实掩盖,这是对于广大人民群众最危险,也是最有害的事情。在这个过程中,应该积极面对并加以重视,对现实不加以重视,所提出的政策都将会以失败告终。

第二,理论应注重实际经验的研究。调查研究是了解与掌握事实的基础与前提,通过对客观事实的研究、对实际经验的总结与收集,才能得出真实与可靠的结论,才能制定可行的策略与依据。列宁在领导社会主义革命的过程之中,总是强调实际材料的重要性,要求通过查资料、数据统计、交谈对话等多种调查形式进行现实情况的调查,以此使所制定的方针、政策能够正确与可执行。他指出对于现实的实际经验缺乏掌握与了解,就将导致官僚主义。事实的存在总是繁杂而多变,需要透过事物的本质去了解现象背后的实质,要在尽可能多与广泛的实施材料基础之上,掌握事物的根本。社会生活是复杂而广泛的,列宁强调:"应当记住一条原则:在社会科学中(如同在整个科学中一样),研究的是大量的现象,而不是个别的情况。"② 事实是最具有说服力的论据,只有掌握了事实的全部综合与相互之间的联系,才能有可靠的证据。仅仅从事实的某个方面或是片段出发,就只能成为毫无根据的个别说辞与把戏。整个社会历史是辩证统一的,是统一与多样之间的相互结合,各个国家、民族、地方之间都有着各自不同的实际。我国国家、民族与政党

---

① 《列宁全集》第32卷,人民出版社2017年版,第120页。
② 《列宁全集》第26卷,人民出版社2017年版,第261页。

的发展都要将马克思主义与我国国家、民族与政党的具体实践结合起来,不能将马克思主义仅仅作为一种抽象的历史公式。作为信仰马克思主义的马克思主义者,更应该注重科学方法的学习,而非简单的抽象公式与理论的记忆。同时,在对他国的历史经验与实践进行学习时,也需要不断结合自身变化的实际。列宁认为,"在年轻的国家里开始的运动,只有在运用别国的经验的条件下才能顺利发展。但是,要运用别国的经验,简单了解这种经验或简单抄袭别国最近的决议是不够的。为此必须善于用批判的态度来看待这种经验,并且独立地加以检验"[①]。他在《共产主义运动中的"左派"幼稚病》一书中曾提出如何看待俄国革命经验的这一问题,他认为俄国自身有着自己的特点,与国际上的其他国家相比,有着本国的客观实际,在借鉴与学习别的国家的经验时,需要从自己国家的国情出发,既不能千篇一律,也不能原封不动地照搬。他也不主张将俄国的经验强加给其他国家共产党,也不主张对俄国的经验进行教条式的学习。他始终强调应当将认识与实践两者结合起来,两者之间的割裂将会陷入蒙昧主义。认识的来源始终是实践,实践不仅是认识发展的动力,更是进行真理检验的标准与目的。理论的产生脱离不了实践,离开实践活动,认识也不能转变为对象化的客观现实。理论是对现实实践活动与经验的总结与概括,也是对事物本质与规律的认识与升华,能够积极指导实践进行预期的实践活动。实践有着自身独特的重要性,理论对实践有着特定的指导作用,缺乏理论指导的实践是盲目的,缺乏实践的理论是空洞的,因此,要注重理论与实践两者之间的相互统一。[②]

三 我国关于理论联系实际的思想

第一,理论联系实际的重要性。毛泽东在 1930 年 5 月的《反对本本主义》中提到,学习马克思主义需要结合我国具体的实际情况,需要

---

① 《列宁全集》第 6 卷,人民出版社 2013 年版,第 23 页。
② 靳安广:《理论联系实际思想的深化:从马克思到邓小平》,《河南师范大学学报》(哲学社会科学版) 2015 年第 4 期。

反对远远脱离现实实际状况的本本主义。① 他还提到没有调查就没有发言权，中国的革命斗争需要依靠各位同志对于中国实际情况的了解。针对党内的教条主义，毛泽东一再强调理论联系实际的思想主张，强调马克思列宁主义需要不断与中国革命实际相结合。在1937年的《实践论》中，进一步阐述理论联系实际的重要性，强调理论与革命实践之间的重要联系，两者相互脱离就会导致理论对象的消失，革命实践缺乏革命理论，就会导致实践的盲目性。② 1938年在有关《论新阶段》的讲话中，认为马克思列宁主义的伟大之处在于与各国具体革命实践的结合，需要学习将马克思列宁主义与中国的具体社会条件与环境相结合。③ 1940年在《新民主主义论》中，毛泽东指出马克思主义的真理需要与中国的具体革命实践相统一，与民族特点相结合，不能简单地将它当作公式来进行运用。④ 1941年在《农村调查》一书中，毛泽东运用了理论和实际相联系这一提法，强调调查工作的重要性。⑤ 党内对于中国实际情况的调查与研究有着十分重要的价值与作用，理论学习需要理论与实践的相互统一，作为马克思主义者，不是对于理论的表面学习，而是学会用马克思主义的立场、观点与方法对新的问题、实践进行分析与解决。1941年在《改造我们的学习》中，毛泽东将理论联系实际这一原则与党性的纯洁性相关联，指出对于马克思列宁主义理论的研究，需要有意识地与中国革命实际相联系，与中国的革命实践活动相结合，通过马克思主义的立场、观点、方法去找到能够解决中国革命问题的策略。⑥ 1942年在《整顿党的作风》中关于理论联系实际的表述，即"中国共产党人只有在他们善于应用马克思列宁主义的立场、观点和方法，善于应用列宁斯大林关于中国革命的学说，进一步地从中国的历史实际和革命实际的认真研究中，在各方面作出合乎中国需要的理论性的创造，才叫做理

---

① 《毛泽东选集》第1卷，人民出版社1991年版，第111—112页。
② 《毛泽东选集》第1卷，人民出版社1991年版，第293页。
③ 《毛泽东选集》第2卷，人民出版社1991年版，第534页。
④ 《毛泽东选集》第2卷，人民出版社1991年版，第707页。
⑤ 《毛泽东选集》第3卷，人民出版社1991年版，第791页。
⑥ 《毛泽东选集》第3卷，人民出版社1991年版，第801页。

论和实际相联系"①。在延安整风运动期间，有关理论联系实际的这一思想得到了进一步的拓展与升华，强调了这一原则的重要性。②

第二，理论联系实际的重要内容。马克思列宁主义同中国革命实际的结合，需要有的放矢，中国共产党人需要能够应用马克思列宁主义的方法、立场与观点，对中国的革命实际与具体历史条件进行分析，创造契合中国需要的理论。③ 首先，理论作为指导，是理论联系实际的重要前提。没有理论的指导，马克思列宁主义理论与中国革命的具体实际之间就无法建立相应的联系。马克思主义指导是理论联系实际所应具有的前提性条件，马克思主义为中国革命提供了目标与方向，作为中国共产党人的指导思想，为中国共产党奠定了理论基础。从中国共产党确立之日开始，就确立了党的奋斗目标和今后的努力方向。坚持以马克思主义为指导，内含着中国革命实践未来的目标确定与选择。人们需要将马克思主义当作理论武器与工具，不断分析与观察中国的实际，确立中国革命运动与社会实践的方向，将马克思主义作为理论分析的工作，作为改造中国现实社会的行动指南。在这一过程中，还要不断突出理论的实践性，将马克思主义转化为现实的、具体的实践成果，让马克思主义不再只是流于表面与口头的空话与教条，而是有着实质性内容与具有实践性的科学理论与行动指南。其次，学会运用理论分析与解决实际问题。理论与联系实际的展开，是能够运用马克思主义这一理论工具，围绕中国社会实践的目标，对中国的实际情况与问题开展深入、具体的分析的解决。通过马克思主义的立场、观点与方法，能够针对各种实际问题给予科学、合理的解释与理论上的说明，能够真正领会马克思主义的本质内涵与方法论上的意义，以此科学地分析中国现存的实际问题，进而能够寻找到中国内部自身的发展规律。④ 在对中国现状与实际问题进行分析的过程中，需要将马克思主义作为分析工作与理论的前提，在强调理论

---

① 《毛泽东选集》第3卷，人民出版社1991年版，第820页。
② 陈占安：《准确把握理论联系实际思想原则的科学内涵》，《北方交通大学学报》（社会科学版）2003年第4期。
③ 《毛泽东选集》第3卷，人民出版社1991年版，第819—820页。
④ 《毛泽东选集》第3卷，人民出版社1991年版，第814页。

重要性的基础之上,能够真正领会马克思主义科学的立场、观点与方法,既不是简单的记忆背诵,也不是个别理论的抽象理解,而是需要把握住马克思理论自身的精髓,使马克思主义成为分析中国现实问题与实际的强有力的理论武器。最后,创造符合实际与理论实现的路径。理论与实际的相互结合,目的在于理论最终的实现,最终能够运用马克思主义解释世界与改造世界。理论与实际之间有着各自的边界与限定前提,两者统一于实践之中,这就要求理论的提出既要符合现实需求的特性,又要能够指出具体的现实实践路径与手段。马克思主义作为总的理论指导,在具体应用的过程中需要结合中国的具体社会实践,并且以具体的、历史的条件而转移。①

第二节　中国共产党思想政治工作的优良作风

一　宣传思想工作的三贴近

第一,三贴近原则是中国共产党思想宣传工作的优良传统。三贴近原则即贴近实际、贴近生活、贴近群众,这是党的思想宣传与理论教育的优良传统。从党的十一届三中全会以来,我国就开始以经济建设为中心,进入了社会主义现代化建设发展时期,而这一历史时期经历了拨乱反正与真理是检验实践唯一标准的真理大讨论阶段,党的思想宣传工作得以恢复与发扬,并重新走上正常的轨道。在我国社会主义现代化建设时期,党的第二代、第三代领导集体都对新历史时期的思想理论宣传工作作出了新的指示与要求。在这其中不变的主题就是在意识形态领域中不断巩固马克思主义的指导地位,要凝聚共识,以科学、正确的舆论导向,引领社会主义意识形态,不断巩固党带领全国各族人民共同奋斗的思想基础,建设具有强大感染力、渗透力与影响力的中华民族文化软实力。在20世纪70年代末,邓小平从全党与全国的发展大局出发,立足于时代特征,面向改革开放发展与变革的新格局,提出了"联系群众、

---

① 曾祥云:《毛泽东"理论联系实际"思想解读》,《湖湘论坛》2014年第4期。

艰苦朴素、实事求是",以此对党性原则的内涵进行了丰富与发展。江泽民同志执政之后,也不断强调思想宣传工作的重要性,提出生命论、导向论等重要的论断。他强调党的思想宣传工作应该要牢固树立群众观点,从群众的实际出发,能够倾听群众的心声,与群众能够同呼吸与共命运,思想理论宣传要不断立足于改革开放与社会主义现代化建设的现实实践中,深入群众中。党的十六大以后,以胡锦涛为领导核心的领导集体,在继承传统思想宣传工作优良传统的基础上,提出了三贴近原则,这是党中央所提出的重要要求之一,此要求强调宣传思想战线需要将三贴近作为自身工作改进与发展的重要指导原则,使思想宣传工作要不断贴近实际、贴近生活、贴近群众。在思想宣传中,要能够运用正确的舆论对人民群众的思想观念进行引导,要通过话语权对舆论阵地进行占领,塑造人民群众高尚的精神品格。三贴近原则既是对传统思想宣传工作的继承与发展,也是以人为本、密切联系群众的贯彻与执行,体现了思想宣传工作的与时俱进与理论创新。①

第二,三贴近原则贯穿着马克思主义立场、观点与方法。一是贴近实际体现了理论联系实际的观点。贴近实际坚持了邓小平所提出的实事求是的观点,要求理论联系实际,通过辩证唯物主义的方法来揭示事物的本质,强调用事实来证明与说话,要使思想与实际能够统一,两者相符合。在进行思想理论宣传的过程中,要立足于我国社会主义建设的现实实践之上,要立足于我国还处于社会主义初级阶段这一最大的现实基础之上,要能够解放思想、实事求是、与时俱进,准确把握所处的时代特征,与所处阶段的经济、政治、社会等历史文化条件相适应、相符合,能够真实地反映社会变化的客观事实,还能真实地反映社会主义现代化建设实践。同时,还要以党、国家所处历史阶段的工作中心与任务为主题,坚持以发展的理念,为国家发展大局而服务。贴近实际,反映作为党的领导核心,能够科学、理性地正视现实,反对所谓的形式主义,以务实的态度,坚持实事求是的优良作风。二是贴近生活体现人的

---

① 徐新平、许静:《"三贴近"传统的历史演进》,《湖南大学学报》(社会科学版) 2008 年第 2 期。

全面发展理论。贴近生活要求思想宣传需要深入到群众的现实生活之中,进入到人民大众的经济生活、政治生活、文化生活,以及日常生活之中,在反映实际的基础上,把握社会的主流价值,进行核心价值观念的引领,切实解决人民群众在思想、观念、价值体系等方面的矛盾与混乱,能够将主流的思想价值观念体系融入日常的生活之中,对生活进行引导,最终能够服务于生活。在思想宣传的过程中,能够深入生活的过程之中反映生活,使思想宣传不是流于空洞的口号、形式或是政治任务,而是在有正确导向的前提下,既有思想的深度,又能够融入生活之中,以此使思想宣传工作更具有针对性、实效性、感染力与吸引力。[①]共产主义理想所追求的人的自由而全面发展,不仅追求物质生产活动的高度发展,还追求精神生活的极大丰富,人的全面发展离不开物质生活与精神生活的相互统一。人的本性不仅表现为对自由本质的追求,还表现为对于真善美的永恒追求,人生而为人不仅仅是有自然属性,更本质的是社会属性,不仅追求对于感性生活的品质追求,还有对理性生活的自由追寻。贴近生活,需要思想宣传能够在个体的现实社会之中提供社会共享的人文精神与主流价值,体现出人文精神的关怀。三是贴近群众反映以人民为中心的观点。人民群众既是历史的创造者,也是历史的局中人。贴近群众就是在思想宣传的时候需要深入群众之中,充分了解群众的意愿与需求,在对群众深入了解的基础上,解决群众所需,运用群众易于接受的话语体系,采用群众喜欢的话语方式,为群众服务。贴近群众的原则反映的是密切联系群众、从群众中来到群众中去这一指导思想,在思想宣传的过程中将国家、党的意志与人民群众内部的心声相统一,始终坚持人民群众是历史的创造者这一论断,牢固树立群众的观点,更真实地反映人民群众在革命、建设时期发挥的巨大作用,使思想宣传工作能够真正深入人心。

二 大学生思想政治教育的三贴近

大学生思想政治教育三贴近原则,即贴近实际、贴近生活、贴近学

[①] 雷跃捷:《"三贴近"是对邓小平新闻思想的继承和发展》,《中国广播电视学刊》2004年第10期。

生。该意见是在 2004 年中共中央、国务院在《关于进一步加强和改进大学生思想政治教育的意见》中提出的，目的在于加强和改进大学生思想政治教育工作，让大学生思想政治教育能够发挥应有的价值与作用。

第一，大学生思想政治教育的三贴近原则贯穿着理论联系实际的理论要求。理论来自实践，也是实践的行动指南，理论的创新源于对时代变化发展规律的深入理解。大学生思想政治教育通过马克思主义理论武装大学生的头脑，主要任务在于培养社会主义事业的合格建设者与可靠的接班人，巩固马克思主义在社会主流意识形态中的地位。马克思主义理论是随着时代变化、社会变迁而不断发展的理论，但它并不是一成不变的理论教条。大学生思想政治教育还要不断汲取党在各阶段的理论创新，这些理论创新也并不是凭空产生的，它有着深刻的社会基础、时代条件与理论背景等。从大学生思想政治教育的各个发展阶段来看，思想政治教育理论始终不断围绕着国家建设发展目标、党的中心任务、国家教育目的、思想政治教育目标等开展教育。在中华人民共和国成立的最初时期，思想政治教育引导青年对于社会主义的认同，促使大学生能够积极、自觉地投身于社会主义的建设事业中，让青年在思想与政治上能够获得提升与进步，能够成为又红又专，既讲政治又有技术的时代青年。1953 年在清华大学率先成立了大学生政治辅导员的制度，以此来开展大学生的政治思想教育工作，突出思想政治教育工作的政治性，旨在培养又红又专的社会主义接班人。在改革开放以后，随着社会主义现代化建设的开展，党的工作中心任务转移到经济建设上，国家提出要培养四有新人，培养建设中国特色社会主义事业的建设者与接班人。所培养的大学生应当具有理想、道德、纪律与文化，要有正确而坚定的政治方向，应当热爱祖国与社会，拥护中国共产党的领导，并努力学习马克思主义理论。1986 年根据国家出台的关于预防青少年犯罪的相关通知，高校增设了法律基础课。随着高校学生行为准则、高校学校管理等相关文件的制定，使高校学生管理逐渐走向规范化、制度化与法治化，由此也在一定程度上反映出大学生思想政治教育实施路径的法治化。随着国家发展战略、社会主义现代化建设目标的演进，国家所实施的科教兴国与人才强国战略也随之展开。在 2004 年关于大学生思想政治教育加强与改进的意见之中，提出为更快推进社会主义现代化的发展建设目标，为确保中国特色社会主义事业能够后继有人，需要不断加强与改进思想政治教育工作，不断提升大学生的思想政治素质，让他们能够成为中国特色社会主义事业的建设者与接班人，[1] 而在新时代需要培养能够担当中华民族伟大复兴重任的时代新人，育人目标内涵的不断丰富与演进，彰显了时代主题的发展变化与社会发展需求的变化，青年作为社会主义事业建设的接班人，需要能够深刻把握时代的内涵与主题，认识国内外的复杂形势，了解社会发展的方向、目标、需求，以及国家的各项大政方针、政策等，需要能够将马克思主义理论与中国的社会实际相结合。[2] 马克思主义理论的学习不是为学习而学习，而是要将理论与实际相结合，能够知晓理论从何而来、为什么来，最终能够走向何处。作为社会主义事业的建设者与接班人，需要对国家的道路、体制、路线、方针等的认同，而这些认同来自对社会发展历程与社会现实有着准确的认识，只有进行深入的了解，才能认识到道路非个人或是集体的选择，而是人民与历史的选择，才能知晓走中国特色社会主义道路的合理性与合法性。大学生思想政治教育在育人的过程中，要使理论能够进入学生的头脑，使学生能够主动知晓，就需要不断结合现实实际，将理论与实际相结合，给予合理性的分析，使学生能够主动认识到理论并非只是道理的呈现，而是与现实社会的发展变化息息相关的，不能仅从理论到理论，而是能运用理论指导实践，并实现理论对于现实实践本身的超越。

第二，大学生思想政治教育的三贴近原则反映求真务实的优良作风。从个体发展的角度来说，思想政治教育源于个体在社会生存与发展的过程中，对于教化与经验的需求。从社会发展的角度来说，思想政治教育有着统治阶级对于主流意识形态控制的社会需求。思想政治教育参与对于人的精神建构，如思想、观念、道德等各个方面，它与个人、阶级与社会都有着密切的本质性联系，在个人成长发展与社会发展之中都

---

[1] 冯刚、严帅：《新中国成立70年来高校思想政治教育的成就、经验与展望》，《教学与研究》2019年第9期。

[2] 李虹：《中国成立70年来中国共产党培育青年的经验及启示》，《理论导刊》2020年第6期。

有着重要的指导意义与作用,目的性和工具性本质并存。思想政治教育的产生与发展都有着客观的必然性,并不以人的意志为转移,它的产生与发展与社会实践有着本质性联系。思想政治教育是思想与行动之间的中间环节,思想与行动之间的矛盾呈现于社会关系之中,体现于社会实践之中。思想政治教育产生于社会实践之中,目的在于解决主观与客观之间的矛盾,解决主体自觉需要与利益动机、活动之间的矛盾,解决人的思想政治道德素质与社会全面发展之间的矛盾,人的发展与社会发展构成了思想政治教育的目的。① 作为社会意识的重要部分,思想具有丰富性与复杂性,而社会意识并非是在观念里产生的,而是社会存在的反映。大学生思想政治教育在开展思想政治教育活动时,需要到教育对象的现实社会环境与现实社会生活条件,将教育对象置于所处的人际环境与文化环境之中,由此才能更好地把握教育对象思想、行为方面的变化,以及引起两者变化的内外部主客观因素,才能够有效地实施思想政治教育教学活动。大学生思想政治教育所倡导的贴近实际、贴近学生、贴近生活,反映了思想政治教育的本质要求,要求思想政治教育实施者需要在对现实生活与学生生活进行深入了解的基础上,以学生为中心,从学生的角度出发,研判影响学生思想、行为的各类因素,引导学生能够运用马克思主义的世界观、方法论认识世界与改造世界。大学生思想政治教育的三贴近原则,不仅是我们党进行思想政治教育的优良传统,还反映了思想政治教育紧紧围绕党的中心工作这一原则。三个贴近还彰显了对于社会发展主体的关注,只有立足于学生的生活与学生个体本身,才能真实地了解学生需求,关注到学生思想、行动上所遇到的新情况、矛盾与问题,才能使思想政治教育工作者能够把握主动权与主导权。让学生在面对纷繁复杂的社会环境、社会思潮时,有着坚定的政治信念与政治立场,能够运用所学的马克思主义理论分析现实问题、回到现实问题,解决生活中的思想困惑与矛盾,能够保持求真务实的优良作风。

第三,大学生思想政治教育的三贴近原则是对思想政治教育基本规

---

① 郑永廷:《思想政治教育的根源探究》,《中国高校社会科学》2014 年第 3 期。

律认识的升华。思想政治教育是一项育人的工作，教育对象作为现实生活的个人，在进行教育的过程中需要牢固把握思想政治教育的基本规律。首先，遵循了思想政治教育工作规律。大学生思想政治教育作为思想政治教育的重要组成部分，有着自身的独特特点与优势。思想政治工作作为党的执政建设过程中的重要内容，也是凝聚共识、带领人民走向胜利、实现社会主义现代化建设的重要法宝，而这一工作自身也有着需要遵循的规律与特点。大学生思想政治教育的三个贴近，要求拉近理论与实际之间的距离，拉近理论与生活之间的距离，拉近理论与学生之间的距离，以此来消解理论与实践、理论与生活、理论与受教育者之间的隔阂，使理论能够真正地指导实践，实现生活的指导，易于受教育主体接受，能够入脑入心，转化为自身的思想与行动，发挥其应有的价值引导力。中国特色社会主义建设的本质要求在于加强党的全面领导，党的领导力关系着党的执政能力，党性的纯洁、组织作风建设都是党的内部需要不断加强的重要方面，思想政治教育作为经济、政治生活中不可或缺的重要部分，担负着思想引领、凝聚共识、稳固意识形态阵地与话语权的重要任务。通过思想政治教育，使个体能够克服错误的社会思潮，能够更好地教育与引领人民大众，克服社会发展过程中的各种考验与危险。其次，尊重了学生的成长规律。大学生思想政治教育的主要对象是广大青年，青年是党的事业与国家建设的接班人与希望，学生的成长成才是高校教育的重要使命，学生个体的成长既是自我发展的过程，也是个体社会化的过程。大学生思想政治教育作为教育的一个分支，也需要遵循学生成长的规律，学生个体成长的关键在于自我发展与教化引导之间的相互促进。从近代的五四青年运动以来，青年在革命队伍中发挥着先锋模范的作用，在国家的革命、建设与改革之中，始终坚定不移地跟随党的路线、方针、政策，艰苦奋斗、开拓创新。青年既是国家未来的希望，也是未来社会的重要力量，他们有着自身成长规律与不同阶段的特点，在不同的历史环境、社会环境与生活环境之下成长起来的青年，有着各自的时代特征与性格符号。大学生思想政治教育工作者需要把握学生的成长特点，关注学生的阶段性特征、身心发展的不平衡性等，使思想政治教育的过程、方法更适合学生的身心发展特点，真正实现思想政治教育贴近实际、贴近学生、贴近生活，使思想政治教育能够入脑入心。大学生既有着自我发展的能动性与主动性，也受着客观社会环境等多重因素的交互影响，青少年是价值观念塑造的关键时期。在这一关键时期，大学生思想政治教育工作需要结合学生个体内部自我成长与外部影响的强化，让大学生能够自觉地将马克思主义理论内化，实现知情意行的相互统一。[1] 最后，遵循了思想政治教育的过程规律。思想政治教育的教育活动，既要以受教育对象现有的思想观念、政治素质与道德品质为基础，还要在此基础上实现超越与发展，能够最终符合社会所要求的思想政治素质与道德品格。在此意义上来讲，大学生思想政治教育要能够切合实际、适应生活，还要能够适应学生自身的特点。从社会主义合格建设者与接班人的方面来说，对于大学生思想观念的培育，政治意识的培养与道德品质的塑造需要以此作为目标与要求，实现思想政治教育应有的价值与意义。由于社会环境的复杂多变，学生的价值取向复杂多样，在进行社会主流价值引导的过程中，需要关注到学生的成长环境、个人爱好等，采用适宜的内容与方式，使所传授的理论既能够符合学生的成长需求，又能够符合社会的发展需要。[2]

三 社会主义核心价值观人知人晓

第一，践行与培育社会主义核心价值观意义重大而深远。为了不断推进中国特色社会主义事业的繁荣与发展，实现中华民族的伟大复兴，党的十八大从国家、社会、个人三个层面提出了社会主义核心价值观，从国家层面倡导富强、民主、文明与和谐，从社会层面倡导自由、平等、公正与法治，从个人层面倡导爱国、敬业、诚信与友善。社会主义核心价值观的提出既契合了中国特色社会主义事业的发展要求，也承接了中华民族的优秀传统文化与人类文明的优秀成果，同时还是以习近平总书记为核心凝聚全党各族人民社会价值共识的重要论断。从国家层面

---

[1] 韩宪洲：《高校思想政治工作要准确把握"三大规律"的内涵与逻辑》，《思想理论教育导刊》2018年第4期。

[2] 金雁：《关于高校思想政治教育"三贴近"的思考》，《江苏高教》2006年第3期。

来说，它是价值目标；从社会层面来说，它是价值取向；从个人层面来说，它是价值准则。在面对全世界范围内多元思想与价值文化的交锋与较量，面对改革开放与社会主义现代建设过程中各类思想意识的碰撞、多样与多变，为在意识形态领域中巩固马克思主义的主导地位，巩固党带领全国各族人民共同奋斗的思想基础，在发展中国特色社会主义事业的进程中不断引领社会与人的全面发展、进步，汇集正能量致力于中华民族的伟大复兴，社会主义核心价值观的践行与培育有着重大的现实意义与深厚的历史意义。

第二，践行与培育社会主义核心价值观需理论联系实际。在践行与培育社会主义核心价值观的过程中，需要将宣传与教育、示范与引领、实践与养成相互统一，将政策的保障、制度的规范与法律的约束进行有效的衔接，从而使社会主义核心价值观能够融入生产生活与人们的精神世界。坚持以人民为中心、以人为本，尊重人民群众的主体地位，对人们普遍的利益诉求进行回应，回应人们的价值期许，将理想信念作为重要抓手，把握世界观、人生观、价值观这一总的开关，以此树立牢固的中国特色社会主义事业建设的共同理想，筑牢共同精神支柱。在坚持理论联系实际的基础上，针对不同层次与对象，找到不同群众之间的思想共鸣，找准群众利益的交汇点，以此加强分类教育与指导，使社会主义核心价值观的培育与践行能够贴近实际、贴近现实、贴近群众，能够对象化与接地气。不断运用喜闻乐见的方式与方法进行改进创新，给群众提供能够广泛参与、乐于参与的平台与渠道，以此促进理念、手段与方法的创新，不断提升社会主义核心价值观宣传、教育、养成的吸引力与感染力。

第三，"24字人知人晓工程"推进社会主义核心价值观入脑入心。首先，推进社会主义核心价值观的全覆盖。在国民教育的总体规划与布局之中，纳入社会主义核心价值观，以此贯穿至国民教育的各个领域、层次与主体之中，在教育教学之中实现融会贯通，搭建教学、实践与校园文化三位一体的培育平台。在尊重与适应学生身心特点与规律的基础上，不断创新教育教学，使社会主义核心价值观能够进入教材、课堂与学生的头脑。通过打造家庭、社会与学校多位一体的教育网络，形成强大的育人合力，以良好的社会风尚与优良的家庭环境不断巩固学校的教育教学成果。通过社会实践教学活动的开展，实践育人基地的拓展，以多样化的实践体验活动、志愿者活动等实现社会主义核心价值观的养成。通过校园文化环境的政治与培育，使校园文化兼具社会主义的时代特色与学校特点。通过师德师风建设，不断增强教师的责任感，成为学生成长的引导者与领路人。在经济发展与社会治理中，以社会主义核心价值观为总遵循开展生产经营活动，使经济活动与价值导向相统一，以此形成良好的政策导向，使社会主义核心价值观与市场经济形成良性互动。通过法制宣传的加强，增强人们的法制意识，为社会主义核心价值观的培育与践行创设良好的法治环境。在制度建设与社会治理中融入社会主义核心价值观，使治理效能与价值观念之间相互促进，通过规章制度的强化，使社会主义核心价值观能够融入日常的社会治理之中，以此促进社会的和谐与发展。其次，创新社会主义核心价值观的宣传方式。在各级党委中心组的学习计划与宣讲中，将社会主义核心价值观纳入其中。运用马克思主义理论的重大研究成果，推进马克思主义理论的建设与发展。通过对社会热点与难点的正向引导，加强对于社会思潮的分析与研判，强化社会认同，形成社会共识。通过新闻媒体，在日常的宣传工作、热点导向与舆论监督之中，贯穿社会主义核心价值观，巩固社会的主流价值思想舆论。通过各类刊物、专栏专题与专项出版等，不断扩大社会主义核心价值观的影响力。通过联系群众的日常生活与身边的实际生活案例，运用大众化的语言进行宣传与报道。在网络阵地中，占领社会主义核心价值观的主阵地，在网络的宣传、文化、服务以及重要网站等方面，创设良好的舆论环境，形成主流价值导向合力，推进精品网络文化，打造积极的网络空间，推进社会主义核心价值观的融入与传播。通过思想性与艺术性相结合的优秀文化产品，弘扬社会主义核心价值观，以不同类型的优秀文化作品为载体，通过展演、展播、经典阅读等活动，树立正确的价值导向，提升广大人民群众的精神文化生活。最后，坚持社会主义核心价值观实践活动的三贴近原则。在广大人民群众中进行先进典型的宣传，大力表彰道德模范，大力开展道德宣传日、道德讲堂等活动，以此形成诚实守信的良好社会氛围。通过形式多样的雷锋志愿者活动，以社区为重点，针对不同的社会主体与社会对象开展志愿服务活动，以此形成服务奉献的良好社会风气。在各类精神文明建设与创建的活动中，推进文明城市、村镇、单位、家庭等的创建，推进全民阅读活动，以此突出社会主义核心价值观在精神文明建设中的实效。在各重要场所与纪念活动中，开展礼仪教育与爱国主义教育，使礼仪教育与文化成为社会主义核心价值观培育与践行的重要方式。在丰富多彩的民族节日中，打造氛围浓厚、特色鲜明的节日文化，以此普及中华民族优秀的传统文化。在重要的节庆日中，挖掘丰富的教育资源，如五四青年节、七一建党节、八一建军节、十一国庆节，以及三八妇女节、五一劳动节等重要的节庆日中，举办群众性的纪念活动与庆祝活动，因势利导进行社会主义核心价值观的传播。在爱国主义教育基地、文化馆、纪念馆、博物馆、图书馆、美术馆等地方，发展红色旅游与免费项目。在电视、广播、期刊、报纸等重要的时段与版面上，以公益广告为载体，推进社会主义核心价值观的传播力与影响力。在公众场所与交通工具中，张贴有关社会主义核心价值观的公益广告，通过多样化的形式，如标语、口号、图片等，贴近群众的生活与实际，增强社会主义核心价值观的感染力。各级党委、政府通过三贴近原则，让社会主义核心价值观成为人们日常生活与工作学习之中日用而不知的部分，不断转化为社会的群体意识与个体的自觉行动，以此形成社会主义核心价值观人人知晓、人人践行的生动社会景象。①

第三节　新时代思想政治教育工作的三因理念

在全国的高校思想政治工作会上，习近平总书记提出思想政治教育工作要因事而化、因时而进、因势而新，这既是对大学生思想政治教育

---

① 中共中央办公厅：《关于培育和践行社会主义核心价值观的意见》，https：//baike.baidu.com/item/，2013年12月23日。

经验与规律的总结概括，也是对大学生思想政治教育的方式、方法提出的新要求，体现了大学生思想政治教育在方法论方面的实践总结与理论创新。

一　因事而化

首先，因事而化要求思想政治教育立足于现实实践。思想政治教育旨在引起个体思想与行为上的变化，能够形成符合社会要求的思想观念、政治观点与道德规范。高校在进行思想政治教育的过程中，需要将中国特色社会主义这一伟大现实实践与历史实践，结合马克思主义理论的立场、观点与方法进行深入分析，使受教育对象能够真正理解中国特色社会主义的本质内涵，了解马克思主义中国化是在长期的革命斗争实践和现代化社会建设实践的过程中摸索出来的。中国特色社会主义制度与理论是在实践中不断发展与丰富的，它来源于现实实践，又依赖于实践的检验。只有了解马克思主义理论的学习需要结合中国的国情，立足于中国的实际，才会防止将马克思主义理论当作教条或是空洞的理论说教，在清楚了为什么走中国特色社会主义道路，为什么坚持中国共产党的领导等基本问题后，还要学会运用理论分析当今社会的发展实践，未来要走的路，进一步在理解中国特色社会主义理论与实践的基础之上，坚定自己对于中国特色社会主义的道路自信、理论自信、制度自信与文化自信。[1] 因事而化，要求大学生思想政治教育工作者要能够在客观复杂的国内国际环境与局势之中，引导学生能够对具体的实践与问题进行及时的辨析与判断，能够在国际环境中进行客观、全面、正确的比较，对于本国的实际有着理性的认识与分析，以此消除思想上的混乱与矛盾。[2] 思想政治教育培养的不仅是社会主义事业的建设者与接班人，还是担当民族复兴大任的时代新人。作为思想政治教育工作者，需要帮助学生认清自己的历史使命，认识到中华民族伟大复兴应该复兴的是哪些

---

[1] 顾钰民、闫宇豪：《因事而化、因时而进、因势而新是提高教学质量和水平的核心》，《思想教育研究》2017 年第 1 期。

[2] 寇红江、马驰知：《着力推动思政教育因事而化、因时而进、因势而新》，《中国高等教育》2018 年第 5 期。

方面，将这些责任与要求注入自己的成长之中，能够不断为社会主义共同理想与共产主义远大理想而奋斗，将百年奋斗目标的实现融入自己的责任担当之中。

其次，因事而化要求思想政治教育观照现实问题。因事而化就是抓住事物的本质，能够进行深入、全面的解释与分析，最终能够化解所存在的问题。思想政治教育要求围绕、服务与关照学生，就需要在理论教育的过程中，以学生为主体，将理论与现实实际相结合，帮助学生解决现实问题，满足学生的现实需求。在进行思想政治教育的过程中，需要围绕学生的事务，关心与引导学生。思想政治教育工作说到底是做人的工作，目的在于育人。思想政治教育在实施的过程中，如果仅仅是单项直白的灌输与理论说教，就无法使学生在思想与情感上产生共鸣。只有通过双向的沟通、交流、合作与互动，才能真正实现晓之以情、动之以理。思想政治教育的价值体现于在学生现实生活需求与个人成长之中，能够帮助学生解决思想上的困惑与矛盾，能够让学生在学习的过程中获得思想政治素质的提升与道德品质的升华，加强对于社会主流价值观念的认同。因事而化是要求思想政治教育在实施的过程中，要让学生能够体会到思想政治教育的价值与作用，它并不是理论的机械重复，也不是刻板的公式定理，而是能够给予现实问题回应与关照的理论，能够引导个体的社会生活实践，是真实而有效的理论。[①] 大学生思想政治教育工作者，需要在学生日常生活事务中，帮助学生化解难题，将学生所关注的热点、难点引入思想政治教育的内容中，将理论与实践相结合，将理论与学生的实际生活相结合，在解释疑惑与处理矛盾的过程中，使学生树立良好的世界观、人生观与价值观，并在具体的事务中学会运用马克思主义的立场、观点与方法处理问题。

最后，因事而化要求思想政治教育结合具体实践。因事而化要求在成人做人、责任担当之中，培养社会主义事业合格的建设者与接班人。因事而化是指能够凭借已有的条件，针对社会生活之中的各类现象与活

---

① 李进付：《"因事而化、因时而进、因势而新"的内在意蕴及方法论意义》，《思想教育研究》2017 年第 5 期。

动，能够具体问题具体分析，将所存在的矛盾与问题转化为思想政治教育预期的教育效果。因事而化要求大学生思想政治教育工作者需要学会将思想政治教育与我国的现实需求与育人实践相结合，将思想政治教育与党的理论创新、社会实践活动相结合，与国家进行社会主义现代化建设的过程中未能解决的难题相结合，与中华民族的伟大复兴相结合，使学生在具体的社会实践活动中，正确认识我国所处的历史阶段、社会的基本矛盾与当前的中心任务。在具体的社会实践活动中，将学生的爱国主义精神、奋斗之心融入其中。针对现实生活中发生的社会变革实践、热点问题，引导学生进行科学的分析与判断，以此坚定对中国特色社会主义事业的信念与信心。人的观念受着主客观多重因素的影响与制约，思想政治教育需要展现真理，要做到以理服人，通过各类事实讲清楚道理，让学生能够认识事物的本质与真相。[1]

二 因时而进

第一，要求思想政治教育能够认清历史方位。随着时代的进步、理论的创新，个体的思想观念也随着发生变化，离开时代的变化与发展，个体的思想观念也将止步不前。现如今时代的主题是和平与发展，发展趋势是合作与共赢。时代的特征是全球化、多极化、多元化与智能化。我国从改革开放以来取得的巨大历史成就与发展，体现了中国特色社会主义制度的优越性，但是在改革发展的过程中，第二个百年目标的实现还有着许多有待攻坚的难题与深水区，面临着诸多的风险与挑战，进入新的历史方位，不能再以老的观念与思想来观察当下所面临的难题与困难。国家建设进入新的发展阶段，就需要随着时代的发展，不断革新思想，进行理论创新，随着时代发展而发展。[2] 时代所处的阶段特点，需要运用历史唯物主义进行问题的分析，大学生思想政治教育在新的历史阶段，有着不同的历史使命与责任，在历史的前进过程中，需要认清所

---

[1] 唐亚阳、陈三营：《因事而化、因时而进、因势而新——努力把新时代思想政治工作做得更好》，《湖南社会科学》2018 年第 5 期。

[2] 顾钰民、闫宇豪：《因事而化、因时而进、因势而新是提高教学质量和水平的核心》，《思想教育研究》2017 年第 1 期。

处的历史方位，把握历史阶段特点，坚守历史担当。大学生思想政治教育需要不断与党中央看齐，在新的历史方位中，深刻认识为谁培养人、培养什么人等问题。在新的历史起点上，结合有关办好中国特色社会主义大学的新思想与要求，不断改进思想政治教育的坐标与方位，不断学透与悟懂新时代中国特色社会主义思想、习近平总书记的系列讲话，不断拓展思想政治教育的深度、厚度与宽度。①

第二，要求思想政治教育能够把握时代主题。思想政治教育需要引导学生能够正确地认识自身的时代责任与使命，把握住时代的主旋律，从我们所处的时代出发，从中国的实际出发，从世情、国情与党情出发，将具有时代特征的内容、观念传递给学生，以增强思想政治教育的时效性，同时还能够满足学生成长过程中的成长需要与教育期待。首先，引导学生能够正确判断世情。大学生思想政治教育的发展离不开大的时代背景，区域之间的发展不平衡导致部分地区的不确定因素增多，大学生思想政治教育工作者需要引领学生认清时代的特点、特征与发展水平，在百年未有之大变局之中认识到自己的历史使命与责任担当。其次，对于中国实际的正确认识。中国特色社会主义事业已进入新的历史阶段，在新的历史赶考路上，大学生思想政治教育需要让学生明白过去为什么能够成功，未来需要如何才能成功，围绕新时期党的中心工作，引导学生既要深刻认识到我国社会主要矛盾的变化，还要深刻理解我国还处于社会主义初级阶段这一基本国情没有变。在未来的发展道路上，还要坚持中国特色社会主义道路与路线。面对复杂的国际环境，我国仍有着良好的历史发展机遇。最后，对中国共产党的正确认识。中国共产党作为执政党，在革命斗争时期、建设时期都发挥了领导核心的作用，党的初心与使命是人民幸福、民族振兴与国家富强，这一初心使命从未改变，只有坚持党的领导，才能实现中华民族的伟大复兴。②

第三，要求思想政治教育能够把握教育契机。因时而进要求思想政

---

① 寇红江、马驰知：《着力推动思政教育因事而化、因时而进、因势而新》，《中国高等教育》2018 年第 5 期。

② 唐亚阳、陈三营：《因事而化、因时而进、因势而新——努力把新时代思想政治工作做得更好》，《湖南社会科学》2018 年第 5 期。

治教育能够把握教育契机。随着时代变化与社会发展，思想政治教育也随之不断变化、发展与创新，而在不同的时代有着不同的工作方法，思想政治教育工作也要随着时代的变化，要消解旧的、有弊端的教育方式与方法，采用适应当下与实际的新方法。因时而进要求思想政治教育能够与具体实际相结合，把握住教育的时机与契机，当学生出现思想上的矛盾、困惑时，就要学会运用教师的教育智慧与机智，给予学生相应的指导与帮助，使学生能够在实际问题的解决中获得思想观念、政治素质与道德品质的提升。大学生作为大学生思想政治教育的主要对象，既有着时代给予的烙印，也有着自身所处时代背景的特点，大学生思想政治教育工作者需要关注与了解他们的真实需求，才能深刻把握时代特质，以此增强大学生思想政治教育的吸引力、亲和力与时代感。①

三　因势而新

第一，因势而新要求思想政治教育能够借势而新。因势而新就是在新的形势之下，能够准确把握思想政治教育的规律与特点，能够增强其自身的说服力与信服力，增强其对时代发展变化与局势的适应性。由于社会条件与社会环境的变化，传统的思想宣传工作需要适宜地进行调整与变化，方法的改进与创新势在必行。当前的思想政治教育面对着新的情势，思想政治教育需要借助新的方式、方法与手段，彰显其应具有的时代生命力。思想政治教育不能因循守旧，需要根据情势的变迁，对工作方式与方法进行调整与转换，不断创新内容与形式，以此为新的起点，谋求新的发展，不断创新思想政治教育的内容、载体与方法等。依据现实的具体情境，进行过程、方法的创新，同时推动内容与形式的创新，使思想政治教育的内涵与表现形式更符合现代思想政治教育的本质要求。大学生思想政治教育工作的创新需要立足于现实实际与社会的深刻变革，对教育对象进行深入了解的基础之中。由于现代信息技术的高速发展，使人们的社会交往、生活方式等发生了深刻的变化，思想政治

---

① 李进付：《"因事而化、因时而进、因势而新"的内在意蕴及方法论意义》，《思想教育研究》2017年第5期。

教育的平台、渠道、载体等也发生了变化。在新的情势之中，大学生思想政治教育需要借助现代化技术带来的便捷化与高效化，不断创新思想政治教育的手段与方法，使思想政治教育既能够符合学生的内在需要，还能够适应现代社会的发展需求。[1]

第二，因势而新要求思想政治教育能够趁势而新。理论在实践之中创新发展，理论能够彰显强大的生命力与创新性，就是在于能够与实践相互促进与发展。思想政治教育并不是简单的理论灌输与直白的讲授，而需要根据社会生产实践与社会生活实践的变化而发展，并在实践中进行丰富与发展。随着现代信息技术的应用，新时代对于思想政治教育的新要求，新的历史阶段、时期之中思想政治教育的发展与变化，无论是作为主渠道的思想政治理论课，还是课程思政、日常事务管理、校园文化活动等渠道都需要随之调整与变化。在开展教育教学活动的过程中，需要以问题为导向，把握教育对象的特点，找到对象与教学内容之间的切入点，以此不断提升教学的针对性，使教育内容、方法能够贴近时代特点、学科特色与学生特征，以此创新教学模式，增强教育教学的预期效果。在对话的过程中，注重主流价值观念的引导，通过对话交流，把握教育对象的思维方式、话语体系与语言风格，借助互联网思维，以此找到学生感兴趣的热点问题，与学生积极开展对话，通过渗透式的方式将主流价值观念融入学生的价值体系与观念之中。通过使用接地气的话语，借助适合的网络阵地，改变与学生的交流方式，不断贴近学生的微生活，关注学生全新的学习方式与生活方式，让思想政治教育融入这一变化之中。同时，合理地运用大数据、微平台等手段，将学生的个体需求与好的经验方式相结合，在大众化的模式之中寻找到对于个体小空间的关注，寻找到学生个体内在的思维模式与思考方式，不断找到个体心理、情绪的契合点，使大学生思想政治教育实现改革之中的创新，使思想政治教育能接地气、入人心。[2]

---

[1] 李进付：《"因事而化、因时而进、因势而新"的内在意蕴及方法论意义》，《思想教育研究》2017年第5期。

[2] 寇红江、马驰知：《着力推动思政教育因事而化、因时而进、因势而新》，《中国高等教育》2018年第5期。

第三，因势而新要求思想政治教育能够造势而新。思想政治教育工作水平的提升，离不开技术的进步与观念的更新，离不开教育理念与方式上的创新。无论是什么样的方法、手段、载体与形式，都需要有用才有其价值。在现代社会中，互联网和人们的生活已融为一体，同时还改变着人们的思维模式与交流方式。部分传统的思想政治教育方式已不再适用，思想政治教育工作者需要把握时代主题与特征，立足于当前实际，观照现实生活中的实际问题，不断贴近现实、生活与学生，使思想政治教育的内容更加生动与鲜活，让学生想看、想听与想学。在新的情势之下，能够把握住思想政治教育的历史方位与发展方向，将传统的思想政治教育方法与新的媒体技术相融合，不断挖掘现实生活的思想政治教育元素，运用多样化的方式与手段，使教育内容更易于让学生接受。通过对新时代、"互联网＋"时代大学生思想政治教育特点与规律的把握，不断改进传统方法，探索适合现代教育的新办法，在新老办法的结合下，使思想政治教育更具生机与活力。通过文化软实力的渗透，扎实推进以文化人，运用媒体信息技术，实现以文育人，通过文化软实力与主流价值观念的传递，不断塑造学生的理想信念与价值体系，通过对学生价值观念的引导与熏陶，使学生能够坚定理想信念，实现精神境界的提升。[1]

---

[1] 唐亚阳、陈三营：《因事而化、因时而进、因势而新——努力把新时代思想政治工作做得更好》，《湖南社会科学》2018年第5期。

第三章

大学生思想政治教育回归生活世界的内在机制

　　大学生思想政治教育学科的使命在于，使大学生能够对生活拥有批判性与反思性的理论自觉。通过思想政治教育，不仅要使大学生能够成长为独立完整的个人，还要成长为适应社会发展需求并对社会有用的人，能够清晰准确地知道自己作为国家建设与社会发展的中坚力量，自身所肩负的责任与义务。大学生思想政治教育的学科使命不仅仅是马克思主义理论的灌输、传递，也不仅仅是理想信念的塑造，它还要介入教育对象的现实生活世界之中，能够更好地把握教育对象的思想动态，给予切实的人生指导与价值指引。大学生思想政治教育生活化，需要结合当下生活世界的根本性与总体性，把握当前生活世界的样式与大学生的精神气质。通过这一整体性的把握，在思想政治教育理论的指导下，才能有针对性地制订教学计划与设置课程内容。大学生思想政治教育生活化，面对的不是空泛而抽象的生活世界，而是具体真实的世界。在现实生活世界中，个人所有的不同思维方式和行为表现都真实地呈现出来。当面对这个具体而真实的生活世界时，不同主体用不同的角度或标准将得到不同的解构。[①]

---

　　① 晏辉：《教育回归生活世界的基本方式》，《华东师范大学学报》（教育科学版）2006年第1期。

第一节　大学生思想政治教育回归
生活世界的逻辑起点

现实的个人作为生活世界的主体，作为现实生活过程中的剧中人，总是通过对象化的活动展现出自己编导的历史剧目，通过自己揭示出真实的生活场景。现实个人的实践活动促成了生活世界的历史与未来，"历史不过是追求着自己目的的人的活动而已"[①]。因而，现实具体的个人才是生活世界的主体。生活世界发展的根本动力，是现实的个人以及现实个人的活动，在主体的活动中主体的生成与生活世界的生成相一致。现实的个人不只是单纯的自然存在物，随着环境的变化而不断发展，同时在对环境进行改造的对象化活动中不断满足自我发展的需要。这一过程既是历史的，也是具体的。现实个人存在的价值，一方面在于人需要遵循规律，根据外在的尺度改造对象之物，另一方面需要遵循合目的性的要求，根据主体自身的内在尺度与需要进行改造。在改造的过程中，主体的本质力量得到展现，个性得以丰富，终极价值得以实现，最终获得自我的成长与解放。因此，大学生思想政治教育生活化，不仅要关注教育对象的现实需求、已有经验、内在身心规律与自我生成，还需要关注教育对象所处的现实而真实的生活世界本身，才能够真正地使思想政治教育发挥其应有的实效，才能真正地深入人心，使教育对象能够日用而不知，并将思想政治教育融于教育对象的现实生活之中，真正为教育对象的个人成长而服务。

一　关注教育对象的现实生活经验

首先，重视直接经验与间接经验的相互统一。先验因素、经验因素和感性的现实状态的统一，才能构成完整意义上的认识活动。[②] 完整知

[①] 《马克思恩格斯全集》第 2 卷，人民出版社 1957 年版，第 118—119 页。
[②] 刘国章：《论"先验"因素在人的认识活动过程中的作用》，《社会科学辑刊》2002 年第 5 期。

识得以可能,书本知识只是可能的前提,书本知识的存在,才能有认识活动,但是书本知识只是完整知识的一部分。只有通过生活经验的参与,才能够形成完整意义上的知识。知识的形成源于书本知识,但是需要以生活经验为基础进行建构,书本知识并不完全等同于生活经验。传统思想政治教育,更注重理论知识的系统灌输与传递,偏重于理想人格与完人的塑造,使思想政治教育逐渐发展为应试教育,而教育对象对于思想政治教育的认识,就是理论化、抽象化与空洞化的知识,并非现实性与完整性的知识。只有联系生活世界,才能拥有完整的知识。完整知识的获得离不开生活世界,只有不断结合教育对象自身的生活经验,才能促进教育对象将学校里所学的书本知识现实化、对象化与内化。① 生活经验没有一个固定的模式或是内涵,关于经验的探讨,存在一个重要的临界点,即笛卡尔的我思故我在。至此,大量哲学家的研究聚焦点,从神的旨意转向了人的经验之上。笛卡尔通过个体的理性经验,证明了自身的存在,自我反省在他的思想中具有深刻的意义。作为现代经验主义之父的洛克,则认为人的观念来自外部世界,人的心灵犹如一张白板,而自身所具有的观念、理念与理性都是通过感觉经验在这块白板上的不断描绘而生成的。② 因此,"一切观念都是由感觉或反省来的"③。外界存在的一切事物都只是作为感觉的对象,内在的心理作用则是反省的对象,它们作为知识的源泉,不管想象力有多么丰富,都不能超越感觉与反省,以及这两者所提供的观念。④ "经验既是'单纯的'经历,也是从经历中获得的可用的知识。"⑤ 传统大学生思想政治教育,受教育者所面对的是已被分割的、抽象的观念世界。它并不是整体的总体性经验,而是不同种类并伴有缺陷的经验模式。教育者努力想让每个受教

---

① 黄首晶:《论书本知识与生活经验的关系——中外认识论"先验"研究深度变革中的视阈》,《云南师范大学学报》(哲学社会科学版)2007年第2期。
② 熊和平:《生活:经验与超验》,《浙江社会科学》2005年第6期。
③ [英]洛克:《人类理解论(上)》,关文运译,商务印书馆1983年版,第68页。
④ [英]迈克尔·奥克肖特:《经验及其模式》,吴玉军译,文津出版社2005年版,第9页。
⑤ [美]布鲁斯·罗宾斯:《全球化中的知识左派》,徐晓雯译,中国社会科学出版社2000年版,第15页。

育者，都能够获得一个普遍的观念或价值认同。在普遍观念与价值共识的传递过程中，有时过于注重这种统一性与整齐划一，而忽略个体经验的差异性与感官世界的不同。生活世界作为一个不断流动与变化的世界，人生活其中呈现出多样化的生存状态与多元化的生活方式，而"真理是作为一个连贯整体的经验世界"①，个体所具有的不同生活经验与模式都有着存在的意义、价值和正当性。大学生思想政治教育生活化，要求教育者在向教育对象进行理论传递和灌输的过程中，不仅要关注教育内容的科学性、真理性与正确性，是否符合时代需求、社会发展变化与国家所处的历史方位，还需要关注学生的个人生活经验与所处的现实生活世界，才能使受教育者获得完整的知识体系。

其次，重视直接经验与间接经验之间的相互融合。传统大学生思想政治教育，使学生经验与所学学科知识之间发生了断裂，由此导致学生个人经验的剥离。在教育过程中过多强调对于个体的学科知识的传授，而使教育远离了学生的现实生活。杜威认为教育实效的衡量，需要关注教育活动的联系性与持续性。诺丁斯则认为教育活动不仅要能够与个体在教育教学活动之前的个人生活经历相连接，还要连接他们未来的、可能的生活，并在教育教学活动中不断拓展、丰富、延伸与个人未来生活相关的经验。② 因此，大学生思想政治教育生活化需要将学科知识教学与受教育者的生活经验保持相应的联结与持续性影响。在学校教育中，受教育者的学习活动不仅是一种特殊的社会实践活动，也是具有特殊性的一种生活方式或生活样态。大学生思想政治教育，无论设置何种课程内容与活动形式，都不能仅停留在知识的传达与说教的层面，不能作为一种外在强制的教育影响力强加给学生，而是要让学生成为主动而积极的参与者。在大学生思想政治教育生活化的过程之中，在教育教学之中，课程设置、教学内容等既要关注教育对象的接受度，还要关注学生已有的生活经验与学习经验。既能够立足于学生当下的日常生活，也能

---

① ［英］迈克尔·奥克肖特：《经验及其模式》，吴玉军译，文津出版社2005年版，第310页。
② ［美］内尔·诺丁斯：《学会关心：教育的另一种模式（第2版）》，于天龙译，教育科学出版社2014年版，第85页。

够扩展学生未来的生活经验。作为教师需要充分并深入地了解学生,并结合他们的学习兴趣与过去的生活经历,同时,还需关注现实社会与具体学科知识之间,学生当下与未来生活之间的联系。[①] 如某高校的一名思政教师,将问题作为课堂教学的核心与导向,在课堂开始的时候,将问题作为课堂导入,开始之初就通过问题调动学生的兴趣,用讨论作为载体,以此来锻炼与培养学生自主学习的能力。同时,在教学的过程中,注重将课堂理论应用于现实生活中,使其在不断的创新与发展之中蓄积动力,并不断将前沿的问题融于课堂教学之中。在课堂上,她根据不同的教育对象,将课堂教学内容通过专题的形式,引导学生进行深入的思考与反思。在课堂教学中,引导学生运用正确而合理的观点,看待各类社会热点。在进行科学论证的过程中进行反思,以此来纠正学生缺乏实践支撑的偏激观点。运用多样化的教学方法,来创新课堂上师生间的互动。[②] 如上所示,在大学生思想政治教育回归生活世界的过程中,课程知识的学习需要教育者与受教育者的相互交流、合作与生成。只有将教育者的教授活动与受教育者的学习活动相结合,才能实现受教育者知识学习的连续性,在受教育者已有生活经验的基础上,扩展受教育者的抽象思维能力,从而能达到知识与经验的统一。知识的展开,是对获得知识的原始实践活动方式与过程进行还原、再现或是重演。[③] 世间所有的知识不过是人的经验,不过是不同时空之下的人类,面对世界时所经历、发掘或刻画出来的集体或个人的经验[④]。这种印证是个体与人类总体在具体时间与空间里的对话,在这种意义联结中感受前人的智慧,并能够在实践的过程中展示这种智慧。要使教育对象的具体经验与理论知识之间获得持续性的连接,就需要进行知识和经验两者的双向建构。在大学生思想政治教育具体的实施环节中,教育者需要不断为教育对象

---

① [美]内尔·诺丁斯:《学会关心:教育的另一种模式(第2版)》,于天龙译,教育科学出版社2014年版,第85页。
② 金筱萍:《让思政课充满魅力》,武汉大学新闻网,http://news.whu.edu.cn/info/1005/24005.htm,2018年12月20日。
③ 王策三:《认真对待"轻视知识"的教育思潮——再评由"应试教育"向素质教育转轨提法的讨论》,《教育发展研究》2004年第10期。
④ 黄武雄:《学校在窗外》,首都师范大学出版社2009年版,第88页。

搭建平台、创设情境，一方面激活教育对象原有的知识经验、背景与结构，使它们与将要传递的知识发生连接互通。另一方面，还要不断引导教育对象能够在自己现实的生活世界中，更加深刻认识自我、了解自己，不断拓展自己的个体经验。教育教学只顾抽象知识逻辑体系的传授，不立足于受教育者已有的生活经验与背景，不关切受教育者个人所属的生活经验，就难以使所学知识与受教育者的个体经验发生联结，进而难以将理论知识内化为自身的内在经验与思维意识。在面对自己特殊的生活情境时，大学生思想政治教育所具有的价值和意义，只有教会个体在现实生活世界之中加以运用，并能够认识和解释现实生活世界的时候才得以体现。[1]

最后，重视直接经验与间接经验的相互作用。由于生活世界与科学世界割裂，教育远离真实与鲜活的经验，使教育经验成为外部强加而无意义的经验，同时受教育者作为主体而远离经验本身。狄尔泰的体验哲学，揭示了体验对于认识的重要性。教育过于远离生活或是忽略学生的现实生活世界，必将陷入空洞化与抽象化的困境之中。在实施教育教学活动的过程中，只有对学生的体验给予充分的尊重，让学生的个体生命与生活发生关联，才能使个体的生命能够获得自身所属的意义。大学生思想政治教育的目的在于育人，而非简单的知识传递。乌申斯基曾说，人是教育的对象，教育教学的主体是学生，衡量教育效果的标准并不是知识量接受的多少，而是学生的自我成长。经验要具有教育性质，就需要建立在个体原有的经验基础之上。大学生思想政治教育要回归生活世界，就需要教育者关注并了解受教育者的已有个体经验，在受教育者已有经验基础之上，根据学科知识与学生经验结构，设计出与之相适应的教育经验。苏霍姆林斯基也曾认为，教师需要不断深入探寻学生的精神世界与领域，能够了解学生的所思所想，甚至于献给学生整个的心灵。受教育者的个体经验具有个别性与差异性，因此教育经验也非千篇一律与复制模仿。大学生思想政治教育实施的过程中，教育者需要引发受教育者情感上的共鸣，联结自身的个体体验，引导受教育者充分发挥想象

---

[1] 项贤明：《论生活教育与学校教育的逻辑关系》，《教育研究》2013年第8期。

力，激发求知欲，才能让受教育者心脑合一地参与到整个教育过程之中，给予受教育者有意义的经验联结。学校与教育者要为学生提供能够引发自觉思维的经验情境，才能使学生将所思所学，内化为自身的感悟与体验，形成一种经验思维。教育者需要从受教育者的立场出发，立足于受教育者自身已有的现实个体经验，以此实现受教育者教育经验的生成。经验拥有两个基本特征：一是对于意义与情感的强调，它表现为一个人所独有的经历；二是经验具有文化性与社会性。① 思想政治教育要与大学生之间发生意义的联结，就需要立足于学生现实的个人经验之上，充分重视与尊重学生所独有的个人经历、生活经验与情感特质，引导学生主动与所学对象发生意义连接、互动与建构。只有学生身心的整体投入，才能使学生主动构建有意义的经验，使所学纳入自己原有的知识体系与结构之中。工具理性的导向下，使教育经验陷入科学化与标准化下的各种抽象定理与逻辑体系，而主客二分的二元论思维，使受教育者的个体经验被搁置于教育经验之外。狄尔泰曾认为生命就是一个不断发展、丰富、延伸与拓展的过程，它不断推进"现在"，然而"过去"也不丧失意义，它作为一种内在的力量不断地使周围的环境、事物发生着变化，而具有统一性的生命的意义在"现在"所形成的一个最小单位，即"体验"。② 体验被视作一个生命体的完整表达，它通过经验返还至生命体自身，而经验只有回到生命个体的自身，才能与个体的生命产生有意义的连接，进而对个体产生所谓的意义。因此，大学生思想政治教育生活化，在尊重学生个人经验的基础上，还要关注学生的个体体验让学习成为一种全身心的活动。通过不断关注学生的意识活动、思想动态，将所传递的知识与学生的经验相连接，让教育对象成为教育活动过程之中有意义的存在，而不是空洞无物的容器。通过倾听学生内心的声音，探寻学生的所思所想，使思想政治教育成为一种有意义的存在，能够充盈教育对象的生命、拓展受教育对象人生的宽度和广度，提升受

---

① [美] 约翰·杜威：《民主·经验·教育》，彭正梅译，上海人民出版社2009年版，第37—41页。

② 李红宇：《狄尔泰的体验概念》，《史学理论研究》2001年第1期。

教育对象生活的厚度。

二 尊重教育对象的现实生活需求

首先,坚持自主自愿的原则。人的行为动机产生于人的需要。正如马克思曾说:"任何人如果不同时为了自己的某种需要和为了这种需要的器官而做事,他就什么也不能做。"① 因为"他们的需要即他们的本性"②,"对象如何对他来说成为他的对象,这取决于对象的性质以及与之相适应的本质力量的性质"③。从作为客体的对象来说,需要意味着某个对象所存在的欲望或是渴求;从行为主体的角度来看,主体自身所具有的能力与目前所处的存在状态对需要起着决定性的影响作用。正如"只有音乐才能激起人的音乐感;对于没有音乐感的耳朵来说,最美的音乐也毫无意义"④。人的行为基础是需要,需要产生行为的动机。马卡连柯曾说过,永远尽可能多地要求一个人的同时,还需要尽可能多地尊重一个人。对于学生的尊重,意味着教会学生能够珍视自己生命特有的价值,能够认识自我与提升自我。人的活动源于需要,人具有一种人性,具有自身存在的终极依靠。人之所以为人,是因为有着超越意识的存在,在自然需要与社会需要之外,人还有着精神世界的终极关切,这种终极需要即人的信念或是信仰。⑤ 在经济化、全球化背景下,社会高速发展使物质获得极大的丰富,但是个体的精神与意志并未能与物质发展水平并驾齐驱,获得一致性的发展。思想政治教育的价值与意义在于帮助受教育者在现实生活中确立自己的对于政治的信念、态度、准则与价值观,能够拥有对于政治世界的稳定认识与态度,在自己生活的世界中能够找到自己的人生意义,能够使个人发展目标与社会发展目标相一致。教育者通过对教育对象的充分尊重,让教育对象能够不断地认识与

---

① 《马克思恩格斯全集》第 3 卷,人民出版社 1960 年版,第 286 页。
② 《马克思恩格斯全集》第 3 卷,人民出版社 1960 年版,第 514 页。
③ 《马克思恩格斯文集》第 1 卷,人民出版社 2009 年版,第 191 页。
④ 《马克思恩格斯文集》第 1 卷,人民出版社 2009 年版,第 191 页。
⑤ [美] 约翰·杜威:《人的问题》,傅统先、邱椿译,上海人民出版社 2014 年版,第 150 页。

发现自我。通过不断关注学生的个体差异性与独特性，使学生多样的学习需求能得以满足。大学生思想政治教育生活化，不仅要关注社会转型发展过程中，对受教育者正确的道德观念、政治观念、价值观念、人生观的塑造，还要能够正确看待个体在现实生活中的自然需求、社会需求与终极需求关怀，在尊重个体的主体性需求的基础上，引导个体实现对自身以及现实生活状态的发展与超越。①

其次，坚持个人发展需要与社会发展需要相统一的原则。思想政治教育在现实实践的过程中，始终包含着社会需求与个人需求这一矛盾体，而"有多少阶级就有多少主义，甚至一个阶级的各集团中还各有各的主义"②。只有通过凝聚社会共识，形成国家认同，才能维系社会的长治久安，才能使社会良好运行。大学生思想政治教育，一方面需要满足学生的自我成长需求以及求知的需要，另一方面还要落实与贯彻国家的意识形态要求，让受教育者能够认同党的领导、政治路线、方针、政策以及国家制度等。大学生思想政治教育生活化，一方面为了满足受教育者实现个人价值的需要，需要创造条件满足受教育者合理的个人需求。这种满足并不是简单的迎合，而是根据受教育者的实际需求与身心特点。通过对受教育者求知欲望与求新需求的满足，协助受教育个体获得自我的生成与成长。另一方面，作为教育者还需要引导受教育者明确自己作为社会中的一员的责任与担当。教育者需引导个体将马克思主义基本理论的学习，将思想品德修养与个人的人生观与价值观相融合。只有将受教育者的个人需求与社会需求进行有机的统一，教育实效才能从根本上得到提高。大学生思想政治教育存在的意义，源于个人需求与社会需求之间存在一定的差距。为满足社会需求，需要贯彻与落实社会所要求的主流意识形态，同时为了满足个人需求，需要培养拥有完整、健全人格的人。从教育的价值关系来看，思想政治教育是价值客体，个人和社会是价值主体。大学生思想政治教育的目的在于不断缩小社会所要

---

① 胡沫：《从人的生活世界看思想政治教育的经济学跃迁》，《思想教育研究》2006年第10期。

② 《毛泽东选集》第2卷，人民出版社1991年版，第687页。

求的社会思想道德素质与个人现实所拥有的思想道德素质之间的差距，不断地解决两者之间存在的矛盾。在大学生思想政治教育生活化的过程中，不仅要分析个人思想品德结构、思想变化与制约因素，还要分析社会要求的发展方向，从而使个体的思想行为与社会所求的规范之间能够吻合甚至一致，以此弥合认识上的差异。同时，协调和化解个人需要与社会需求之间的差异，通过引导社会需求向个人需求的转化，实现两者之间的统一与融合。

最后，正确看待个体需要的多样性与层次性。从需要到动机再到行为，展现了人的行为规律。思想政治教育需要引导着人的行为方式，激励着人的具体行为，它既是人的本质反映，还是社会进步与发展的原点。人有着多样性的需求，如安全感、自我实现、精神需求等，而最高层次的需求是自我的实现。大学生思想政治教育，一方面作为精神需求的重要组成部分，引导并协助大学生获得个体精神需求的满足；另一方面，作为一种手段与途径，协助大学生获得自我的完善与提升。[1] 人与动物的区别在于人的需求具有个体化的特点。大学生思想政治教育有着内容的复杂多样性、方式方法的综合性以及教育实效的长远性等特点，而教育对象的需求具有多样性与层次性的特点，具体表现为由个体自身内部、个体与个体之间发展的不平衡性。大学生思想政治教育生活化需要关注学生的多层次需求，如自然需求、社会需求、物质需求、精神需求、情感需求等。由于生活方式的多样化，价值取向的多元化，使个体的现实需求呈现出多层次化。大学生思想政治教育对生活世界的回归，需要以学生个体的差异为基础，对不同的受教育者进行差别化教育。根据不同个性特点、层次水平与群体类型，对个体提出具有层次性与差异性的思想道德素质与行为要求规范，并能够运用不同侧重的内容进行有针对性的教育。[2] 大学生思想政治教育作为人的教育，其价值体现为人的生成。在现实生活中的所有实践活动都与个体的需求相关，现实的个人作为具有生命力与社会化的个体。不仅有着维持基本生存需要的外在

---

[1] 侯玉基：《论人的本质与思想政治教育》，《山东社会科学》2003年第3期。
[2] 熊建生：《思想政治教育内容结构论》，中国社会科学出版社2012年版，第128页。

的物质需求，还有着内在个体社会化所需要的社会交往，对完满性人格的追求，以及对自由与真善美的追寻。这不仅仅是个人自然性与社会性的统一，还是精神性需求的高度统一。"在任何情况下，个人总是'从自己出发的'，但由于从他们彼此不需要发生任何联系这个意义上来说他们不是唯一的，由于他们的需要即他们的本性，以及他们求得满足的方式，把他们联系起来（两性关系、交换、分工），所以他们必然要发生相互关系。"① 大学生思想政治教育生活化，要获得预期的教育效果，就需要满足受教育者个体的合理需求，并关注需求的层次性与多样性。既不能以偏概全，也不能有失偏颇。既要重视政治社会化的多元需求，也要重视个体立体化的多层次需求。人的本性具有丰富性、社会性与历史性，人作为有意识的存在物，其思想与行为总是有一定的目的指向性。"任何人如果不同时为了自己的某种需要和为了这种需要的器官而做事，他就什么也不能做"②，人的思维与行为变化的根源在于人的需求的变化。因此，大学生思想政治教育生活化需要深入把握人性的基础，即人的需求，才能真正了解与掌握受教育者思想意识与行为之间的联结。在教育过程中，需要关注受教育者的不同层次的多样化需求，才能实现对受教育者内在精神与外部行为的塑造，才能实现受教育者的内在精神与外部行为相互统一。③

三 注重教育对象的身心发展特点

第一，遵循个体身心发展的顺序性。思想政治教育的本质，呈现于思想政治教育的基本矛盾、具体矛盾与教育规律之中。大学生思想政治教育这一实践活动，是一个复杂的矛盾运动过程，它由诸多的环节与因素所构成，并有多主体参与其中，目的在于解决受教育者的思想品德素质、政治意识与社会所要求的水平之间的差距。同时，还需要受教育者解决实践与理论之间的矛盾，以及受教育者自在性与自为性两者之间存

---

① 《马克思恩格斯全集》第 3 卷，人民出版社 1960 年版，第 514 页。
② 《马克思恩格斯全集》第 3 卷，人民出版社 1960 年版，第 286 页。
③ 段建斌：《关于思想政治教育价值在当代发展的思考》，《求实》2009 年第 11 期。

在的矛盾，对以上矛盾的把握、分析与掌握，形成了思想政治教育的具体教育规律。只有将以上矛盾回归至现实的生活世界进行分析，才能使大学生思想政治教育符合目的性和规律性。大学生思想政治教育，一方面需要注重受教育者个体外部行为约束与导向，另一方面还要注重受教育者内部的思想变化。受教育者的内部思想意识与外在行为相互作用、互相促进与生成，都是其所涉及的重要内容。个体内在的思想意识为外在行为提供了基础，外在行为是内在思想意识的表现与升华。个体内在的思想观念与意识并非先天拥有，它需要经过环境与教育的影响而获得，是一个逐渐深化的过程。个体的外在行为受着复杂社会环境与生活背景的影响，具有多维性与选择性。在对思想观念与意识进行外化的过程中，由于诸多因素的影响，两者不一定同步或者统一。大学生思想政治教育，需要在了解学生个性特点与需求的基础上，把握学生的认识规律，促进学生将所学内化于心、外化于行。刚开始由于学生对外在的社会规范与要求缺乏完整性的认识，内心可能会产生抵触与漠视，但在现实的生活中，由于外界的压力而不得不表现出认同，这一阶段定义为外界要我这样做的阶段。随着教师的教育引导，逐渐从内心认可所学以及外界所施加的教育影响，将从思想意识转化到行动上，这一阶段定义为我自己要做的阶段。这是受教育者思想政治意识、道德品质转化的重要阶段。最终，通过外在社会需求与规范的深化与积累，外在的行为要求规范逐渐内化为内心坚定的意志、信念或是信仰，使思想政治意识、道德观念、情感意志等与自己的行为在方向上保持一致，并能够在现实生活的行为过程中，做出合理而正确的自主选择与判断，形成一种理想信念的内驱力。在此过程中，个体在现有知识的基础上不断反思与超越，实现知识获得与教育影响从量到质的转化。从一种自在自发的状态转变为一种自觉自为的状态，使自为性与自觉性相统一。在自己的外在行为表现上，不仅符合外在的社会要求与规范，还能够不断地进行调整与重塑，获得更高层次的追求与发展，这一阶段为我能做的阶段。[1] 大学生

---

[1] 邢斐：《大学生道德建设的教育引导与实践养成》，《学校党建与思想教育》2020年第11期。

思想政治教育回归生活世界，通过对思想意识观念与外在的把握，从个体与社会的客观实际情况出发，把握思想政治教育认识规律，了解个体身心发展的顺序性，使个体的自在性与自为性相统一。

第二，遵循个体身心发展的阶段性。大学生思想政治教育是高校意识形态教育的重要组成部分，在具体实施的过程中应当"注意把握精神生命生长的重要阶段、价值观念生成的关键时期"[①]，需要充分运用思想意识、价值观念的形成规律而有序开展与实施。由于大学生有着特殊的认知规律与情感需求，受着定向接受规律与双向互动建构规律的影响。大学生思想政治教育对生活世界的回归，要从学生的内在需要与情感出发，把握学生的认知特点与接受规律，使意识形态教育与学生的内在发展规律相契合。个体的认知过程是由感性逐渐上升为理性的一个过程，在对事物表象充分认识的基础上逐渐上升为抽象认识的过程。在大学生思想政治教育的过程中，教育者需要把握由浅入深的过程，对意识形态内容的阐释，先从生活中的具体内容展开，使受教育者能够先有浅显直观的认知，然后再通过多方面的互动与沟通，最终实现受教育者内部意识的转换，落实思想政治教育所要求的目标。在进行信息交互与共享的过程中，需要多方主体的积极参与。通过对受教育者积极性的调动，激励受教育者的参与，使教育者与受教育者之间、教育者内部能够形成学习与认知的共同体。在共同生活的基础上，使受教育者能够自觉地融入意识形态的教育之中。在现实生活过程中，人们更易于接受与自身成长经历、感知经验相关或是相近的观念与事物，而面对远离自己的生产或是生活经验，以及和自己认知差距较大的观念与事物时，会产生较强的距离感，在接受的过程中会产生一定的排斥心理。大学生思想政治教育对生活世界的回归需要"适应青年的特点和需要，抓住青年关注的问题"[②]，以学生日常生活中的经验感知为基础，使意识形态教育与学生已有的经验间发生一定的联结，一方面有利于学生对意识形态教育

---

① 樊泓池、王贵新：《社会主义核心价值观大众化的四维进路》，《思想政治教育研究》2017年第5期。
② 徐辉、刘建军：《十八大以来思想政治工作的成绩与经验》，《思想政治教育研究》2017年第5期。

的认识、接受与升华；另一方面能够使学生更易于熟悉与掌握相关的教育活动。① 同时，给予学生一种开放式的指引，将思想政治教育置身于具体的教育情景与生活情境之中，将规范与要求内化于心，在不断引导学生对自我进行反思的同时，还要加强对于学生的行为指导，实现知行合一。大学生思想政治教育对生活世界的回归，需要改变过去传统封闭的、以直接灌输为主的知识教育，加深对学生身心特点、情感体验的阶段性认识，创新思想政治教育的方法，使教育更符合价值观念形成的特殊规律。只有不断融入具体的生活情境，结合学生个体的身心发展规律与认知接受的阶段性特点，引导学生主动参与，发挥自身的主动性与积极性，获得充分的情感体验与价值共鸣，才能够促使社会主流意识形态内化为学生的理想信念与价值追求，并在追求的过程中不断塑造自己的品德修养与个性，能够更好地适应、享受并创造生活。②

第三，遵循个体发展的差异性与不平衡性。在多元文化背景下，受教育者政治思想观念与道德品质的培养，不能只是教条式的灌输与金科玉律的讲解，而是需要将主流的思想观念、意识形态转化为教育对象能够自主选择与判断的价值准则与行为要求。世界上不存在两片相同的叶子，在面对同一问题时，由于各自经验、经历、立场与知识结构的不同，使人们在进行判断与行动上会有不同的表现。传统大学生思想政治教育更多地强调事实判断，将价值观念与道德标准作为一种知识性的传授，导致远离学生实际生活情境的。在进行意识形态教育的过程中，教育者并不是帮受教育者做出选择与判断，而是在多元文化价值背景之中，引导受教育者能够进行独立的价值选择与判断，进而形成科学、健康、良好的价值观念。通过对教育对象独立思考、判断与自我教育能力的培养，使教育对象在面对现实生活冲突、问题，以及身处具体生活情境时，能够有效地进行冲突与矛盾的化解。大学生思想政治教育需要重视知识传递、素质培养、思想塑造、能力提升与习惯养成等方面的相互

---

① 丁玉峰：《关于高校意识形态教育生活化的实践思考》，《思想政治教育研究》2018年第4期。
② 侯文华：《高校德育生活化的生成路径》，《南通大学学报》（社会科学版）2011年第5期。

融合，还需要重视培养受教育者独立思考与反思的能力，使受教育者能够独立处理与解决具体生活情境，以此促进受教育者完满人格与个性的生成，从而能够适应不断发展变化的社会，正确抉择与处理自己所面临的思想观念问题与道德困惑等，并做出合理而明智的选择。① 大学生的身心发展具有不平衡性，自我意识与认知能力还存在一定的差距。由于社会阅历与实践能力的不足，其人生观、世界观与价值观还未完全定型，"对人与人之间的各种双边关系如对权威、冲突、合作等的认识过于单纯和自我"。② 大学生思想政治教育对生活世界的回归，应当根据大学生身心发展的不平衡性，不断围绕学生所关注的现实生活问题与社会问题，引导学生能够正确处理自身所处的社会关系，理性看待各类社会热点事件与社会现象，在社会交往的过程中能够建立良好的人际关系，拥有设身处地为他人着想的能力，有着发自内心的温良与善良，有着积极健康的心理。同时，还能够客观、冷静而全面地分析各类社会热点、事件、现象等背后的原因，拥有正向的价值观念与正确的价值立场。大学生思想政治教育生活化，需要根据大学生身心发展的不平衡性，在社会交往的过程中拥有开阔的胸襟与积极的心态。高校思想政治教育工作者，需着眼于每一个学生，给予学生充分的尊重，了解学生的所思所悟，需要善于观察与倾听学生的真实需要，留意教育的每个过程与细节，不断地挖掘现实生活中的教育资源，将学生在现实生活世界以及日常生活中所呈现出来的思想困惑、矛盾冲突、价值迷失等作为教育的契机。在教育的过程中克服模式化与刻板化，通过发挥教育机智与教学智慧，在与受教育者进行信息交互的过程中，需要善于发掘与运用知识结构、价值观念与学生内在心理的冲突，使教育成为受教育者生长与发展的手段，不断进行改组、塑造与重造，使教育得以有效进行。③ 由于受不同的社会影响，受教育者的思想水平存在着不同水平的差异，进

---

① 王学风：《多元文化背景下的学校德育改革》，《思想理论教育》2005 年第 11 期。
② 高中建、孟利艳：《"80 后"现象的归因及对策分析》，《中国青年研究》2007 年第 10 期。
③ 陈秀兰：《杜威经验教育观之实践蕴涵——〈民主主义与教育〉解读》，《高教发展与评估》2007 年第 3 期。

而价值观念、思想认识、道德素质等也会存在参差不齐的现象。大学生思想政治教育对生活世界的回归，需要教育者克服长期以来的程式化、程序化与模式化，防止一成不变的教学模式与千篇一律的教学形式，而是要不断依据现实生活世界之中大学生多样化的特点与多层次的需求，进行思想政治教育的不断创新，推动思想政治教育的高质量发展。①

四 把握教育对象的现实生存空间

首先，主—客—主关系思维的转变。生活世界是个体与他人共在的世界，具有交互主体性的特征，生活世界的出发点在于交互主体之间的共存与对话。② 人作为社会的存在，其本质存在是关系的存在，而人与人之间的交往并非单方面的，而是双向的互动生成，具有交互性。双方在交往的过程中，依据不同的角色、责任与义务而进行互动。③ 高校思想政治要走出单纯灌输的困境，能够与生活世界相联系，拥有现实价值和意义，就需要将交互主体理论贯穿于整个教育过程之中，将传统的主客体间的权威与服从关系，转变为双主体间民主平等与对话的关系。在大学生思想政治教育实施的过程中，教育者与教育对象都作为主体而存在，两者都具有人格和地位上的平等，同时履行着不同的责任与义务，并在此基础上形成了交往共同体。在平等与独立的基础上，两者形成了交往共同体。传统的大学生思想政治教育，将受教育者作为客体而存在，作为简单的知识接受者，人与人之间的平等关系不被重视，进而否定了学生作为教育过程中主体应有的地位。所谓的交互主体性，是指在活动实施过程之中的主体之间相互影响、制约与渗透。交互主体论更注重主体间的平等与相互作用，主客二分法之下形成的教师中心或是学生中心，都强调的是服从与顺从，而交互主体性是一种民主个性的体现，包含了民主的本义，是思想政治教育的基本指向。它体现的是双主体统一于独立基础之上，交融于平等基础之上，彼此形成主观性的生动共

---

① 冯益谦：《中美大学思想政治教育方法比较研究》，《思想教育研究》2007年第1期。
② 龚群：《道德乌托邦的重构——哈贝马斯新交往伦理思想研究》，商务印书馆2003年版，第84—85页。
③ 汪怀君：《论生活世界的交往特性》，《道德与文明》2010年第1期。

鸣，反映了民主个性的追求。主体间性是主体与主体之间关系的规定性，两者之间具有相关性，并能够相互进行调节、作用与统一。它是两个或两个主体以上的内在关联性，将具有主体性的个人作为它的基础。马克思就曾指出："人的本质不是单个人所固有的抽象物，在其现实性上，它是一切社会关系的总和。"① 由于交往活动始终存在于人的日常生活之中，进而任何个体都可能独立或是孤立地存在。思想政治教育这一活动实施的过程，就是教育者与教育对象之间双向互动、影响的过程，两者都作为活动的主体，有着自身的能动性、主动性与积极性，在交互的过程之中不仅仅是信息的传递，彼此之间还相互制约与影响。从大学生思想政治教育中教与学的关系来看，学生已有的知识背景、个人生活经验等是教育教学活动展开的出发点，教师与学生在交互作用下相互发生关联与影响。在对世界流动过程的知觉中，不断与他人发生联系，并且通过相互之间的理解与体验的获得而发生关联。教师是教的主体，学生是学的主体，教育过程中学生的学是教师教的起点。大学生思想政治教育生活化中的双主体交互，是一种互动、共创与共享的模式，教师不再扮演权威者、仲裁者与监督者的角色，而是作为学生的引导者与启发者而存在，正如孔子所说，不愤不启，不悱不发。如某大学的思政课实行菜单式教学，授课教师通过学生的反馈，了解他们所感兴趣的思政课内容，类似于给教师下菜单，教师根据学生的反馈有针对性地讲解一些学生感兴趣的思政内容。高校思想政治课作为学校思想政治教育的主阵地，不仅仅是知识的传递与灌输，还需要将教学内容与现实的社会发展相联系，将社会的热点融入进去，将思政的理论观点融入进社会现实之中，以此使学生能够更感兴趣。一方面需要引导学生在课堂上能够进行独立思考，自己作为学习的主人；另一方面还要引导学生能够在学习的过程中，将正确的价值观念融入自己的成长与发展之中。② 教师与学生在双向互构的过程中，积极发挥学生的主动性，让其主动接受社

---

① 《马克思恩格斯选集》第1卷，人民出版社2012年版，第139页。
② 《给老师"下菜单"让学生当主角 高校思政课"火"起来》，央广网，https://baijiahao.baidu.com/s? id=1590176285325348887&wfr=spider&for=pc，2018年1月21日。

会所要求的思想政治道德素质，并通过学生自身的主动选择、分析与构建，引导学生能够依据社会所要求的思想政治道德规范，构建正向的思想观念与正确的价值体系。教师与学生之间作为双主体而互动互学，再进入下一个更高层次的教育阶段，以此实现螺旋式的上升与发展。

其次，社会性与个体性的相互统一。传统的知识教育使受教育者成为了知识的旁观者，知识的传授过程中将受教育者作为容纳知识的客体，忽略了受教者的主体性，而主体的基本属性是探究、反思与行动。[①] 大学生思想政治教育生活化，需要充分尊重受教育者的主体地位，摆脱应试教育所带来的工具化倾向，破解学生的被动学习与强制灌输的困境。随着社会的发展，工业革命带来的模式化生产与流水线作业，使人不断发生异化，在教育领域表现为将受教育者视为产品，强调知识的工具性价值，教育带有验证的功利色彩。随着终身教育思潮的影响，逐渐要求受教育者要从被动的学习者转变为能够自觉成长与学会终身学习的学习者，建构主义则主张将知识学习的过程看成是教育对象主动建构的过程。伴随社会的发展，社会逐渐走向民主与开放，个体的价值也在这一过程中日益彰显。教育更加重视对于个体的关注，受教育者从被动的学习者演变为主动学习者。大学生思想政治教育生活化，需要尊重学生的个体差异、学习特点以及自我发展需求，教育要能够面向个体与全体，保持持续性与完整性。随着信息获取的便捷化、高效化与平等化，个体身处其中拥有着平等的选择权与表达权，而主客体之间的界限也日趋淡化，在虚拟化的世界之中，个体能够充分表达自己的诉求、欲望与想法。

教育实践活动随着主客体之间的交互影响增多，教育逐渐形成去主体化的倾向，而平等与协作的教育模式也使主客界限逐渐模糊。大学生思想政治教育生活化过程之中，教育主体是灵活多变的，学生可以既作为信息的接受者，也可以是信息的反馈与传达者，学生的话语权得到了加强，在师生关系上呈现了去中心化与双向沟通的态势。人的主体生成

---

① 马开剑：《杜威"经验"概念的动态特征及其课程意义》，《贵州师范大学学报》（社会科学版）2004年第4期。

能力，随着社会交往实践的展开与深入而不断加强。"人以一种全面的方式，就是说，作为一个完整的人，占有自己的全面的本质。"① 完整的人即全面发展的人。"个人的全面性不是想象的或设想的全面性，而是他的现实联系和观念联系的全面性。"② 现实存在的个人不仅需要现实存在的世界进行沟通交流，实现现实关系的占有，还要与自己的内在世界交往，实现观念关系的占有。教育者需引导学生在实现现实关系的占有基础上，还要与自己的内在世界交往，进而实现观念关系的占有。大学生思想政治教育生活化，需要重视学生的主体生成能力，引导他们通过对各种关系的占有，塑造自己的内在精神结构，形成自己的信念。在信念与信仰的坚守中，时刻守护自己的精神家园。只有如此，学生在现实生活世界中才不会遗忘自我，而能够让心灵有所依靠，精神有所寄托，进而才能拥有积极乐观的生活态度、和谐的个性与丰富的人格，需要个体内部构筑既满足个体需求又满足社会需求的精神家园，以此促进个体社会性与个体性的相互统一。这样，个体无论应对人生与生活的何种境遇，都能够保持一种积极健康的心理状态和纯洁高尚的心灵。这种构筑来自学生个体的自我教育与建构，思想政治教育知识作为一种外在的教育影响力而存在，预期效果的达成与落实，需要个体内部的自我认同与教育生成。思想政治教育的理想状态在于实现教育对象的自我认知、自我教育与自我管理，大学生思想政治教育的最高境界就是主体生成能力的重视与养成，通过自我教育、自我生成，能够构筑属于自己的又满足社会需求的精神家园，进而能够促进人的全面发展。③

最后，主体间的共在与共识。传统的思想政治教育，倾向于单向度的注入与灌输，易形成教师的一言堂与独角戏。在多元文化背景的影响下，大学生思想政治教育生活化应致力于学生对话语与交往意识的培养。通过提升学生的对话能力与协商能力，能够寻求利益的均衡点。在西方哲学中对话是一个双向互动、相互理解的过程，同时伴随着个体的

---

① 《马克思恩格斯文集》第1卷，人民出版社2009年版，第189页。
② 《马克思恩格斯文集》第8卷，人民出版社2009年版，第172页。
③ 胡沫：《从人的生活世界看思想政治教育的经济学跃迁》，《思想教育研究》2006年第10期。

自我认识与反思，能够使人类实现和平共处，并被赋予存在论的、认识论的或者是社会哲学的意义。在多元文化的社会中，平等的互动对话与相互尊重，成为大学生思想政治教育开展的前提与基础。通过言语的交流，实现教育实践的沟通与交往，以此促进双方的视域融合与拓展。大学生思想政治教育生活化中的对话，并非日常生活中的简单对话，在进行对话的过程中，首先应当将学生看作有生命的独特个体，关注到学生自身所具有的主体性、独特气质与个性。大学生思想政治教育的开展，是人与人之间的互通，是教师与学生之间的双向交流，教师需要给予学生充分的人性关切与了解，需要充分了解与把握学生的思想观念、政治意识与道德素质，在现实生活世界之中所存在的碰撞、矛盾、冲突与波动。如果教师缺乏对于学生的深层次认识、了解与平等的尊重，就不能够更好地唤醒学生内在深层的需求与冲突，而没有经过学生自我内化的思想教育就不可能对学生产生持久而深远的影响。在这一过程中，个体不只是无情感的接受容器，他们拥有自己独特的情感体验。教师和学生的思想观念、政治意识与道德素质之间的冲突，没有经过学生的自我内化，就不可能产生深刻的影响。[1] 大学生思想政治教育最好的状态，是作为一种自然过程存在于对话之中，而教师与教育内容只是这种对话的促进者。在双主体意识的强化下，需要加强互动式与协商式沟通，教师与学生通过双方的在场以及共有的权利与义务，不断拉近教师与学生之间思想与精神的距离。在双向互动的基础上，形成良好的对话关系，教师与学生之间能够形成无论我说什么，他都能够愿意听；无论他说什么，我都能够愿意听，从而形成一种良性的互动。[2] 如某大学的一堂思政课，张老师就首先提出一个话题："共产主义是乌托邦吗？"然后让各位同学阐明自己的观点。问题一提出，就有同学站起来说："共产主义是各尽其能、按需分配，那么是否每个人想要什么就分配什么，想要多少就分配多少，到时候我想坐包机出门，要八架飞机可以吗？"随后，

---

[1] 王学风：《多元文化背景下的学校德育改革》，《思想理论教育》2005年第11期。
[2] 李珏、袁勋：《高校网络思想政治教育话语体系考量》，《学校党建与思想教育》2019年第18期。

一名同学站起来反驳了前一个同学的观点,他认为生产力的高度发展才能出现共产主义,而且绝对不是想要什么就分配什么,它受着生产力、社会发展规律、人的自身需求等方面因素的制约。之后,张老师将所有同学进行了小组划分,再让同学派代表进行观点汇报,汇报结束再由同学进行相互的辩论。最后再由张老师进行总结:"1848年《共产党宣言》的发表,标志着社会主义的诞生。共产主义不仅是科学的理论还是社会实践,它不仅是理想,还是现实运动……"此课堂通过翻转课堂的形式,在课堂教学之前让学生自行查找资料进行学习,在课堂上教师和学生相互进行交流与讨论,以此集中解决教学中的重点、难点与现实中的热点问题。[①] 大学生思想政治教育对生活世界的回归,需要教师与学生之间要形成对话关系,能够做到目中有人,让学生能够在对话与思想的交流中成长,实现双方的精神交往与心灵沟通,从权力主义转变为民主主义,实现彼此精神世界的共享。教师不但要尊重学生的不同意见与观点,还要让学生敢于表达与诉说,只有如此,教师与学生之间的思想与观点,才能够在相互的冲突、碰撞、激发、接纳与融合中,实现知识观念与内在精神的同构生成。师生交往通过对话而存在,通过沟通使彼此的空间相联结,创设现实生活情境,以此调动学生的积极性与创造性,挖掘学生真实的情感体验,在潜移默化之中实现精神陶冶与价值引领。[②]

第二节 大学生思想政治教育回归 生活世界的目标导向

一 个人理想与社会理想相统一

首先,引导个人理想目标与社会理想目标相统一。人作为社会生活

[①] 《海南大学:"一主三辅"实践教学让思政课充满魅力》,人民网,https://baijiahao.baidu.com/s? id=1647599755287120311&wfr=spider&for=pc,2019年10月17日。

[②] 孟筱、蔡国英、周福盛:《新时代教育发展的历史逻辑、理论意涵与实践路径》,《北方民族大学学报》(哲学社会科学版)2019年第6期。

的主体，组成了社会。社会理想是一种观念性的建构，是在现实生活状态的批判与反思基础上确立的总体价值目标，它引导着社会发展的方向。社会理想作为社会生活现实状态的观念性构建，同时寄寓着人的全面发展。从历史发展进程上来看，各时代社会理想的主要内容都是对人的发展的追求。在莫尔的"乌托邦"中，"宪法规定，在公共需要不受损害的范围内，所有公民应该除了从事体力劳动，还有尽可能充裕的时间用于精神上的自由及开拓，他们认为这才是人生的快乐"①。空想社会主义者，如圣西门、傅立叶、欧文对资本主义制度进行了批判，想要通过实业制度、公社制度等构建理想的社会，为社会中的成员提供发展才能的最广泛的可能。但是，在人类思想史上，第一个具有科学形态与意义的理想社会，是由马克思和恩格斯首次构建的共产主义社会理想。共产主义社会将人的自由而全面发展作为最高原则，而共产主义是"以每个人的全面而自由的发展为基本原则的社会形式"②，"代替那存在着阶级和阶级对立的资产阶级旧社会的，将是这样一个联合体，在那里，每个人的自由发展是一切人的自由发展的条件"③。"通过社会化生产，不仅可能保证一切社会成员有富足的和一天比一天充裕的物质生活，而且还可能保证他们的体力和智力获得充分的自由的发展和运用。"④ 个人的全面发展是共产主义社会的基本特征，在这一社会中每个人都能实现全面的发展。"所有人共同享受大家创造出来的福利，通过城乡的融合，使社会全体成员的才能得到全面发展。"⑤ 纵观人类社会发展的历史，社会理想的核心在于实现人的全面发展，而人的全面发展有着双重含义，即人类整体与个体的全面发展。正如马克思所说："虽然在开始时要靠牺牲多数的个人，甚至靠牺牲整个阶级，但最终会克服这种对抗，而同每个个人的发展相一致。"⑥ 个体的生命是有限而短暂的，但

---

① ［英］托马斯·莫尔：《乌托邦》，戴镏龄译，商务印书馆2006年版，第60页。
② 《十六大以来重要文献选编（上）》，中央文献出版社2005年版，第768页。
③ 《马克思恩格斯选集》第4卷，人民出版社2012年版，第647页。
④ 《马克思恩格斯选集》第3卷，人民出版社2012年版，第670页。
⑤ 《马克思恩格斯选集》第1卷，人民出版社1995年版，第243页。
⑥ 《马克思恩格斯全集》第34卷，人民出版社2008年版，第127页。

是人的全面发展却具有广泛性。个体的生命具有有限性，而人的全面发展具有无限性。大学生思想政治教育生活化，需要引导教育对象深入把握与理解社会理想的本意，即人的自由而全面发展，才能深刻理解人的全面发展与现实社会生活之间的密切关系。至此，才能够摆正自己在现实生活与社会发展过程中自己所处的位置与意义，将自己的个人理想与社会理想相统一，把握社会生活的应然状态与超然状态。通过个人价值的实现，创造源于现实并高于现实的价值期待。社会理想作为一种规范性的把握，指向现实又高于现实，包含着对现实社会的批判、改造，也包含未来社会的构想。社会理想的构建包含着人的尺度和对象的尺度两个方面。人自身的价值取向是人的内在尺度，社会发展规律即对象的尺度，而这两者都是构建社会理想的基本依据。大学生思想政治教育对生活世界的回归，需要引导教育对象将自身的价值取向需要与社会历史发展的方向保持一致，将自身积极投入到社会主义现代化建设之中，在实现共产主义理想的过程中，彰显自己的人生价值与意义，使个人理想与社会理想能够统一于时间向度与价值向度之中。[①]

其次，引导个人理想取向与社会理想取向相统一。价值作为一种理念性的客观存在，是正当、完满而美好的。价值所面向的是人，对人的行为起着理想性与规范性的作用。人需要通过价值实践来获得人生与生活的意义。价值还具有引导性与教化性，人生的终极价值引导着人的一生。"价值本身尽管不能被现实化，但它能借助价值的载体和质料的现实化而显现于价值载体和价值质料之中。"[②] 价值相对于生活世界是可能的理想状态，也是完满而正当的。从这个意义上来说，人生价值引导着人的社会实践，在对现实世界进行改造的过程中，进行一种价值化的构建。人生价值是理想化的，但同时也是一种现实存在。人生价值独立于现实生活，又在现实生活中呈现或是再现出来，个人的现实生活依赖于人生价值的实现。"理想的自在是根源性的、绝对性的，而现实的自在是依附性的、相对性的。理想的自在凭借现实的自在所提供的质料条

[①] 汪信砚：《社会理想与人的全面发展》，《社会科学杂志》2003年第2期。
[②] 董世峰：《价值：哈特曼对道德基础的构建》，光明日报出版社2006年版，第92页。

件而现实化——显现在后者之中。二者连接的纽带就是人及其活动。"①在现实生活领域之中，人生价值的评价与判断，需要与社会理想相结合。缺乏社会理想的引导，个体的现实实践可能会违背人生价值实现的根本性原则。人生价值是实践与行动的根据与理由，社会理想是行动的根本指向。人生价值的现实化也包含社会理想的实现过程，才是合理而有价值的。个体具有自主的价值意识，有着自己所属的目的与意向。主体的活动是价值判断与选择的结果，人生价值与社会理想又决定了人的价值判断，进而决定了人的活动方式与实践。大学生思想政治教育对生活世界的回归，需要结合人生价值与社会理想，对个体进行价值引导与规范。只有符合人生价值与社会理想的目的，才是真正值得实现的目的，才能由此指导个体产生正当的行动，才使个人的社会生活实践具有正当性。同时，人生价值与社会理想也面向人的社会生活的各方面，人通过社会理想的引导，不断建构自己的生活世界。人作为一个现实的存在物，又有着自己的价值行动与价值目的，在社会生活的实践活动中表现着自己的价值追求。社会理想不断引导着人的行动，使社会实践活动能够朝着社会理想所指引的方向、目标而展开。同时，社会理想还作为现实个人存在的向导，在实现个人价值的过程中，努力达到个人理想与社会理想的相互统一，进而实现作为现实个人存在所具有的价值。社会理想不断引导着人的行动，不断实现着人作为人的价值存在。在追求社会理想的过程中使人生价值得以实现，人作为主体性自为的存在，通过实践与行动将现实生活与社会理想产生联结，并将人生价值融入进社会理想中。同时，需要引导个体将人生价值的实现融入现实生活世界中，将社会理想作为个体活动方式的引导，使个体在追求社会理想的过程中，不断反思与塑造自身的行为，将社会理想转化为自己行动的原则与规范，使个体的活动有据可循，遵循向善向好的行为，在这一过程中实现人生价值的现实化。②

---

① 董世峰：《价值：哈特曼对道德基础的构建》，光明日报出版社2006年版，第90—91页。

② 金生鈜：《为什么说价值是教育性的》，《湖南师范大学教育科学学报》2015年第5期。

最后，引导个人理想标准与社会理想标准相统一。理想是依据客观现实条件、基础而确定的未来状态或目标，具有可实现性。个人的人生理想是个人人生价值追求的呈现，在个人的人生成长之中起着重要的导向作用。理想信念是思想政治教育的核心，大学生思想政治教育生活化立足于教育对象的现实生活世界，使主体与客体、社会与个体、真理与价值的二元价值分裂得以突破。现实生活的价值与意义，通过理想信念教育在学生个体中得以生成。理想信念教育，需要以学生的现实生活为根基，来设定自己的价值目标，进而才能使理想信念教育有真实存在的基础。大学生思想政治教育生活化，是对现实生活世界所属意义的还原与拓展。人作为一种主体性存在，不仅仅是生命的存证，更是一种意义的存在。只有对现存世界的价值进行追问，才能将这种价值存在建构。只有对现存世界的价值进行追问，才能让个体将这种价值判断自主纳入或建构于自己的思想观念之中，不断内化、升华为理想信念而毕生坚持与坚守。大学生的理想信念教育脱离现实生活世界，就会成为没有号召力的空洞口号或是死板的教条，无法让学生能够发自内心地认同与坚守。大学生思想政治教育对生活的回归，通过克服事实引领与价值引领之间的割裂、科学世界与生活世界的分裂，在学生个体的共同感知与体验下获得认同，并能在主体的世界中获得超越性的发展。[①] 同时，教师还需引导学生正确看待社会发展需求与个人发展目标之间的关系进行合理定位，既要能够直面生活世界的现实问题，又要客观地对待理想目标，使理想信念教育既符合客观现实的需要，又能够对现实进行超越而走向理想之境。理想信念中既包含着对人生价值的理解，也包含着对社会理想的坚定信念与坚定不移的追求。学生作为独立的个体，具有自主性与自为性。同时，需要引导学生确立自己的主体性目标，不断激发学生去实践的动力，不断将社会理想目标转化为自己的奋斗目标，将社会理想作为自己行为的规范与引导，在对社会理想的追求中实现自己的人生价值。作为大学生，已经具有独立思考、选择与判断的能力。大学生

[①] 吴云、王强：《大学生理想信念教育中道德信仰的作用机制——以"生活世界"为根基的哲学解读》，《高校教育管理》2007年第1期。

思想政治教育生活化，不仅需要尊重学生的独立性，还要引导他们对理想目标进行正确的判断与抉择，并能够作为终身目标去追求，对学生的自主性给予肯定，肯定他们对自我价值的追求。在此基础上，教师作为引导者，指引学生能够客观地看待自己的理想目标，将社会理想作为生活实践的导向，将人生价值作为生活实践活动的指引，在自主自愿的行动中，实现个人理想与社会理想的统一。①

二 成人做人与责任担当相统一

首先，成人做人与责任担当统一于德性养成之中。立德树人是大学生思想政治教育的根本任务，也是时代发展要求的体现。成人是能够成为一个完整的人，使自己能够成为一个属己的整体，完整个性是作为完整个人的内在要求与本质属性。立德树人作为大学思想政治教育的根本任务，这就需要大学生思想政治教育中"树立多样化人才观念，尊重个人选择，鼓励个性发展，不拘一格培养人才"②。"培养什么人，是教育的首要问题。"③ 在教育教学活动实施的过程之中，既要立足于时代需求、党的中心任务，培养能够担任中华民族伟大复兴的时代新人，还要能够尊重学生已有的个性特点，创设能够实现培养目标与利于学生成长成才的有利环境。成人意味着在行动之中展现自己特有的本质属性，使自己能够成为一个完整的自己。从哲学、教育学等不同的学科角度来看，成人包括生理、心理等方面的成熟与完善，能够将自在存在的自然个体转化为合社会性存在的自为个体，使之成为真正意义上的人。大学生思想政治教育回归生活世界的目的在于使学生成为完整的人，并能在有限的生命历程中，作为拥有独立完整个性的个体，在人生的历程中既能够实现个人的人生价值，还能够承担民族、国家、社会所赋予的重大使命，承担自己应尽的责任与义务。大学生思想政治教育对生活世界的

---

① 王柏棣、王英杰：《大学生理想教育的现实性维度》，《东北师大学报》（哲学社会科学版）2018 年第 6 期。

② 《国家中长期教育改革和发展规划纲要（2010—2020 年）》，http://www.moe.gov.cn/srcsite/A01/s7048/201007/t20100729_171904.html，2020 年 9 月 30 日。

③ 《十九大以来重要文献选编（上）》，中央文献出版社 2019 年版，第 647 页。

回归，不仅仅是引导大学生能够适应当下的现实生活世界，还要引导学生在有限的生命历程中，作为拥有独立完整个性的个体，需通过外在的教育影响，引导个体从自在自为生长成自由自觉的生命个体而存在，能够将作为人的同一性与差异性相统一。正如"教育和教育学的旨趣即在成人"①。"成人"是教育目的的指向，其中还包含着教育者对于整体教育活动科学、理性的把握，还有教育手段的合理、有效。个体身上所具有的独特个性与"成人"之间有着密切的联系，个性作为个体内在特质的重要组成部分，在完整人格与人的全面发展中起着重要的作用，完善的个人需要具备完整的个性，而真正意义上的"成人"又包含着人的个性的解放。尼采曾提到，教育追求全面、和谐发展与独特的天赋。这就如同圆周与中心的关系，它们是内在的统一。作为理想的教育者，不但能够发现个体的独特禀赋，而且还能够不因这样的发现而破坏个体的和谐发展。大学生思想政治教育对生活世界的回归，需要以教育对象的人格特质为基础，创设适合教育对象成长与发展的外部环境，使教育对象能够展现独特的生命活力，成全其完整的个性与人生。成人做人意味着个体不仅是作为完整的人而存在，还需要学会求知、做事、做人、合作、分享、生存与生活，实现个体性与社会性的相互统一。大学生思想政治教育对生活世界的回归，需要在正确看待与尊重学生主体地位的基础上，充分发挥学生的自主性与创造性，协助学生实现完满人格与完整个性的协调与统一。从历史发展的演进来看，成人做人是教育的生成逻辑。中国古代儒家的学以成人的思想就是人的个性养成，成人成为德性养成的核心，通过求知与实践来培养个体的成人与做人，而所成之人也并不是孤立的存在，而是通过自我的修养与提升，最终能够致力于服务整个社会，这不仅呼吁了立德树人的教育目的，还体现了成人做人与责任担当的统一。②

其次，成人做人与责任担当统一于完整个性之中。人类本质由人自

---

① 项贤明：《泛教育论——广义教育学的初步探索》，山西教育出版社2000年版，第521页。
② 王俊琳、李太平：《个性"成人"教育的生成逻辑与创新理路》，《广西社会科学》2020年第12期。

身的创造活动而生成，人类生命通过教育得以成就。"人在创造生活的活动中交往，并在与自然界与他人的交往中产生语言和文化。"① 人类生命的生成机制是交往实践，人的自主性、能动性、超越性展现于对象性活动和他人的关系之中。大学生思想政治教育生活化，引导个体的成人与做人，这意味着个体对现实生活与社会交往实践的构建与生成。② 大学生思想政治教育生活化是对学生完整个性的培育与引导，在促进学生主体性生成的同时，还要注重全面发展，在具体的实践过程中，呈现出个性教育、主体性教育与全人教育三位一体的立体化教育模式。从人类主体的角度来看，促进个体主体性生成，促进个体全面发展的教育。③ 所谓成人，核心在于实践，在实践中生成一个具有实践本性的"人"④，"即努力在做人中寻求成人的意义"⑤。成人与做人统一于个体的行为与实践之中，一方面通过自己做的事对自身进行定义，另一方面又在做事的过程之中生成属于自己的意义世界。正如个体的本质决定了他是什么样的人，但同时他的本质又由自己掌握，并利用自身的行为来进行塑造。⑥ 人的成长是一种生存论事实，并非完全依赖于知识进行把握，成人做人不仅是教育的目的，还作为必然诉求存在于人类社会的发展之中。大学生思想政治教育具有不可替代的存在意义，通过教育实践影响着人的成长与发展，在师生的互动中不断构建生命成长与精神交往的共同体。⑦ 教育能够影响个体一生的价值定向和爱的方式。⑧ 大学生思想政治教育对生活世界的回归，需要以立德树人为核心，在历史发展

---

① 高清海、胡海波、贺来：《人的"类生命"与"类哲学"——走向未来的当代哲学精神》，吉林人民出版社1998年版，第404页。
② 冯建军：《教育成"人"：依据与内涵》，《教育研究与实验》2010年第6期。
③ 冯建军：《教育的人学视野》，安徽教育出版社2008年版，第69页。
④ 鲁洁：《做成一个人——道德教育的根本指向》，《教育研究》2007年第11期。
⑤ 何怀宏：《学以成人，约以成人——对新文化运动人的观念的一个反省》，《中华读书报》2015年10月28日。
⑥ ［英］齐格蒙特·鲍曼：《作为实践的文化》，郑莉译，北京大学出版社2009年版，第82页。
⑦ 王俊琳：《雅斯贝尔斯论大学师生爱的理解与精神交往》，《高教探索》2019年第3期。
⑧ ［德］雅斯贝尔斯：《什么是教育》，邹进译，生活·读书·新知三联书店1991年版，第1页。

与未来社会之间，在个体发展与社会生活环境之间，寻找到成人做人教育的发展与创新空间，帮助学生完整个性的养成，还要使学生能够成为立于天地之间，实现自己最大人生价值的人。同时，让学生养成终身修养的习惯，在实践中不断磨炼自己的品格和意志，不断塑造与更新自我。使学生能够适应社会生活，并能够不断反思当下的生活状态，通过人的全面发展目标，促进完整个性的养成。大学生思想政治教育对生活世界的回归，通过思想政治教育与生活的连接，让学生在潜移默化、日用而不知的状态下养成终身修养与自律的习惯，在实践中不断磨炼自己的品格和意志，不断塑造与更新自我。大学生思想政治教育生活化是将思想政治教育回归于生活之中，使教育生活回归至现实的社会生活之中，通过立足于现实生活世界的具体化教育实践活动，使学生能够积极适应当下的生活，并能够不断审视、反思当下的生活状态。通过未来社会理想的指引，自觉地承担自己作为时代新人应当担负的责任与义务，不断促进自我的完善与完整个性的养成，使自己成为国家、社会所需要的人，同时成长为德智体美劳全面发展的人，成为能够为中国特色社会主义事业奉献终身的有志青年。

最后，成人做人与责任担当统一于立德树人之中。古代思想教育从性、道、教三个方面探索了道德修养与教化的原理，正所谓："天命之谓性，率性之谓道，修道之谓教。"①《学记》从教学与化民的两者关系出发，指出教育具有改善人的内在气质与道德修养的作用。孟子认为要将教育放在首要位置，理想国家的目标是礼让，其政治理想是仁政与德治，要致力于塑造独立且有尊严的社会个体，促进个体的个性、才能、志趣等各方面的发展。宋明理学既重视塑造人的精神层面的塑造，也重视伦理、道德教化对于人心理的的拓展、延伸与升华。马克思主义理论在近代以来得到了广泛的传播与发展，在人的全面发展学说之中强调了教育对于人的发展的影响作用，而人的全面发展不只是智力或者是体力的发展，还是个性、才能、志趣等各方面的综合发展。马克思从社会生产发展的角度，提出了人的全面发展学说，以此说明人的全面发展是社会历史发展的必然。大学生思想政治教育对生活世界的回归，不仅要观

---

① 《论语　大学　中庸》，陈晓芬、徐儒宗译注，中华书局2011年版，第288页。

照个体的现实需求，尊重个体的身心规律，其教育目标、内容与具体历史条件下的社会发展方向与需求相一致，能够准确地把握社会、个人与思想政治教育之间的关系。学生作为独立的学习个体，其自我成长的需要，既来自完满个性的追求，也来自对社会需求与时代要求的觉悟与内化。大学生思想政治教育生活化，需要将个体的完善与民族复兴的时代重任相结合，把个体放置于社会场域之中，融入社会的发展之中，不断向社会开放，从而获得真实而完满的自我。大学生思想政治教育需要明确为谁培养人的问题，思想政治教育工作者需要引导大学生认同并拥护党的各项路线、方针与政策，要能够认同并拥护社会主义制度、道路、理论与文化，要能够树立为共产主义奋斗终生的远大理想。大学生思想政治教育对生活世界的回归，应当对受教育者进行确定、具体、明确与系统化的教育影响，让受教育者能够养成所期望的内在品质。① 学生作为独立的学习个体，其自我成长的需要，既来自完满个性的追求，也来自对社会需求与时代要求的觉悟与内化。在一定历史与社会发展的时期，国家所制定的总的教育方针、目的与原则，反映了国家的整体教育意志与价值取向。在中华人民共和国成立以后，明确需要培养"有社会主义觉悟的有文化的劳动者"②。随后相继出台的教育政策与法规，都是围绕着应当培养什么样的人。在学校思想政治课教师座谈会上，需要思政课教师能够进一步明确为谁培养人、如何培养人和怎样培养人的问题，强调立德树人是思想政治教育的根本任务。立德作为树人的前提，是成人做人的根基，明德至善是成己成人的第一要素。树人作为立德的归宿，是立德的最终指向。同时通过个体生命的整体性投入，使个体在理论学习与实践中获得真正的生活智慧与人生价值，并在生活中发挥创造性。大学生思想政治教育生活化，需要将个体的完善与民族复兴的时代重任相结合，把个体放置于社会场域之中，融入社会的发展之中，不断向社会开放，从而使个体获得真实而完满的自我。③

---

① 顾明远：《中国教育的文化基础》，山西教育出版社 2004 年版，第 3 页。
② 《邓小平文选》第 2 卷，人民出版社 1994 年版，第 103 页。
③ 孟筱、蔡国英、周福盛：《新时代教育发展的历史逻辑、理论意涵与实践路径》，《北方民族大学学报》（哲学社会科学版）2019 年第 6 期。

三 内部自律与外部他律相统一

首先,生活秩序与政治秩序的相互统一。政治与生活不可分割,两者相互融合,在生活中处处、时时都有政治,政治中随时展现出生活的不同层面与面貌,政治观念体现于社会日常生活之中。在传统教育中,古代儒家为落实理想政治与实现理想社会,通过生活之中的礼仪、规范、制度等对人们的日常生活做了相应的规范与要求,在大众日常生活的行动与规范之中,融合了儒家所宣扬的传统价值观念。传统观念的继承与深入人心,需要将真正的传统融于人们已有的文化心理结构之中,使人们的情感能够共鸣,沉淀至自己的思想与行为之中。儒学之所以能够传承至今,在人们的生活之中产生重要影响与作用,就是源于它不仅仅是作为一种学说、思想或是抽象的理论思想而存在。它已融入人们日常生活之中,人们日常行为处事所展现的心理结果之中,还内化为国民性格中的一部分,对国民的民族心理也产生持久性的影响。就如很多农民不了解甚至不认识孔子,但是由孔子所开创的宗法制,社会关系之中的长幼尊卑、传统社会中的天地君亲师等已渗透在他们所遵循的思想观念、情感意识、风俗习惯与生活方式之中。[①] 儒家学说真正的生命力在于,以儒家倡导的价值体系塑造而成的生活方式,这也是中国古代传统政治体制能够延续漫长千年的关键所在。传统礼制规范下所形成的生活方式与生活规范,对于进一步认识与分析中国传统政治体制有着重要的价值与意义。中国古代儒家的礼治思路在《礼记》中得到了集中的阐释,通过礼来实现社会的有效治理。礼在中国古代社会中,有仪式、制度与政令等多重含义,[②] 它是政治意志与生活规范的代表,蕴含着礼的政治化。"所谓礼的政治化,就是指,'礼'由礼乐文明的体系愈来愈被理解为、强调为政治的合理性秩

[①] 李泽厚:《中国现代思想史论》,生活·读书·新知三联书店2008年版,第158—160页。

[②] 李安宅:《〈仪礼〉与〈礼记〉之社会学的研究》,上海人民出版社2005年版,第3页。

序，强调为伦理的原则和规范。"① 在日常生活之中，生活规范转化为政治秩序和伦理规范，礼仪制度与规范成为了重要环节与中介，同时被赋予了政治的意义与属性。在《礼记》当中虽然展现的是古代日常生活中诸多的生活规范与礼仪制度，但是这些规范背后所隐喻与传达的是理想生活与政治的期许，它力求对社会个体成员的行为习惯进行生活上的规范与约束，进而实现政治的稳定与统一。政治秩序以现实的生活规范为基础，通过对生活规范的强化又同时反作用于生活规范，而这一过程展现的是生活与政治之间的相互作用与互动关系。一方面使政治价值倾向与追求落实在现实生活之中；另一方面使现实的日常生活能够富有政治的生动性与自由特性。古代儒家的礼主要表现在名与器两者之上，名具有抽象性、器具有可视性，呈现于日常生活的具体活动与事务之中，并对日常生活的诸多方面都做了相应的规范与要求。为了维系生活秩序的稳定，礼对人们的日常生活做了秩序化的安排与规范，以此推进政治秩序的稳定与社会秩序的安定。马克斯·韦伯认为："'政治'就是指争取分享权力或影响权力分配的努力。"② 《礼记》对于日常生活的相关规定与要求，体现了等级秩序与权力分配。日常生活中的礼仪，既是政治秩序与社会秩序的现实反映，也是政治社会秩序的基础。规范的目的在于克制人的欲望，它不仅节制人的行为，还将生活的意义赋予其中。在现实生活中，人若没有了规范，就没有了生活的成法，就会使人由此感到彷徨、焦灼与不安，这样的状态下，就易于让人做出一些有别于日常的荒谬行为。③ 任何社会之中，都有着一套明显或是隐含的生活规范来规范人在日常生活中的行为，塑造个人的行为，④ 而这种规范暗含于人们的日常生活的诸多方面或是具体的生活情境、场景之中。大学生思想政治教育对生活世界的回归，需要实现个人行为规范与社会价值

---

① 陈来：《古代思想文化的世界：春秋时代的宗教、伦理和社会思想》，北京大学出版社2017年版，第253页。
② [德]马克斯·韦伯：《学术与政治》，冯克利译，商务印书馆2018年版，第45页。
③ 张德胜：《儒家伦理和社会秩序：社会学的诠释》，上海人民出版社2008年版，第11页。
④ 朱承：《生活政治化与政治生活化——以〈礼记〉为中心的考察》，《上海大学学报》（社会科学版）2013年第6期。

取向的统一，才能将社会要求的政治意识形态转化为学生内部的心理结构，融入学生的日常生活之中，外化于日常生活方式与行为之中。

其次，真善美的高度统一。无论是人类的社会生活之中，还是政治生活领域，都有着对真善美的一致追求。审美追求与价值取向，内含于人的政治活动之中，真善美的统一内含于社会主义政治文明之中。因此，它区别于过去的一切政治文明。人类在发展的历程中，对真善美有着永恒的追求，它们贯穿于社会、经济、文化生活的方方面面。政治作为社会发展的重要部分，既是调节社会的机制，又是人的活动形式，蕴含着个体对自然世界、社会现实以及自身的认识、服从与顺应，对个体活动与外在世界的能动选择与改造，以及最高政治理想的向往与追寻。真善美的高度统一，是世代政治活动追寻的理想目标与境界。政治作为社会存在的重要组成部分，社会发展的客观规律制约着政治的发展，而政治现象、政治运动与变化的规律又体现了社会整体发展变化的价值取向。社会发展与政治生活有自身的客观规律，个体需要不断在实践中探索、发现、认识与掌握，违背了客观社会发展规律与政治生活自身的客观规律，在具体的社会实践之中就容易遭遇艰难险阻与挫折。真善美的尺度蕴含于人的实践活动之中，现实生活关涉到个体的目的、利益与意图，以及明确的价值取向。为了实现自己的根本利益，人们通过求真来达到自己的意图或目的，而在人进行自我确证或是对人的全面发展进行追求的时候又离不开美的尺度，无论是对于人的终极意义的追寻，还是各类政治活动的具体化，都不过是人的本质力量对象化的过程，是人关于自身不断进行自我创造、自我呈现的过程。人类社会文明的进步与发展，在于不断追寻真善美三者之间的高度统一与和谐。社会主义政治文明的产生与进步，既符合人类政治文明发展的规律，也体现了最高的人民的根本利益和需求。大学生思想政治教育作为社会主义政治文明与精神文明的重要组成部分，需要引导个体的行为与活动要向真、向善与向美，一方面促进个体道德品质与素质的提升，另一方面能够促进社会主义政治文明与精神文明的发展与建设。

最后，生活养成与行为习性的有机统一。大学生思想政治教育不仅需要关注现实生活世界中，个体的生理与心理基础、情感倾向，还需要关注因不同生活背景个体所呈现出的异质性。不同历史时期和社会阶段的思想政治教育在对于社会存在、人的整体规定性上有着诸多共性，但是在表现形式上却有着诸多不同。一定阶段的教育对象有着诸多共性，但是在表现行为上却有着诸多不同。伴随社会的发展需求，依据国家的现实状况，大学生思想政治教育生活化需要引导个体在现实生活中，能够正确地处世、行事与立身，将为人、为事、为民之德内化为自己的德行，才能够让个体成为一个现代社会的合格公民。[①] 日常生活习惯、行为的养成与理想价值教育，需要注意教育的阶段性与层次性，使教育实践活动既能符合教育规律，也能符合人的全面发展规律。作为一种日常生活领域的传统习惯或行为，想要进行改变，有时比政权的推翻还要困难。人的发展受日常生活的影响较大，时间较为久远，意义也较为深远。对于人的内在精神与心理世界的改变，想要实现对人的内在品质与外在行为的塑造与改变，就要深入到人的日常生活之中，通过科学划分进行层次化、阶段化的教育。不同时期与不同阶段给予不同的教育内容与影响，从生活养成教育到行为习性的形成，再到行为规范的教育。[②] 大学生思想政治教育对生活世界的回归，需要关注受教育者个体的心理特征、年龄特点、个人成长背景以及社会发展需求，在日常生活中进行行为规范与习惯的引导、培养与塑造，实现个人行为规范与社会价值取向的统一，实现行为规范秩序与政治社会秩序的统一，将正确的世界观融入其中。

四 个人发展与社会发展相统一

首先，引导个体对于美好生活的价值认同。历史总是伴随着人们追求美好生活的脚步向前发展的。当前"我国社会主要矛盾已经转化为人民日益增长的美好生活需要和不平衡不充分的发展之间的矛盾"[③]。"人

[①] 龙柏林：《道德教育：在日常生活与非日常生活之间》，《学术交流》2003 年第 10 期。
[②] 谭培文：《日常生活世界：人的全面发展的现实平台》，《学术论坛》2004 年第 2 期。
[③] 习近平：《决胜全面建成小康社会 夺取新时代中国特色社会主义伟大胜利——在中国共产党第十九次全国代表大会上的报告》，人民出版社 2017 年版，第 11 页。

世间的一切幸福都需要靠辛勤的劳动来创造。"① "幸福都是奋斗出来的，奋斗本身就是一种幸福。"② 习近平总书记的这些讲话蕴含着美好生活的目标与动力源泉。③ 思想政治教育引领生活、指向生活，最终服务于生活。大学生思想政治教育的本真状态，在于对一种可能性价值世界的追求，在大学生的人生成长过程中起着人生价值导向的作用，使大学生能够更深刻理解个体生命价值的意义以及未来生活之中如何建构自己所属的生命意义。大学生思想政治教育生活化，教育者需引导受教育者既能真实地理解当下的生活，还能够追寻一种生活的内在价值意蕴，进而不断探索生活的目的与意义，不断思考应该过什么样的生活，什么样的生活是值得过的。④ 教师需要从个体生命价值实现的角度，教会学生珍惜当下所拥有的生活，同时致力于未来美好生活的追求与创造，以及实现对于幸福的追求。中国共产党作为国家、社会事务与社会生活方方面面的领导核心，为人民谋求幸福生活是百年奋斗以来未曾更改的初心与使命，民众对于美好生活的追求与向往，是国家能够形成强大凝聚力的原动力。在国家建设与社会发展之中，只有让民众形成团结一心共同追求的理想目标，才能够形成强大合力推进整个中国特色社会主义事业的建设。教师需要从个体生命价值实现的角度出发，教会学生珍惜当下，努力实现对幸福的追求。教师需要引导学生对美好生活价值意蕴的深层次理解，能够正确看待社会发展过程中的价值冲突。在多元价值观念中学会辨析与选择，从美好生活的本源与所处历史维度的认识中，获得对美好生活的理性价值认同。教师需要让学生认识到，美好生活是物质生活与精神生活的统一，它的实现不仅需要时间、空间，更需要一代代人的努力奋斗与不懈的拼搏才能实现。自我在生活共同体中具有重要的价值与作用，个体以生活实践作为起点。通过对内部价值结构的塑造，实现物质生活与精神生活的统一，以此符合美好生活的现实要求。

---

① 《习近平谈治国理政》，外文出版社2014年版，第4页。
② 习近平：《在北京大学师生座谈会上的讲话》，人民出版社2018年版，第12页。
③ 项松林：《马克思的生活理论及其时代价值》，《南通大学学报》（社会科学版）2019年第2期。
④ 李长吉、秦平：《教学应该回归怎样的生活世界》，《中国教育学刊》2005年第10期。

美好生活不是固定僵化的，也不是某一种刻板的生活模式，而是一种动态、开放、包容与发展的生活，个体一方面能够实现自我的价值与利益追求，另一方面能够促进美好生活共同体的构建。① 高校思想教育对生活世界的回归，需要让学生认识到美好生活目标的实现也是自我价值的实现，在具体的生活实践中，给予生活更多的正价值与正能量，通过个人生活状态的改善与生活质量的提高，促进美好生活的实现。②

其次，引导个体适应生活共同体的构建。在当代中国的社会发展中，美好生活已经成为社会发展目标中的核心目标之一，思想政治教育需要引导个体的价值观念对此目标进行回应。在新时代背景下，美好生活以新的形态和观念进入到人们的视野中，对于美好生活的追求，首先需承认个体之间的共在与共存、以此形成的共同生活。思想政治教育通过引导个体对自我的反思与重塑，再通过关系性自我的存在的个体设定，以此构建生活共同体。大学生思想政治教育生活化，所倡导的实践性与生活化，为美好生活共同体的建构给予了现实的原则。伴随着不同历史时期、历史阶段，社会主要矛盾的不断转化，思想政治教育也需要根据不同的时代需求、社会特点、历史条件等进行调整与变化。思想政治教育和在社会之中存在的事物一样，同样依赖于现存的一切社会历史条件，以具体的社会历史条件转移而转移。美好生活的追求、向往与构建，既是整体社会生活实践的创造变化，也是个体生活理想与目标的指引。对于美好生活的实现，需要全体社会成员能够达成共识、形成合力，致力于构建真善美的生活共同体。因为人作为一种关系性的存在，正是有着社会关系，才能让人作为现实的人而存在与确证，人自身也需要在各种关系之中才能生存与成长。从各历史发展阶段来看，对于美好生活的追求是人们共同的价值理性和高层次的精神追求，只是在不同的历史时期、不同的物质水平之下，美好生活所呈现的内涵与价值维度各不相同而已。在新的历史时期，美好生活首先应该是一个和谐的生活共

---

① ［美］弗吉尼亚·赫尔德：《关怀伦理学》，苑莉均译，商务印书馆2014年版，第218页。
② 路强：《关怀伦理与美好生活共同体建构》，《中州学刊》2020年第10期。

同体，也是一个人类命运共同体。从现实生活来看，不仅意味着物质生活的极大丰富与发展，还意味着精神生活的高度发展。个体通过自我价值的实现，使内在本质得以展现，最终能够实现个体自由与全面的发展。美好生活，一方面为个体提供合理的生存空间与价值实现的群岛，另一方面使整体能够获得共享发展。它不仅关涉到个体未来的生活样态，还关涉到人类整体所能拥有的生活状态。具体的个人承担着现实生活中的生活实践，个人自我价值的实现是实现美好生活的关键。在各种关系中的自我确证，通过自我的确证维护生活共同体中的各种关系，并能够在关系的维护中对自我价值进行重构，以使新的价值结构能够符合美好生活的发展需求。大学生思想政治教育对生活世界的回归，教育者除了引导受教育者自我价值的实现，对受教育者个体需求的关注，还要引导受教育者能够适应生活共同体的构建，致力于人类的存在与发展。在倡导个性自由与个体幸福的同时，还需要引导受教育者将共同生活作为出发点，不断重新认识自我，做到小我与大我之间的统一。教育者在对受教育者个人生活进行关注，倡导个性自由与个体幸福的同时，还需要引导受教育者将共同生活作为出发点，不断重新认识自我，做到小我与大我之间的统一。具体的个人承担着现实生活中的生活实践，个人自我价值的实现是实现美好生活的关键。大学生思想政治教育生活化，需要引导个体在各种关系中的自我确证，通过自我的确证维护生活共同体中的各种关系，并能够在关系的维护中对自我价值进行重构，以使新的价值结构能够符合美好生活的发展需求。①

最后，引导个体对美好生活的创造。思想政治教育理论有着具体所指，它并不是脱离现实生活情景和主体性人格的抽象理论，而是存在于生活实践活动之中，承载着个体自我成长与发展的理性诉求与价值期许。从思想政治教育的本质来看，现代思想政治教育需要结合时代与社会的发展需求，引导个体对美好生活的创造，并致力于完整生命个体与健全人格的养成，以此引领新的文明风尚，实现对当下生活的超越。思想政治教育所具有的本体性价值，总是围绕有关人的培养问题而展开

---

① 路强：《关怀伦理与美好生活共同体建构》，《中州学刊》2020年第10期。

的。斯宾塞就曾说过，教育是为我们的完美生活做准备。① 杜威则认为教育就应该是生活的过程，不仅仅只是为未来生活而做准备。学校教育需要呈现当下的生活，使个体能在生活的过程中学习。两位教育家都强调了生活对于教育的重要意义，强调了教育所具有的生活性与人本性。思想政治教育存在的价值在于，让人能够认识自己的本质，使人能够成为人本身，能够作为现实生活的人而存在。大学生活是大学生从高中过渡到社会的重要阶段，也是成人的关键阶段，思想政治教育者需要引导受教育者能够过理性消费、互助合作、体面道德、有意义的可能生活与高尚的精神生活，② 通过正向的教育与引导，使教育对象成为真正意义上能够独立存在、独立思考与判断的个体。大学生思想政治教育生活化，更加关注人作为现实个人的存在方式，引导个体能够以现实的个人而存在与生活，并促使个体能够找到通向美好生活的通道。美好生活是生活的一种类型与体验，不同时期有着不同的定义与标准，受着不同的人生观与价值观的影响。理想的教育生活应当是有活力与充满生命力的，大学生思想政治教育对生活世界的回归，旨在让教育对象能够体验这样的教育生活。在这样的教育生活之中，思想政治教育者与教育对象之间是一种自然和谐的关系状态，所开展的教育都是面向美好生活的教育实践活动。受教育者需要通过知识与实践获得个性的自由与解放，在现实生活实践中努力追寻较高的生活质量，进而唤醒内在的精神状态与生命。③ 生活不仅是教育的起点，也是教育的价值旨归。大学生思想政治教育生活化，致力于构建一种完整、理性与道德的生活，追求真善美的高度统一，以及高尚情操与健全人格的养成，同时还是沟通不同生活状态与样态的桥梁，即未来与当下、整体与个体。大学生思想政治教育对生活世界的回归过程中，思政教育者需要不断激发教育对象的主观能动性，尊重教育对象的主体性，激发教育对象的主体意识，让教育对象通过自我反思、教育、管理等不断形成坚定的内在信念和自觉自为的行

---

① 张焕庭：《西方资产阶级教育论著选》，人民教育出版社1979年版，第419页。
② 冯建军：《道德教育：引导幸福生活的建构》，《高等教育研究》2011年第5期。
③ 联合国教科文组织国际教育发展委员会：《学会生存——教育世界的今天和明天》，华东师范大学比较教育研究所译，教育科学出版社1996年版，第61页。

动。在对当下生活反思与审视的过程之中，不断获得对于生活本身的觉解与深层次的理解，能够通过现实生活实践，不断追求与创造属于自己的美好生活。个人美好生活目标的实现，在于不断激发个人的内在意愿和动机，而非外在的强制给予。"凡是个人出于自由意愿而做之事，都不在计划之内。但是，可以给予一定条件，使人的自发性比在其他条件下更容易发挥出来。"① 美好生活是一种公共生活，人存在于一个共在的世界之中。公共性呈现于社会生活的各个领域。大学生思想政治教育生活化，旨在让学生在具体的现实社会生活实践之中，能够树立共享的公共文化与价值信念，使个体性与公共性能够有机统一与融合。在追求个体性的过程中，不忘记人与人之间共在的特性，以此形成自我的完整性。同时，通过自我与公共的融合，不断扩展与充盈自己当下的生活。在扩展与充盈自己当下生活的实践活动中，提升自己的生活境界，成长为健康的生命，并养成完整的人格。② 高校思想政治教育对生活世界的回归致力于构建一种完整、理性与道德的生活，追求真善美的高度统一，以及高尚情操与健全人格的养成。同时，在扩展与充盈自己的现实生活实践之中收获良好的生活体验，通过科学、合理的生活方式的指引，沟通当下生活与可能生活、类生活与个体生活，促进受教育者通过现实生活实践，不断追求与创造属于自己的美好生活。

第三节 大学生思想政治教育回归生活世界的重要内容

一　将理想信念融于大学生的生活理想

第一，家国一体的爱国情怀是时代的主旋律。在孔子的仁学中，爱国主义的价值情怀与精神追求是家国一体的，它作为一种文化价值而存

---

①　[德] 雅斯贝尔斯：《什么是教育》，邹进译，生活·读书·新知三联书店1991年版，第24页。
②　董辉：《"美好生活"本位的现代教育伦理信念及合理性辨析》，《伦理学研究》2019年第5期。

在。这种文化价值的根基,是孔孟学说之中的爱由亲始和家国一体的理念。孔子曾说:"仁者,人也。亲亲为大。"(《礼记·中庸》)认为人成之为人的基本要求是仁。事亲则是人的首要之义,就是能够尊敬和侍奉父母。他还强调对待父母要尊敬,在侍奉的过程中就像敬奉上天一般神圣,提到事亲如事天。孔子通过对父母的侍奉衍生到对上天的侍奉,使天人关系也带有了血缘性,由此而衍生出来孝亲的要求。孟子曾说:"仁之实,事亲是也。"(《孟子·离娄上》)"亲亲,仁也"(《孟子·告子下》),说明了爱由亲始,并将仁与孝相统一,将孝悌视作为人之本,同时也是仁最基础的要义。人固有的本性是仁爱之心,爱由亲始,通过孝亲再爱及他人,使爱亲进一步拓展至社会层面,使社会关系能够更加和谐与稳定。在具体的实践之中表现为"己欲立而立人,己欲达而达人"、推己及人"泛爱众"之爱民精神。孟子说"亲亲而仁民,仁民而爱物""老吾老以及人之老,幼吾幼以及人之幼"。仁爱精神体现为爱亲、爱民与爱万物,[①] 所谓的"仁"就是"孝悌","而孝悌之道,则贵能推广而成为通行于人群之大道",[②] 即通过孝悌而升华至普世情怀。孔孟仁爱学说的爱亲、孝亲作为一种动态变化与生成的思想要求,逐渐上升为一种政治伦理理念,提升至爱家与爱国、家国一体的崇高思想境界。在古代封建社会中,孝与家有着深刻的理念内涵,作为社会存在的个体,只有先孝于亲,才可能忠于君,而古代社会的君已超越了个体的存在是作为国家的象征。孝亲而忠君的思想经过长期的历史沉淀,使传统政治形成了求忠诚需孝门之子的情结,如黑格尔所说"中国纯粹建筑在这一种道德的结合上,国家的特性便是客观的'家庭孝敬'。中国人把自己看作是属于他们家庭的,而同时又是国家的儿女"[③]。由此揭示了家国、忠孝之间的内在关系。孔子提出的仁实际上是爱家、爱国与爱民的精神品格体现,蕴含着以天下为己任的社会责任感,并根植于文化历史发展长河之中,形成了爱国主义的最初形态。作为一种文化价值,

---

[①] 吴光等:《王阳明全集(第2册)》,上海古籍出版社1992年版,第415页。
[②] 吴光等:《王阳明全集(第2册)》,上海古籍出版社1992年版,第415页。
[③] [德]黑格尔:《历史哲学》,王造时译,上海书店出版社2006年版,第114页。

其构筑了中华民族历史发展的根基。大学生思想政治教育对生活世界的回归，需要用己—家—国的仁爱理念引导个体的生活理想，使个体从自身的行为修养出发，通过对家人的关爱延伸至对他人、国家与社会的爱。

第二，引导个体小我与大我的相互融合。中华民族伟大复兴中国梦的实现，就是民族振兴、国家富强与人民幸福。从生活的视角来看，党的领导以人民为中心，以广大人民群众最广泛的利益为根本利益。人民幸福的理念既来源于中国的传统文化，也是当下人民群众现实生活梦想的表达与诉求。所谓幸福，不仅是生存需求的满足，是物质生活与精神生活两方面的富足。所谓的理想生活，不仅是生存需求的满足，不仅需要满足个体的现实需求，还要回应需求的多样性。中国梦是人们对美好生活追求的过程中，理想性与现实性、个体性与公共性的结合。在充分尊重个体生活理想与精神需要的基础上，凝聚的共同生活理想。作为个体的生活理想是美好生活，作为国家、民族的理想是民族振兴、国家富强与人民幸福。个体的生活理想需要与国家、民族的共同理想相融合，以己—家—国的理念与情怀，不断塑造自己的思想观念意识与道德品质，不断将小我融入大我之中，又通过大我指导小我。通过自我的发展、提升影响至身边的人，融入国家的发展与建设中。通过自己行为规范与价值观念的塑造，形成正确的价值观与行为方式。通过自身修为与素质的提升，实现家庭幸福、和谐。每个个体生活理想的实现，就是中国梦的最终达成与落实。教师需要引导学生从生活的角度理解当代中国人共同的生活理想，使学生个人的生活理想与普遍认同的共同理想相融合，不断塑造与提升自己的生活理念与能力。从历史文化角度来看，在传统文化之中所倡导的道德生活理性，就是对德行和涵养的提升，即立德、立言与立功。个体在现实生活中的活动与行为都与德行相关，个人的德行生活与社会的道德风尚、精神文明建设相关联。教师首先应引导学生做一个有德行的人，学会过有德行的生活，才能够实现成己修己的目标。从中国文化的发展史来看，中国文化一直追求和谐关系的建立，如天人合一、身心与人际的和谐等，塑造了一种和谐的生活理想。儒道释三家虽然体现了不同的生活智慧，但是和谐的生活理想都内含其中。

作为自然关系与社会关系中存在的个体，不仅需要追求身心的平衡一致，还要追求各类关系之中的和谐。大学生思想政治教育对生活世界的回归，旨在引导学生对自己内外的和谐与统一，使身心得到和谐发展，让学生学会与自我、他人、社会、自然之间的和谐共生与相处。最终，通过个体对和谐生活的认同与追求，实现社会的和谐稳定与发展，和谐共生生活理想的达成，人类命运共同体的构建。个体生活理想受着心灵生活的支配，需要通过内心的自觉而悟得人生与宇宙的真谛。心性与德性的提升，在于心灵世界的拓展与人生境界的提升。通过个体内在心理结构的塑造与调整与心灵活动的深入，实现人性的觉悟与顿悟，从而能够达到内心的平和、宁静。大学生思想政治教育对生活世界的回归需要结合学生个体的现实生活需求与生存状态，引导学生学会解决现代社会发展过程中所产生的内心焦虑与精神空虚，通过精神与心性的修炼，使心灵能够有所归属，使心灵能够处于一种有根基的状态，过一种能够超越现代性的精神生活。通过心灵生活的重建，让学生能够找到自己的精神信仰，能够自觉重塑生活理想。①

第三，引导个体现实化与理想化的辩证统一。生活理想不仅是一种生活理念，还是一种生活文明，更是一种生活信念。为在生活世界中的人提供价值理想与生活的意义，引导个体能够不断创造自己的生命价值与生活意义。随着生命历程的不断展开，人不断地寻求着自己的安身立命之本与安身立命之所，不断创造自己的生活意义的过程。随着经济社会的进步与发展，伴随现代性的冲击，人们在现代社会中出现生活意义的迷失，而生活理想就是对这种迷失的反思，也是对时代精神与文化精神的探索。生活理想不仅关注生活中个体的理想层面，还要关注个体的现实层面，给予个体双重关怀，即对现实生活与精神生活的关切。人作为实在的存在物，有着自然性与超自然性的矛盾本性，这也就使人的生活具有了二重化。因此，人也不断在天地之间寻找自己的位置，在人文世界中给自己定位。当代生活理想，就是引领个体走出信念危机、精神

---

① 漆思：《中国梦：现代性文明批判与当代生活理想建构》，《南京社会科学》2013年第9期。

危机与意义的缺失,引导个体在现实化与理想化之间进行探寻。大学生思想政治教育对生活世界的回归,旨在立足于现实生活世界引导学生构建自己的生活理想,既满足于世俗化的生活需求,也满足于自身的精神理想追求,在顶天立地之间坚持人文精神的超越性。教育者需要引导教育对象从当下出发,使道德信念与政治信仰拥有坚定的现实基础,能够在现实与理想之间保持一定的张力。既不低于尘埃中过于世俗化,也不高于天地遥不可及,使现实品格与理想信念能够相融合。生活理想需要落实的主体,没有主体一切理想都只是空谈。只有找到坚实的现实基础与实践的主体,生活理想才可能得以实现。从生活的视角来看,共同的生活理想,由每个个体生活理想的实现汇集而成。在中国的传统文化之中,修身、齐家、治国、平天下不仅是古代个体的理想追求,家国情怀也不断沉淀到中华古代的优秀传统文化之中。只有信仰与渴求才能够引发关切,进而引发对现实存在的不满与追问,才能引发对现实生活的反思与超越。大学生思想政治教育回归生活世界,是反思并超越现实的教育,为个体进行现实判断提供标准与参照,而这一价值判断与标准并不是亘古不变的,随着理解的深入与现实的变化而不断发展。在不同的历史时期与社会发展阶段,人们对于生活理想的追寻有着不同的标准与目标,己—家—国的生活价值理念与情怀一直伴随其中,只有立足于此,才能使个体找到自己的安身立命之所,将理想生活与现实生活相结合,将实在生活与可能生活相结合,才能既符合社会现实的价值取向,又能够满足自己个人价值与意义的实现,最终实现生活意义与价值理想的融合,才能让生活理想成为个体生命成长历程上的引路之光。①

二 将核心价值融于大学生的生活经验

首先,用核心价值塑造个体生活经验的正当性。价值观教育不仅是观念上是非对错的教育,还指向于行为的正当性,核心价值包含于价值教育之中。从经济学上的意义来看,价值主要指意义或是作用。价值是

---

① 金生鈜:《教育哲学如何关怀生活》,《复旦教育论坛》2011年第2期。

客体对主体的有用性,是在行动时群体或个体所选择与运用的正当性原则,是个体评价好与坏、对与错、是与非的准则。"价值观念是反映某类客观事物对于人或人类的意义或价值。"① 在现实生活中,当个体在面对价值选择的时候,核心价值观可以引导个体做出是非、对错的正确判断,同时指导自己的正当性行为,帮助个体对正当性原则的合法性进行判断。核心价值观作为一种上层建筑,是具体的、历史的存在,随着社会体制、社会制度与国家性质的不同而不同,它与所处的历史方位、历史阶段、文化环境以及个人喜好倾向联系在一起。大学生思想政治教育,不应单纯给予知识与技能的传授,而是教会学生作为社会存在的个体,如何选择正当性的原则,并能够在选择行为的时候为这种原则的正当性而进行辩护。价值观教育与人们的生活密切联系,它需要将区分事实上的善恶、是非、对错与特定历史文化阶段个体与群体的生活相联系,对于生活是否具有正当性意义而进行判断。它需要不断探索人们的社会生活能够有序展开的内在定理,同时它还是个体行为处事的基本依据。个体生活经验、文化背景以及个人偏好的不同,就会形成不相同的价值观。② 价值澄清学派认为,个体的经验与价值观的形成相联系,对于每个个体来说,价值观也会不时地产生变化,因为它是由某种生活方式凝练的结果,在凝练之后形成的相关评价,某些事物被认为是有价值、正确而值得向往的,由此就形成了所谓的价值观。③ 随着经济的高速发展、文化的多元化,为个体提供了不同的价值选择,同时也冲击着传统的价值观念。大学生思想政治教育回归生活世界,教育者需要在尊重受教育者价值取向与喜好的基础上,进行社会主流价值的引导,使受教育者通过对主流价值观念的了解、认同与内化,才能够塑造自己正确的价值观念,指导自己在现实生活中的行为,并对社会有

---

① 袁贵仁:《价值观的理论与实践——价值观若干问题的思考》,北京师范大学出版社2006年版,第130页。
② 班建武:《基于学生经验的学校价值教育有效性基础及其实现途径——以社会主义核心价值观教育为例》,《国家教育行政学院学报》2016年第5期。
③ [美] 路易斯·拉思斯:《价值与教学》,谭松贤译,浙江教育出版社2003年版,第24—25页。

正确的认识。受教育者只有将所学理论与知识内化,在现实生活中才能对正当性原则进行准确的判断与选择,在面对多元价值、庸俗化人生追求、模糊化道德标准以及繁杂社会思潮的时候,才能以合理的正当性原则指导自己的行为,并能为这种正当性原则的选择加以辩护。同时,对各类社会思潮进行分析、判断与选择时,能够自主地运用主流价值意识、观念与体系塑造自己的价值观念,引导自己的精神需求发展,追求人类的更高层次发展。在精神生活中建构符合社会发展方向、趋势的伦理秩序原则,并不断内化为理想信念,进而实现积极的人生追求。[①]

其次,用核心价值塑造个体生活经验的有序性。意义是通过经验而产生联结的,而个体在社会生活之中的经验各不相同。在特定的历史文化视域之中,每个人对生命历程的展开都需遵循生活的有序性。只有通过经验的意义联结,个体在社会生活之中才能够被接纳,并经营自己的生活。个体在社会生活中呈现出的有序性,总是隐含着行为的选择依据或是正当性的原则。这些依据或原则,随着时间的流逝,逐渐从外部的强制性原则转化为最朴素自然的原则存在,并融于个体的现实生活之中。它们不仅具有示范性与引导性,还演变为一种自然之力,使个体受到潜移默化的影响,日用而不知。个体在特定文化生活中的合理位置与坐标,需要个体行为与他人产生意义的关联,并转化为个体内在的行为依据与价值观念。个人经验是价值观念的重要基础,体现于生活的各个方面。价值观的教育需要与个体的经验发生联系,以此形成行为正当性的正确判断与依据。社会生活之中核心价值观念,是个体与他人、社会、国家等发生意义联结的重要内容。通过主流核心价值观的教育,使个体能够有序地生活,并能够更好地经营自己的生活。在大学生思想政治教育中,社会主义核心价值观是思想政治教育的重要内容。任何一种价值观要发挥作用,都需要融于人们的生活之中。核心价值观教育不能仅仅依赖于简单的说教与灌输,而是需要结合教育对象的具体生活实

---

① 李飞、廖小琴:《后现代背景下青年学生的精神生活透视》,《理论导刊》2015年第9期。

践、生活经验与生活情境给予引导，能够让教育对象对自己的行为规范进行反思与调整，将所学融入自身的成长经验与体验之中。作为思想政治教育者，需要将价值观教育融入学生的现实生活与成长经验之中，通过对学生经验的重塑，其教育实效并不取决于给予了学生哪些价值观念，而是在于这种观念是否融入了学生的个体生活与集体生活之中，并形成了一种价值内涵与文化氛围，让学生在潜移默化之中实现对自己的精神指导，成为学生个体成长过程之中有意义的经验。教师需要找到有效的对接点，与学生的个体经验相联系，并能够利用这个连接点对学生的经验进行塑造与重组，从而建立起学校教育期待并一致的价值体系。教师需要关注学生过去已完成的生命经验历程，以及现在正在开展的生命体验，对个体已有的经验进行调整与改变，对未来的经验进行塑造与培育，使个体能够养成与所处价值环境相契合的价值品质。①

最后，用核心价值塑造个体生活经验的意旨性。实际生活经验作为逻辑意义的最终源泉，具有前理论、自属性、多样性的特征。它总是伴随着个体的动机、倾向与精神世界的意蕴性，并非外部给予或是添加的，而是源于自身。所谓经验，就是指实际生活本身，实际生活经验也并非是将生活当作对象来经验，只有经验者的生活才是现实与实际的。② 核心价值需要个体在现实生活中去领悟与体验，个体实际生活经验是社会主流核心价值理念教育的基础。教育者在进行社会主流核心价值观念的教育时，需要对个体已有的生活经验加以关注。个体已有的生活经验、体验都是由个体以往独特的生活经历凝聚而成，脱离了个体已有的生活经验，就难以深入了解个体的内在需求、特质，难以让个体从内在信念体系、价值观念之中，构建起符合社会发展与个体发展的价值体系。社会的主流价值观念深入人心，需要以个体的现实生活经验为基础与依据，使类经验进入到个体经验的结构之中，使两者能够融为一

---

① 班建武：《基于学生经验的学校价值教育有效性基础及其实现途径——以社会主义核心价值观教育为例》，《国家教育行政学院学报》2016年第5期。
② 朱松峰：《"纯粹意识"与"实际生活经验"——胡塞尔与早期海德格尔的比较》，《广西社会科学》2008年第10期。

体，将两者作为一个连续性的整体。① 个人不可能单独存在而生活，每个个体的生活经验之中都会融入类经验。社会主流核心价值观的教育，就是类经验的传递。它超越了个体实际生活经验的个体性，是一种宏大与超个体性的话语体系与意识形态。我国的社会主义核心价值观，从国家、社会、公民的三个层面树立了整体性的价值引导，通过国家权力来进行确定与号召，以此凝聚了社会整体的价值理想与追求，促进全体公民思想道德素质的提升。

大学生思想政治教育对生活世界的回归，立足于教育对象已有的生活经验、体验，通过对教育对象生活经验的重塑，实现精神生活的重构。教师需要以学生的现实生活经验为基础，使学生能够内化与认同社会主义核心价值观，自觉地调整与反思自己过去的生活经历，塑造当下的生活经验，实现对未来生活经验的引领。社会主义核心价值观，是一种价值追求，既反映了社会发展的前进方向，又反映了全体人民共同的精神价值追求。大学生思想政治教育对生活世界的回归，思政工作者需要将社会主义核心价值观融入大学生的日常生活之中，实现社会主义核心价值观的生活化，引领大学生将社会主义核心价值观作为日常生活的行为准则与生活规范。大学生思想政治教育生活化，教育者引导受教育者在内部树立一个科学的价值体系，能够在自己现实生活过程中，对是非曲直做出准确的判断与选择，以此形成自己科学而合理的价值观念，从而摆脱精神生活物化的困境。教育者在受教育者的现实生活经验与体验中，通过社会主义核心价值观的引领，优化受教育者的精神生活，坚定社会信仰与理想信念，加强对社会主流价值观的理解与认同，进而树立远大的理想信念与追求。

三 用真善美指引大学生的生活方式

首先，真善美是人之为人的在世方式。马克思的生活价值理论，不仅赋予当代人类生活价值与意义，还为个体生活提供了启迪与指导。人

---

① 鲁洁：《德育课程的生活论转向——小学德育课程在观念上的变革》，《华东师范大学学报》（教育科学版）2005 年第 3 期。

在对象化的活动中创造自己的价值,在创造物质生产与生活资料的过程中,形成了个人的生活价值,而在生产自己所学的生活资料过程中,形成了人与自然、他人以及自身三者之间的关系。在社会生活中,人需要处理三大关系即人需要处理人与人、人与自我、人与社会之间的关系,以此形成三大价值体系即真善美。人为了生活,首先要生存,在获取物质资料与生活资料的过程中,需要科学把握对象,由此形成了生活的第一种意义。通过对客观存在的自然规律的认识、掌握与利用形成了真,真即合规律性。人进行生活资料的生产时,需要合作与共同的活动,在这一过程中人需要处理与社会、他人之间的关系,同时需要进行社会生活秩序的建立,以保证正常社会生活的运行。通过社会的约束,保证与维持人类的共存与共生。由此形成善,善即合目的性。通过对象化的活动,人具有了主体意识,意识到了自我的存在。"这些个人的一定的活动方式,是他们表现自己生命的一定方式、他们的一定的生活方式。"[①]在对象化的过程与结果之中,"劳动者欣赏到了自己作为族类的人的本质力量,欣赏到了自己的理想、愿望、聪明、智慧和本领等,正是在这个意义上,劳动充满了喜悦,劳动的规律成了美的规律"[②]。人在自我发展与生命活动中看到了小我与大我的统一,由此产生了生命的愉悦之感。[③] 通过人自我发展规律的了解与把握产生了美,美即合目的性与合规律性两者的相互统一。真善美的高度统一,不仅是现实社会所追求的理想目标,还是作为现实个人在生活世界中所追求的行为处事方式。大学生思想政治教育不仅要对教育对象的思想进行塑造与引领,还要对道德、品质与行为进行规范,以个体的现实生活世界为基础,引领个体追寻真善美的高度统一。大学生思想政治教育的真,是对思政规律与教书育人规律的探寻,这样的探寻需要回到思想政治教育本身和现实的生活世界之上。大学生思想政治教育对生活世界的回归,是使思想政治教育与现实生活世界发生更紧密的联结,将现实的人与现实生活作为根基与

---

① 《马克思恩格斯选集》第1卷,人民出版社2012年版,第147页。
② 蒋孔阳:《人类也依照美底规律来造形》,《扬州大学学报》(社会科学版)1980年第4期。
③ 陈媛:《马克思的生活价值论及其实践意义》,《学术论坛》2013年第12期。

出发点，旨在提升个体的生命体验，引导个体对现实生活经验的反思与塑造，形成科学而健康的生活方式，不断提升作为现实个人而存在的价值与意义。大学生思想政治教育的善，立足于人之为人这一现实性基础之上，尊重思政教育所具有的客观规律，促进个体的人性的完善、品格的完整、修养的提升与德性的养成。美是合规律性与合目的性的协调，个体在思想与行为上的和谐统一，在各类关系之中能够展现出一种稳定和谐的状态。大学生思想政治教育的美，是通过愉悦的情感体验，唤起人的自由感与身心的和谐发展，能够使个体的思想与行为自觉服从社会主流意识形态与价值规范，最终能够达到真善美的高度统一。[①] 真善美是生活的三种基本价值诉求，真善美三者之间的统一是人对生活意义内部结构状态与历史样态的正确把握与理解，也是人对生活赋予意义与提升个体生活质量的重要前提。真善美作为三位一体的立体结构存在于人的生命活动之中，内含于人的生活价值之中。[②] 大学生思想政治教育对生活世界的回归，是将现实的人与现实生活作为根基与出发点，旨在提升个体的生命体验，引导个体对现实生活经验的反思与塑造，最终能够提升人作为人的生命价值与生活质量，从而形成科学而健康的生活方式。教育者需要引导受教育对象，在对真善美三种价值诉求进行实践与创造的过程中，获得生活的意义。

其次，真善美是衡量个体生活价值的尺度。物质生活资料的生产是生活的前提条件，但是人的生命活动还具有超越物质性与超功利性的需求。人能成之为人，在于人有着对自我的认知和需求，有着确证与寻求自身存在价值的精神需求，有着对于真善美的追求。在人的社会生活实践活动中，真善美作为一个整体性价值而存在。只有有价值的生活，才能满足人真善美的生活需要。正如马克思所说："不应该把社会活动的这三个方面看做是三个不同的阶段，而只应该看做是三个方面，或者，为了使德国人能够明白，把它们看做是三个'因素'。从历史的最初时

---

① 侯文华：《高校德育生活化的生成路径》，《南通大学学报》（社会科学版）2011 年第 5 期。

② 陈媛：《马克思的生活价值论及其实践意义》，《学术论坛》2013 年第 12 期。

期起，从第一批人出现以来，这三个方面就同时存在着，而且现在也还在历史上起着作用。"① 由此说明，真善美的价值存在是相同的，都是人的生活的基本组成，也是人之为人的精神追求。三者作为基本价值，在逻辑上可以视作不同的要素，但是在现实生活世界确实作为一个整体性而存在。现实的人的生活所具有的价值与意义，都离不开这三种价值的存在。真善美作为整体，存在于人的生命活动之中，但是在不同的历史时期，三者的整体性结构表现有所不同。在不同的历史发展阶段，三者也表现出比重的不同与非均衡化的结构，由此形成了不同的生活价值样态。三者的历史状态，由所处历史阶段人们的生产水平与生活资料的生产能力决定，其价值结构具有社会历史性。传统社会作为一种生存或是生活的共同体，主要靠地缘与血缘相联结，现实生活的价值取向中倚重于善。"每种技艺与研究，同样地，人的每种实践与选择，都以某种善为目的。"② 随着生产力发展、生产关系的变化与现代化的推进，社会存在的基础与物质生产条件发生了根本性的转变，而科技、技术的快速崛起、资本的大肆扩张，使人们的社会关系与社会生活都发生了重组与重构。在现代社会中，真的价值被放在了首位。物质生产资料的高度发展，资本逻辑渗透于社会生活的方方面面，人的生活价值与意义也发生了重塑，工具理性、科技理性、物化逻辑与资本逻辑凸显，人的生活价值与意义来源于物质生活实践中的真。知识、技能与财富成了衡量成功生活方式的标准，血缘与地缘关系被资本关系所取代，人与人之间的关系变为利益关系。现代社会所倚重的真，是生产效率、工具理性的真，是对商品有用性的过度追求。物质生活资料虽然满足了人的物质需求与功利化需要，但无法满足人的生命活动中的审美需求，使人的生活意义与价值逐渐缺失，无法获得整体性存在的价值体系。③ 大学生思想政治教育回归生活世界，旨在引导学生重构生活的价值与意义，在生活中实现真善美的高度统一，追寻值得过的美好生活。

---

① 《马克思恩格斯选集》第 1 卷，人民出版社 2012 年版，第 159—160 页。
② [古希腊] 亚里士多德：《尼各马可伦理学》，廖申白译，商务印书馆 2003 年版，第 3 页。
③ 陈媛：《马克思的生活价值论及其实践意义》，《学术论坛》2013 年第 12 期。

最后，真善美是解构具体生活世界的标准。随着社会生活的发展变化，人的心理也随之发生了各种改变，随之主体内部的价值秩序也发生转化。由于生活经验与体验的改变，内在的品质结构随之变化，对于价值秩序的理解与排序也随之改变。"构成我们当今整个生活秩序之特色的全部力量，只能基于对一切精神之本质力量的极度反常之上，只能基于对一切富有意义的价值秩序的癫狂般的颠覆之上，而不能基于属于'人的'正常'天性'的精神力量之上。"[①] 在现代社会中，人们既满足于现代社会所带来的富足，又不满于现代社会对人的羁绊，由此呈现出双重的心理状态与矛盾心态。在现实生活中，个体对于真善美的追寻并非只是物质财富的获取与占有，而是获得人格的健全与人之为人所存在的自身的完满。大学生思想政治教育生活化，直面教育对象在现实生活世界中所遇到的具体问题，旨在能够引导学生在应对现实生活之中的矛盾、问题与冲突时，能够拥有独立思考的能力与反思批判的精神，进而形成自身内在所具有的一种理论自觉。通过对生活世界的整体性把握，依照真善美的标准解构具体的生活世界。现实生活的发展变化，是大学生思想政治教育回归生活世界的逻辑起点，个体特定的生活背景，独特的生活经验，形成自己所属的价值观与判断标准。没有对于现实生活的认知，也就无法完全认识与了解现代思想政治教育的根基与立足点，其建立的理论也无法扎根。大学生思想政治教育理论与教育实践的前提，是现代社会中人的矛盾心态与二重心理，以及在此基础上形成的价值秩序。大学生思想政治教育对生活世界的回归，需要了解学生个体未成熟的心态、精神气质、思维特点、人际交往模式与生活方式。大学生思想政治教育生活化，教育者通过社会精神的传授与熏陶，主流意识形态的引导，合理的生活价值秩序指引，使受教育者的人生原则、为人处世与生活方式得到一定程度与范围的塑造和改变。通过真善美高度统一的引导，使受教育者学会选择与判断能够和当下现实生活所契合的合理生活样式和正确的价值观，在自己所属的生活世界中，逐步

[①] [德] 马克斯·舍勒：《资本主义的未来》，罗悌伦等译，生活·读书·新知三联书店1997年版，第2页。

确立所属的精神气质和心理品质,形成与之相适应的交往方式与生活方式。①

四 用和谐关系引导大学生的生活实践

首先,和谐关系引导个体发展与社会发展的相互统一。从传统文化意义上来说,和谐就是一种和谐之道,是一种稳定而平衡的状态,在这个状态中事物内部的各构成要素之间处于一种和谐的关系之中,而该事物与周围事物的关系也是平衡而稳定的,没有冲突的稳定状态就是一种和谐。人类的政治理想是社会和谐,而和谐的社会是有序而稳定的,并拥有良好的社会关系秩序。人的社会实践活动由物质资料生产与精神资料生产的活动所构成,在这些实践活动开展的过程中,涉及政治、经济、文化等社会的不同方面和领域,也涉及物质生活与精神生活的不同层面,还涉及群体之间、群体与个体之间、公共与私人之间的不同生活方式与组织。人在劳动实践过程中,需要不断平衡与协调各方面的关系,和谐关系作为一种理想化的社会诉求。从政治伦理的角度来说,社会和谐就是以良好的社会公共秩序为基础,在此基础上实现政治伦理与个人品德的融合。在社会生活实践中,和谐关系包括人与自然、社会、人、自身四个方面的和谐与稳定。在现代化的进程中,需要在现代化建设中树立规则意识。② 在和谐关系的指引下,实现物质生产、利益分配、人际交往等与现代化发展的同步。通过对和谐社会理想的追求,最终实现美好社会的建设。和谐关系从伦理关系和秩序上来讲,呈现的是自由秩序状态。道德表现为伦理关系在个体意志与行为上的体现,成为一种风尚,即具有普遍意义的行为,处于这个伦理秩序之下的个体行为都是自由的。和谐社会需要处理政治正义与个人自由之间的关系,社会需要给个体个性以尊重,给个体自由开放的空间,使个体能在其中扮演好自己的角色。公正的社会在于给每个个体提供最佳的发展条件、空

---

① 晏辉:《教育回归生活世界的基本方式》,《华东师范大学学报》(教育科学版) 2006 年第 1 期。

② 王露璐、张霄:《现代化进程中的道德建设——第 13 次中韩伦理学讨论会综述》,《哲学动态》2005 年第 7 期。

间、平台与资源，促进每个人自由而全面的发展，以此落实真正意义上的社会公平。在和谐稳定、公平正义的社会之中，每个人都拥有着平等的地位，拥有自由、协商的权利，并能够在生活实践中得以践行，而通过政治正义给个人提供良好的生活秩序，即普遍的公正与稳定，进而满足个人对于稳定生活秩序的期许。在这样的社会生活关系之下，每个人都有权利追求自由与个性，而且能够拥有自己独立发展的空间。社会历史的发展状态，可以由自由的拓展程度来进行衡量。社会的进步与发展，就是将自由还与人，让人成之为人，并作为人而存在与生活。在高度发展的文明社会之中，社会是属人的社会，人的生存与生活逻辑高于社会本身。从发生学的角度来看，民族越先进越能从自然与社会中分离。人的现代化就是人的独立与解放，但并不意味着以损伤别人的权利与利益为代价。和谐社会给人的自由留下空间，但同时又给人以约束，一方面引导个人能够自主决定与选择自己的行为方式，因为"对于本人自己，对于他自己的身和心，个人乃是最高主权者"①。另一方面要引导个人的自由不影响与损害他人的利益。"文化上的每一个进步，都是迈向自由的一步。"② 放弃自己拥有的自由，就放弃了作为人的权利、资格与义务，这种放弃与人的本性不相符。③ 和谐有序的社会，反映了社会生活实践之中，各类关系的协调和谐关系的引导。大学生思想政治教育对生活世界的回归，让受教育者学会协调个人发展与社会发展之间的关系，以及个人自由与政治诉求之间的关系，一方面促进良好社会关系的生成，另一方面能够实现自由的创造与发展。④

其次，和谐关系引导个体生存尺度与生活尺度的相互统一。人类独有的生存方式是实践，实践是现实的对象性活动，而非抽象的客观活动，实践需要从人的生存角度进行理解。人性的提升，人的感性和理性

---

① [英]密尔：《论自由》，许宝骙译，商务印书馆2015年版，第11页。
② 《马克思恩格斯选集》第3卷，人民出版社2012年版，第492页。
③ 北京大学哲学系外国哲学史教研室：《西方哲学原著选读：下卷》，商务印书馆1986年版，第71页。
④ 梅娟：《现代社会和谐的理想：政治正义与个人自由的统一》，《江西师范大学学报》（哲学社会科学版）2005年第6期。

的融合需要在实践中实现。只有生活实践,才能使人的生命历程得以延伸和拓展。生存是一种客观的状态,而实践始终伴随着主体的体验,是客观性与主体性的融合。生活实践是生存与意义之间的中介,在生活实践中体验到作为人的本质力量,人成之为人的意义与价值。在生活实践中,感受人性之美、情感之美、成就之美,由此建构个体自己所属的生活意义与价值。每个物种都有自己客观性的生存要求,但是人还有主体性需求与内在规定性。在社会生活实践中,人通过自己的活动与行动,去展现与创造自己的生命价值。大学生思想政治教育生活化,通过和谐关系的指引,将生存理想与生活理想相结合,在立足于现实生存的基础上,追求超越生存现实的生活理想,立足于现实社会生活实践,建构理想生活状态与人生意义。和谐社会的最终目标是指向个体的生活,衡量和谐社会的标准是个人自由实现的程度,个人自由是理想生活状态与社会的起点。人性的真正价值在于个人思想的发生,它不受整体规律的牵制,个体作为整个社会的基础,个体若只是作为社会运行的齿轮,整个社会就会毁灭。[①] 在社会生活实践中,只有身处其中的诸要素融洽和谐且能够良性互动,才会实践个人与社会的发展、完善与和谐。[②] 和谐关系是人类社会生活实践的理想诉求。随着新时代的到来,社会的主要矛盾发生了根本性的变化,人的内在生存尺度与生活尺度也随之变化,人们致力于对美好生活的建设。美好生活作为一种价值导向与承诺,既包含着物质生活的丰富,又包含着精神生活的富足,在追求美好生活的过程中,要注重两者之间的和谐统一,忽略了某一方都将无法实现美好生活的生活理想。美好生活还要与人的本性和谐统一,需要尊重人的自由本性,人在本性中趋向于对美好事物的追求,而美好也是一种价值诉求,和个体的幸福与生命意义相关。人只有过有意义与有德行的生活,才能称之为美好。生活意义也并非生来就有,需要人通过现实生活实践活动的创造,对自己当下的生活状态进行审视与反思,在对生活的深层

[①] [奥] L.贝塔兰菲:《一般系统论:基础 发展 应用》,秋同、袁嘉新译,社会科学文献出版社1987年版,第48—49页。

[②] 梅娟:《现代社会和谐的理想:政治正义与个人自由的统一》,《江西师范大学学报》(哲学社会科学版) 2005年第6期。

次理解和对自我存在价值的确证之中构建自己所属的美好生活。美好生活需要在现实生活实践与思想价值中获得，价值观念的不同对于美好生活的理解也各不相同。大学生思想政治教育对生活世界的回归，需要引导学生认识与理解美好生活的共性与本质特征，给予价值引领，指引学生反思当下的现实生活状态。通过对人的本性状态的认识，实现自己所属的生存尺度与生活尺度的和谐统一，使自己的社会生活实践既符合目的性，也符合规律性，最终实现两者的相互统一。

最后，和谐关系引导个体自然生命与精神生命的相互统一。人的本性之中，自然生命与精神生命并不是稳定、和谐与统一的状态，正如柏拉图所说的灵魂的不和谐。灵魂中存在着欲望与理性，欲望是自然生命所具有的本性，理性是精神生命所具有的本性，两者之间的纷争状态使灵魂无法和谐。因灵魂的内在冲突，就使人无法呈现美好的状态，只有两者的和谐共处，才能呈现出一种自然而美好的状态。一切的不美好可以归因为理性与欲望的不和谐，欲望是自然生命所具有的原始冲动，通过外部物质资料的满足能够使欲望得以实现。当面对有限的物质资源时，个体为不断满足自我的欲望和无限制的需求，必然会引导各类的矛盾与冲突，即"每一个人对每个人的战争"[1]。人的生活只依靠欲望指引，就会使冲突不断，无法实现美好生活的生活理想。生活的正当性由理性产生，理性为人们提供正确的价值观念，理性在价值承诺中起着关键的作用。没有理性的存在就无法形成价值观，也就无法对个体的社会生活实践进行指导。美好生活是美的生活与好的生活的统一，它作为社会生活实践的价值向导，是真善美的高度统一。社会生活实践的目的是创造美好生活，而衡量美好生活的标准，一方面是物质生活条件的丰富程度，另一方面是个体是否有正确的价值观，自然生命与精神生命是否达到统一的状态。物质财富的创造，是美好生活的必要条件，需要一定的物质财富作为基础，才能使精神生活有所保障。物质财富是外在的客观现实条件，价值观是主体内部的主观条件。只有内外条件统一，个体自然生命与精神生命相和

---

[1] ［英］霍布斯：《利维坦》，黎思复、黎廷弼译，商务印书馆1985年版，第94页。

谐，才能实现美好生活。① 大学生思想政治教育对生活世界的回归，通过引导学生对社会主要矛盾的认识与深入理解，深入认识社会存在、社会基础与美好生活之间的差距，自觉地将美好生活作为自身社会生活实践的目的与追求，通过和谐关系的协调，使自身的自然生命与精神生命获得内外的统一。

---

① 丁亚春、马玲：《新时代美好生活价值承诺的四维思考》，《思想政治教育研究》2020年第2期。

第四章

大学生思想政治教育回归
生活世界的现实进路

第一节 大学生思想政治教育回归
生活世界的具体方法

"我们政治工作的根本的任务、根本的内容没有变，我们的优良传统也还是那一些。但是，时间不同了，条件不同了，对象不同了，因此解决问题的方法也不同。"① 随着时代的发展与变化，大学生思想政治教育需要因事而化、因时而新、因势而行，其内容、方法要根据时代、社会的发展特点而不断变化。同时，需要根据条件、对象与载体的变化，不断发展与创新，才能使其更具有吸引力。在方法的创新上，需要继承与延续好的教育方法，改进与调整已有的不合时宜的老办法，不断探索符合社会发展、时代需要与学生个体的方法，以此增强时效性与吸引力。

一 自我反思法

首先，注重培养个体的自主理性。在大学生思想政治教育中，自主理性的培养需要以学生个体的现实生活为出发点，以我国现代化发展与教育实践中的实际需求为基点，寻求个体人生成长中的普遍问题与现实成长过程中的需要。大学生思想政治教育需要教给学生生存与生活智

---

① 《邓小平文选》第2卷，人民出版社1994年版，第119页。

慧，从而能够帮助学生解决思想上与精神上的矛盾、困惑与问题，以此培养学生理性认识、判断与行为选择的能力，最终实现人生价值的超越与生活意义的升华。大学生思想政治教育生活化，需要关注个体的现实生活，帮助个体理解生活的价值与目的，引导个体在现实社会生活实践中实现精神与个性的完满性。通过思想教育、道德教育与政治教育，不断加强个人修养，促使个体能够不断调整自己的生存状态，改进自己的生活方式，最终能够提升自己的生活质量，获得人生的完整与丰满。[①]大学生思想政治教育生活化，将个体的自我成长作为教育的起点，目标是以自我为出发点的现实生活。每个个体都是能够进行自我建构的主体，个体能够成为真正意义上的人。所关注的不再是神性的事件，而是与神性相断裂的具有现代性的生活事件。在此背景中，学生个体成为了自我发展的中心。既不完全依赖于遥不可及的古典自然，也不完全依赖于长者传统的文化经验，而是在自我的经验世界中成长与发展，获得自主发展与自我满足的自由。[②] 学生个体自主理性的培养，就是学生的自我反思。反思是个体的内心以自己的生命活动为对象，进行的自我反观与对照，它是思维与精神的自我活动，也是内部心灵的自我反省与修养。正如黑格尔所说："思维因对自身进行反思，从而自身达到经过中介的直接性，这就是思维的先天成分。"[③] 自我反思有助于理性思维的发展，而个体的思维想要从自发转换为自觉，就要依靠反思所具有的力量。个体的反思不仅关涉到主体本身，还关涉到社会因素、环境因素以及个体的行为等现实客观因素，需要追溯个体思维与行为的发展历程与现实状况。反思不仅是一种感性的认识，还是一种理性的思考。随着社会的高速发展与变迁，信息传播的迅捷与高效，价值思潮的多元化，使偶发性与多样性的现象频繁出现。这些现象的出现，易使个体陷入盲从性与非理性，难以把握自身以及现象背后的本质，易产生思想的困惑、

---

① 胡林英：《回归生活是道德教育走出困境的出路》，《西南师范大学学报》（人文社会科学版）2002年第5期。

② 刘铁芳：《从苏格拉底到杜威：教育的生活转向与现代教育的完成》，《北京大学教育评论》2010年第2期。

③ [德] 黑格尔：《小逻辑》，贺麟译，商务印书馆2019年版，第52页。

矛盾与迷失，以及价值判断与选择的消极被动。大学生思想政治教育对生活世界的回归，教育者需要引导教育对象能够立足于自身实际、正面现实生活世界，能够对自己与周围的生活世界有着客观、深刻与全面的把握与认识，能够深层次地理解社会生活变迁、人类社会变化的规律，加深对于自我与所在生活世界的认识，能够清晰认识到自我的成长发展与现实生活世界间的联系，能够做出正确的价值判断和有效地规范自己的行为。大学生思想政治教育回归生活世界，旨在引导学生学会做出清晰的价值选择并自觉遵循，还能为自己的正当行为做出合理的辩护，从自在状态转化为自觉的存在状态，最终能够实现自教自律，进而形成最高层次的自主理性。[1]

其次，提升个体的自我生成能力。每一个个体的存在都与自我相关，对自我的理解包含着多个层次，并随着社会历史的变迁而不断发生变化。在现代性视域中，自我被理解为与个体相关的反思性投射，反思存在于自我的核心位置。语言和身体是承载着个体行为的表达。"自我，毫无疑问需要载体来使之具体呈现。身体并非一个简单的'实体'，而是被体验为一种应对外部情景和事件的实践模式。"[2] 自我的表达呈现于个体的日常生活之中，在日常生活中个体通过对身体以及行为的控制而展现出自我，并且在日常的生活情境中不断维持这种独有的状态。"一个人不能基于他自身而是自我。只有在与某些对话者的关系中，我才是自我。"[3] 人类生活共同体由人和社会组成，社会秩序最终呈现于个人的生活之中。个体在社会生活中具有主动性、能动性与他塑性，自我由社会产生，自我概念通过社会环境而得到塑造。依据各类具体生活情境，主体可以进行自我控制与调节，自我作为行动系统的组成部分，不断实现解放与发展。自我所具有的反思性，表现为自己的生

---

[1] 蔡斯敏：《日常生活视角下"自我"的存在状态与实现方式》，《学术探索》2019年第6期。

[2] [英] 安东尼·吉登斯：《现代性与自我认同：晚期现代中的自我与社会》，夏璐译，中国人民大学出版社2016年版，第56页。

[3] [加] 查尔斯·泰勒：《自我的根源：现代认同的形成》，韩震等译，译林出版社2001年版，第50页。

命活动，受着自我意识的支配与控制。随着现实生活中不确定因素的增多，个体的自我反思意识也在不断发生变化。作为个体需要不断思考我是谁，应该做些什么，需做出什么样的行动等问题。既代表着个体生存状态的自我反思，也是自我内在本质与实际生活的自我认同过程。个体关注的核心问题是确定性生活，个体的自我概念也需要在日常生活的行为中构建，"我们生活所在的是一个怎样的世界"。"思想不再关心它自身和作为客体的世界之间的关系，转而关心它自身和通过主体或'定在'而生活于其中的世界之间的关系。"① 即主体与现实生活世界之间的联系，需要从认知主体的视角去理解与思考。人通过外部世界来认识自身，而外部世界只是作为思想意识与实践活动的背景。② 大学生思想政治教育对生活世界的回归，对自我的强调与关注，不只是将个体的生命价值限定于自我之中，而是强调让自我成为个体思想观念、道德意识、政治意识等，形成与生成的依据和基点，让教育对象在思想政治教育实施的过程中，成为真正意义上并具有主动性和积极性的独立个体，进而引导个体走向世界与他者。在对象性的活动中发现自我，在对象性的社会生活实践中成就自我，进而获得完整的人生意义与价值。自我作为个体自我生成与发展的逻辑起点，需不断向世界和他者开放。在精神性相遇的过程中，个体的生命价值不断得到充盈而获得尊严与价值。但是，这一切的存在都需要在个体与现实生活世界、个体与他者的交往中获得。③ "人只有在自我的对象中才能拥有更大的自我，只有在走向'物'的深处才能与自我重逢。"④ 大学生思想政治教育回归生活世界，旨在促进与提升人在精神生活领域与思想政治素质领域所展现出的人性。学生作为教育的对象与自我反思的主体，通过不断提升学生自我生成与发展的能力，最终实现自我

---

① [法] 约瑟夫·祁雅理：《二十世纪法国思潮：从柏格森到莱维·施特劳斯》，吴永宗等译，商务印书馆1987年版，第55页。
② 蔡斯敏：《日常生活视角下"自我"的存在状态与实现方式》，《学术探索》2019年第6期。
③ 刘铁芳：《在理想与虚无之间：当前道德教化价值目标问题的困境与超越》，《国家教育行政学院学报》2005年第6期。
④ 崔建军：《纯粹的声音》，东方出版社1995年版，第39页。

教育的理想境界。①

最后，拓展学生自我治理的可能性。人类的精神生活史，是通过自己所属的方式进行自我治理与调整的历史。这些方式包括意愿、规范、情感等方面，同时也是精神生活通过对自己正当性的证明，而获得合法性与自主性的历史。它是规范的自我反思和完善，这是个体的自主性和人格的统一性获得的历史。黑格尔注意到了人类精神的非自主性状态，欲在"绝对理念"的框架下，为精神生活确定一种永恒意义的逻辑范式。② 黑格尔将此作为一种永恒意义的逻辑范式。精神生活的本质是多样化与多元化存在，它是多个立场、多个中心的自主与博弈。在人类文明的发展历程中，人类通过思想理论来为自己进行正当性的辩护。在近代以来，人类的现实生活受技术理性与科技理性的引导，对于技术的反抗与回应，思想也在不断找寻位置辩护，并能够实现超越的话语方式。人类自从拥有精神生活，其自我治理和矫正的历史也随之产生。精神生活的领域无限而广大，由于不易受强制力量的约束，更为自由。因此，精神生活自我治理的可能性何以存在，也是思想教育长期存在的问题。在现实生活中，由于信息技术的高速发展，社会生活通过媒体的裁剪而呈现出来，个体对生活的感受更多来自媒体传递的信息，自己并未用心去体会。真实有意义的生活世界之中，个体应具有生活的自主性。通过自己的生活实践，在与他人的互动中去感受真实的生活。现实生活中政治意识形态，通过外在的规制与规范对精神生活加以限制并施以影响，目的在于对精神生活实行政治意识形态治理方式。但是，精神生活自身会运用各种方式与策略进行对抗，旨在捍卫精神生活中自我治理的权利。大学生思想政治教育对生活世界的回归，旨在提升学生个体精神生活自治的可能性，了解与洞见现实生活的普遍生存状态，为学生提供具有启发性的理念选择，以此提升其价值理念与信仰。精神生活的自我治理，需要引入多

---

① 胡沫：《从人的生活世界看思想政治教育的经济学跃迁》，《思想教育研究》2006年第10期。
② 邓晓芒：《黑格尔的三种精神标本：浮士德、哈姆雷特和堂·吉诃德——读〈精神现象学〉札记（之二）》，《云南大学学报》（社会科学版）2013年第5期。

中心、多主体、动态生成等理念，合理的精神生活方式需要自主建构，需要多主体的共同参与，不同主体之间对共同认可的约定与规范进行博弈，才能形成良好的精神生活过程。通过不断提升学生精神生活自我治理的可能性，引导学生个体尝试对不合理秩序框架的突破，以此回应与寻求自我的发展与超越。①

二 情境体验法

第一，构建生活情境化的教育模式。大学生思想政治教育生活化，是知识教育与现实生活的融合。它通过心理环境的设置，引导受教育者感知、体悟与自觉地思考。通过良好的氛围，使受教育者在潜移默化中受到教育与启迪，以此实现教育者与受教育者的和谐共生、教育意义的动态生成与教育目的的有效达成。随着信息技术与多媒体技术的高速发展，思想政治教育的方法、手段与话语权等多个方面也发生了变化。在课堂教学中，传授转变为多方主体的互动，从单一的教育手段转变为无时空限制、传播及时的多样化手段。这些转变，一方面促使思想政治教育从单一灌输逐渐向情境化教育转换，另一方面也提供了高效、便捷的载体，使书本教育与现实生活相结合。自媒体通过图像、视频、声音等多样化的手段与方式，为思想政治教育创设了教育情境。高校思想政治教育生活化，需要教育者将抽象的理论与现实生活具体情境相融合，使理论知识能够直观、具体，更具有吸引力。例如，某高校在讲授《思想道德修养与法律基础》课程时采取情景剧的形式，使思政课堂在欢笑声中进行。通过情景剧，人生理想、信念等问题通过艺术化的形式进行表达，使学生在参与的过程中实现自我反思与自我教育。② 在具体的教育情境中，开放地交流，并能引导学生进行理论的辩护，将理论内容与学生主体的日常生活相联系，将文本与学生的现实生活相联系，引导学生能够进行深度解读，并指引学生进行主动反思，实现理论的提升，从而

---

① 袁祖社：《精神生活的"自我治理"逻辑及其公共性追求——思想"正当化"自身的知识论前提》，《江海学刊》2017年第1期。
② 《给老师"下菜单"让学生当主角 高校思政课"火"起来》，央广网，https://baijiahao.baidu.com/s? id=1590176285325348878&wfr=spider&for=pc，2018年1月21日。

达到理性的高度自觉。① 大学生思想政治教育对生活世界的回归,教师不但需要了解学生自身的个体需要、矛盾与困惑,还要不断联系生活的时事热点与焦点,能够为学生答疑解惑。针对学生的质疑与提问,在互动与辩护中形成共识。在互动的教育情境中,不断激发学生的热情与兴趣,不断展现真理的力量,使理论教育能够入脑入心。思想观念与道德意识总是需要生活的在场,也总是呈现于具体的生活情境之中。大学生思想政治教育过于远离现实的生活世界或是远离具体的现实生活情境,就会使思想政治教育变成空洞抽象的理论而无法深入人心。大学生思想政治教育回归生活世界,旨在关注个体的生活,将思想政治教育放置到具体的生活场景中,并与个体的生活相联系。通过以生活为主题的教育,促进主体思想观念与道德意识的生成,引导个体学会选择并构建科学与合理的生活方式,证明生活本身就是一种权威。人们对于形而上与超验的理论产生质疑,正是源于所设定的目标与内容脱离了现实生活,没有将现实生活作为基础,外在于生活而存在。大学生思想政治教育对生活世界的回归,教师需要引导学生能够全身心地投入到学习之中,就要通过与学生的现实生活产生关联,实现与学生个体经验的联结而产生意义。通过生活中教育资源的挖掘与环境的影响,让学生在开放的环境中获得价值引领。马克思曾说:"既然人的性格是由环境造成的,那就必须使环境成为合乎人性的环境。"② 作为思政工作者,需要不断对现实生活世界的教育资源进行挖掘,创设开放的教育环境,不断联结与深入教育对象所处的现实生活世界,才能真正提升教育对象在具体生活情境之中的选择力与判断力。

第二,打造生活情境化的教育环境。生活具有教育性,每个人都是在自己的生活中成长与生成的,学校作为学生主要的生活场所,要让学生有真实的生活体验,就需要营造真实而生动的生活情境。情与境的融合构成了情境,具体事物形成的关系就是境,而通过这种关系又反映了

---

① 郭红明:《微博与思想政治教育生活化转向的理论契合及其价值探寻》,《北京邮电大学学报》(社会科学版)2013年第4期。

② 《马克思恩格斯全集》第2卷,人民出版社1957年版,第167页。

事物的本质特征。教师与学生通过教学资料、教学设施构成了学校教育之境,并形成了促进品格完善与自我发展的教育关系。这种关系的本质是师生之间的相互尊重、人生价值的肯定、成就的实现,以及彼此之间的相互关爱。[①] 大学生思想政治教育对生活世界的回归,教育者需要通过对现实生活的探究,尽可能多地与学生的实际生活相联系,让受教育者能够更加深刻地理解知识,获得内心丰富的感悟与情感体验。教育者需要让教育对象能够进一步认知,现实生活世界中思想政治教育所具有的价值性,了解思想政治教育同日常生活之间的联结。同时,让学生能够将相关的理论知识与自属的生活世界相联结,以此提高学生解决实际生活问题的能力,从而使学生能够更深刻地理解思想政治教育应有的价值和意义。情境化教学,教师将生活情景通过多媒体技术,以具体化、可视化与场景化的方式呈现出来。通过教育情境的创设,让学生能够感受到处于现实生活情境之中自己的个体体验与感悟。在具体的教育实践活动中,把学生现实生活中的真实案例运用到教育内容中,并时刻关注学生的生活,及时获取教育素材,以此强化学生对于教育内容的认同,让学生能够真正地将所学纳入自己的知识体系与认知结构之中,能够融于自己的行为规范之中。大学生思想政治教育的内容应当注重生活化的表达,避免"进行纯粹思辨和推导演绎,使理论研究与马克思主义理论教育实践之间楚河汉界、泾渭分明"[②]。大学生思想政治教育对生活世界的回归过程中,教师需要通过引导学生对社会现象的感知与认识,不断进行启发与诱导,使学生能够对层层递进的知识内容进行把握与理解。教师在实施教育实践活动的过程中,通过生活情境的创设,激发学生的问题意识,以此获得学生情感支持与内心的认同。在解决问题的过程中,运用受教育者自己熟悉或是体验过的知识与素材,将使学生感到亲切,更易于接受与内化,与此同时还能不断激发学生的动机与兴趣,提升他们在应对现实生活问题时解决问题的能力。

---

① 姜书国:《选择生活经验 完善大学课程》,《现代大学教育》2007 年第 6 期。
② 白显良:《在思想政治教育科研中坚持马克思主义的几个问题》,《思想理论教育导刊》2016 年第 2 期。

第三，创设生活情境化的个体体验。体验一词源于德文动词经历，具有双重的语义。既表示对正在发生的事情的直接经历，也表示通过这种直接经历而获得的成果。从词汇史的角度，伽达默尔曾说："如果某个东西不仅被经历过，而且它的经历存在还获得一种使自身具有继续存在意义的特征，那么这种东西就属于体验。"[①] 狄尔泰认为所有知识的获得需要经过体验，他还强调生活体验与生命体验的重要性，同时还重视生活体验和生命体验中的想象力与创造力，并对体验所具有的精神性意义表达给予了肯定，认为"体验"是"处于思辨和经验之间的中间地位的结果"[②]。因为生命个体存在的整体性，个体的体验统一于生命和生活之中，统一于实在意义和精神价值之中。在汉语中的体，强调身体力行，带上身体全身心地去投入与领会，它强调的是身心的统一。经验之道的最高境界是身体、知觉与思维意识都完全投入到生命与生活的体验之中，而体验是个体能够达到生命本质和类整体的特有方式。[③] 大学生思想政治教育回归生活世界的过程中，教师需要关注学生个体的体验，在情境化的教育教学中，使学生能够获得具有教育意义的生活体验，反思自己所拥有的经历。个人的体验可以运用讲故事的方式表达出来，在个人成长故事的讲述中，一方面可以不断感知自我所具有的力量，另一方面还可以不断反思自己过去所拥有的成长经历。凡是个体可以体验到的东西，都是在个体的回忆中建构而成的，回到事情的本来面貌，事情发生原点的立场与态度。通过个体现实生活经历的再现，逐渐呈现出一个真实而具有完整意义的世界。生命的客观化呈现于意义的构成之中，对意义的理解需要返回到产生它的生命之中。由于书本知识有较重的理性主义色彩，在进行概念化的表述时，往往缺乏生命的情感体验与生命气息。大学生思想政治教育对生活世界的回归，教育者需要立

---

① ［德］汉斯-格奥尔格·伽达默尔：《真理与方法，诠释学1（修订译本）》，洪汉鼎译，商务印书馆2011年版，第93页。
② ［德］汉斯-格奥尔格·伽达默尔：《真理与方法，诠释学1（修订译本）》，洪汉鼎译，商务印书馆2011年版，第97页。
③ 李新：《经验性及经验的回归与超越——"历验"、"体验"与"经验"的比较辨析》，《东北师大学报》（哲学社会科学版）2016年第6期。

足于教育对象的生活体验或是经历，在此基础上引导受教育者对于教育意义的理解，通过受教育者个体生活体验的联结，将教育意义内涵于受教育者的整个生命活动过程之中，融于受教育者的生命运动之中。①

三 生活叙事法

第一，使生活成为文本。教育内容与生活，是人与社会关系在课程结构上的反映，而在进行思想政治教育的过程中融合着多个二元结构，如教师与学生、理论与实践等。同时，还隐含着教育内容与生活的基本关系结构，结构中的各要素之间相互交叉、交织与相互作用。课程作为教育内容的载体，并非特定知识的载体，而是改造与建构个体生活经验的载体，它是探索人与社会共同成长的历程。② 人与客观世界构成了现实生活，教育作为人与客观世界沟通与联系的桥梁。大学生思想政治教育生活化，旨在不断寻求个人与社会之间的联结与价值关系，通过思想政治教育这一中介的传递，使个人与社会之间的价值关系不断得到丰富与发展。从结构层次来说，叙事具有三个不同的层次结构属性，即可陈述性、主体体验性与意旨性。叙事化的过程就是人的认知过程，意义的产生需要读者与文本之间产生互动。③ 大学生思想政治教育对生活世界的回归，教育者需要加强理论知识、文本和教育对象的现实生活世界之间的联结，通过与学生自身生活经验的联结，而进行对话与讨论，将具体内容围绕学生的现实生活而展开，从而呈现具体、深入人心与生动丰满的个体经验。在现实生活中寻找教育影响的存在意义，在具体、生动而真实的生活情境与场景之中，赋予教育影响力。同时，需要立足于学生个体的现实生活之上，结合学生的个体实际需求、生活经历与成长背景，联系时代特征，将社会主义共同理想、最高理想、爱国主义等渗透于个体的生活过程与细节当中。大学生思想政治教育对生活世界的回

---

① 朱晓宏：《经验、体验与公共教育学——现象学视野中的高师公共教育学教学改革》，《教师教育研究》2007年第6期。
② 张华：《经验课程论》，上海教育出版社2001年版，第132页。
③ 申丹：《叙事结构与认知过程——认知叙事学评析》，《外语与外语教学》2004年第9期。

归，需要不断靠近学生的生活实际，以学生的生活实际为根基，聚焦学生的现实生活问题，关切学生深层次的需求，将生活融入教育内容的结构之中，将生活作为文本，对教育内容进行具体化、直观化与体验化的阐释与建构。在此过程中教育者需要重新定位与审视思想政治教育内容，所衍生出的价值引领与实现方式。观念源于现实生活世界，世界并不存在完全脱离或是悬浮于现实生活之上的价值观念。大学生思想政治教育回归生活世界过程中，教师与学生作为民主平等的关系，在面对具体的生活问题或是现实问题时，都是作为问题的发现者、经验的探索者和学习的成长者而存在的。书本知识只是为了引导受教育者能够发现问题，教育教学活动则是引导受教育者能够进一步发现问题，或是提出解决问题的方案。教育者不能止步于原有知识的获得与呈现，既需要关注新时代的发展需求与实践需要，又要关注受教育者个体的现实生活需求与个人价值的实现。大学生思想政治教育生活化，教育者要对生活中具有教育意义的案例、故事、行为活动等进行不断的挖掘与探索。通过案例分析、对比讨论与受教育者进行对话，使大学生思想政治教育更具有时代性、创造性与价值性。通过对日常生活事件，以及影响着日常生活的政治、经济、文化等相关事件与现象的关注，运用教育对象感兴趣或是易于接受的方式对其进行启发诱导，进行思想意识与价值观念的传递，将受教育者的生活世界作为文本来进行解读，使教育内容回到人类的生活图景之中，让受教育者能够以更广阔的视野建构价值关系，能够在真实的生活世界中不断寻求与构建人生的意义系统。[①]

第二，使教育者成为会讲故事的人。在教育实践活动中，对于相同的理论知识，由于教育者不同的教育知识与阅历，对知识的解构与理解也会有所不同。教育者自身对知识形成的专属体验和感悟，就成了与学生进行交流与分享的重要内容。知识的传递是多种经验的相互衔接，教育者作为知识的传递者，在一定意义上被视作讲故事的人。通过教育使受教育者能够进行智慧的行动。"讲故事的人取材于自己亲历或道听途

[①] 袁平凡：《思想政治理论类课程结构叙事的价值与实践研究》，《学校党建与思想教育》2019年第23期。

说的经验,然后把这种经验转化为听故事人的经验。"① 大学生思想政治教育对生活世界的回归,教育者需要通过经验的交流与分享,与受教育者一同探究所要传递的真理与智慧。通过故事的讲述与相互的讨论,将知识作为一种经验的传递,而不是抽象、空泛的理论灌输。每一个人都是在与自己发生关联的故事中成长的,每一个个体都有着自己独特的成长经验与体验,每个人都能够成为讲故事的人。教育者相对于受教育者,具有丰富的知识与经历,在教育教学中通过与受教育者的分享,能够为受教育者的经验打下良好的基础。受教育者作为有故事的人,同样可以通过故事的讲解更清晰地认识自己。同时,在与他人分享的过程中,能够为所学的理论知识供给更多的经验素材与生活智慧。教育者在这一过程中,通过不断引导学生个体经验的展开,使理论知识与学生的现实生活能够发生自然、生动的联结,促进学生知识的内化、经验的升华,并使学生能够在求知的过程中感受到乐趣。例如,某高校为了提升思政课的实效性与吸引力,不断寻求让学生易于接受并感兴趣的方式,力图将抽象的理论能够具体化或是让学生能够易于理解。思政课教师在讲授改革开放这一段知识内容时,引导学生讲述自己身边的故事,讲述改革开放以来自己生活的变迁,通过真实的案例与故事,让学生更深刻地体会改革开放实践的重要价值与意义。通过引导学生讲好自己身边发生的故事,使学生能够切身感受到生活的变化,改革开放对于生活的改善。同时,通过图片或是让学生对身边长辈的访谈,以此了解改革开放前后生活的巨大变化,无论是日常生活层面的衣食住行,还是宏大叙事层面国家民族的变化。思政课教师将身边的故事作为一种叙事元素,目的在于通过故事展示潜在的指向,这些故事不仅是改革开放之后的中国故事,还是民族复兴大业的故事。作为一名思政课教师,需要具备能够讲好故事的能力,既能够讲好身边的故事,又需要讲好中国故事,将两者有机结合。在小故事中寄寓大道理,在生活趣事中融入国家故事,以此激发学生对所讲授内容的兴趣,提升思政课堂的教学效果,通过改变

---

① [德]汉娜·阿伦特:《启迪:本雅明文选》,张旭东、王斑译,生活·读书·新知三联书店2008年版,第99页。

过去思政课中满堂灌的现象，在课堂中不断激发教育对象的主体性、积极性与参与的意愿，主动融入课堂教学之中。思政课教师还可以根据所要教授的教学内容，设置具体化的教学情境，让学生也能够学会讲好自己的故事，为思政课堂注入生动而鲜活的素材，在自身的故事之中感悟与感受时代的变迁，改革开放的实践成就，以及中华民族的伟大复兴，以此能够真实地启发、感染与引导学生。教师还可通过视频、场景等元素，多角度、全方位地展现国家与社会发展之中的大事与要事，引导学生进行深入的透视与阐释。[1] 大学生思想政治教育对生活世界的回归，就是需要教育者从宏大的知识理论体系中走出来，进入现实的生活世界之中。关注个体生命鲜活的生活气息，能够关注现实生活中的人的存在。通过对现实生活世界的关注，将自身与学生都置身于现实的生活情境之中，挖掘生活蕴含的教育意义与生命的存在意义。[2] 通过讲故事的方式，使教育经验更具直观性，为学生个体之间、教师与学生之间的经验交流提供了基础，同时也是教育内容的直观性与结构性之间的载体，它将理论知识的普遍意义与个体经验的独特性相关联。通过生活叙事的方式，使个体的日常生活经验得到展开与表达，教育者将意识形态教育转化为日常生活叙事，在故事中进行主流意识形态的传递与教育，将话语权从权威转移至个体，以此打开学生个体生命成长与经验提升的发展空间，提升思想政治教育的渗透力与影响力。[3]

第三，使受教育者成为活动生成者。从马克思主义的实践思维来看，实践不仅是人类存在的基本方式，还是整个现实社会生活与价值构成的坚实基础。个体情感与智慧的发展，是通过个体自身的实践活动进行主动建构的过程，而这一过程是主体的主动探索，并非外部的强加。只有通过个体在自身的实践活动中获得丰富的个体经验，才能使自身的思想道德素质得到提升。大学生思想政治教育对生活世界的回归旨在引导生活实践上着力，教育者需要为受教育者的自主教育提供良好的外部

---

[1] 《讲好身边事让思政课更有吸引力》，《中国教育报》2018年12月28日。
[2] 李太平、刘燕楠：《教育研究的转向：从科学世界到生活世界》，《湖北大学学报》（哲学社会科学版）2015年第1期。
[3] 董文桃：《论日常生活叙事》，《江汉论坛》2007年第11期。

条件。一方面，为个体设立自主管理的组织与活动阵地，通过自律与他律不断提升自身的思想观念、道德品质、政治素质等；另一方面，通过引导学生走向社会与自然，通过社会实践的参与获得真实的个体经验与社会经验，以此不断提升自己的个人素质。同时，将学生个体的生活作为中心，在具体的生活情境中实施教育影响，以此让学生获得真实的生活体验。受教育者在教育者的引导下，获得积极的启发。在具体的体验与感悟之中获得思想境界与道德水平的提升，这一过程并非简单的知识记忆或是回忆，而是个体现实经验的生成与改造，最终实现现代个体的完整生成。① 同时，需要关注生命个体、个体的生活以及个体的生命活动，注重个体的主动生成与各类关系的构建。教育者通过对受教育者现实生活与经验的关注和了解，不断激发受教育者的主体生命活力，并在各类关系中关注受教育者基础性价值的生成，即生活性、社会性与主体个性等方面的价值生成。教育者与受教育者通过相互的合作、分享与对话，一同对社会世界与意义世界进行探究。在探究的过程中，使受教育者不断认识自我，学会合理表达自己的诉求，从而促进个性的发展与完善，能够寻找到深层次的意义世界。② 实践性是生活的基本属性，人在生活中也是作为实践的人而存在的，人通过实践对生活世界不断进行建构与超越，人与生活相互之间不断影响与发生作用。人通过对生活的建构与超越展现自己的主体力量与自身的主观能动性，而生活作为其基础和载体，也在不断影响和塑造着人的思想和行为。"生活是以人自己所选定的目的与价值为指向的活动，在生活实践中，人创造世界、改变世界，而人自身的生成与完善则是人在生活中所指向的终极目的。"③ 大学生思想政治教育对生活世界的回归，需要引导学生在教育教学实践活动中成为自我生成与发展的主体，引导学生进行思想和行为的改造，并在改造的过程中实现真善美的高度统一，获得自我品德、修养、个性等

---

① 陈秀兰：《杜威经验教育观之实践蕴涵——〈民主主义与教育〉解读》，《高教发展与评估》2007 年第 3 期。
② 贾志国、苌光锤：《对"教学面向生活世界"的批判及超越》，《高教探索》2019 年第 3 期。
③ 鲁洁：《道德教育的根本作为：引导生活的建构》，《教育研究》2010 年第 10 期。

方面的提升。①

四　渗透教育法

第一，主渠道与多渠道相结合。思政理论课是大学生思想政治教育的主阵地与主渠道，通过对思政课课程教育教学方式方法、内容、手段等方面的改革创新，不断推进大学生思想政治教育的现代化转化与发展。大学生思想政治教育生活化，将在主渠道与多渠道教育模式推进的过程中，不断把管理育人、学科育人等有机统一起来。大学生思想政治教育的有形教育，是指教育者在具体的时间内，以特定的组织形式进行的专门化教育，具有明确的教育目的，有着确切思想引领与指导。隐性教育是指无固定的组织形式，时时刻刻存在于个体的生活之中，通过教育对象日用而不知的方式将教育影响渗透至教育对象的生活之中。② 大学生思想政治教育生活化，应当注重显性教育与隐性教育两者之间的结合，立足于学生的现实生活实践与所具有的生活经验，重视社会实践活动、毕业实习、专业实践等活动的开展，通过各类生活实践活动与服务活动，促进学生的自我提升与发展，进而形成专业见习、社会实践、毕业实习三者相结合的长效育人机制。③ 个体个性的生成与所存在的现实生活息息相关，也是个体不断自我发展与转换的过程。在校园生活中，学校生活对个体的成长有着潜移默化的影响，校园文化环境也有着对学生每日的生活进行塑造与个体进行修养提升的作用。如新亚学规"起居作息的磨炼是事业，喜怒哀乐的反省是学业。以磨炼来坚定你的意志，以反省来修养你的性情，你的意志与性情将决定你将来的学业与事业之一切"④。学校所提供的教育与学生所属的学校生活化，对于学生个体的成长具有重要作用与价值。在现实生活中，学校文化环境的创设，对

---

① 侯洁、王澍：《高扬人的实践本性：鲁洁德育思想管窥》，《教育学报》2018年第6期。

② 侯玉基：《论人的本质与思想政治教育》，《山东社会科学》2003年第3期。

③ 张耀灿、曹清燕：《新中国成立60年来高校思想政治教育的基本经验》，《思想理论教育导刊》2009年第8期。

④ 周保松：《走进生命的学问》，生活·读书·新知三联书店2012年版，第28页。

学生的生活方式、行为起着塑造的作用，同时对个体还起着自我修养提升的作用。例如某大学将"人文化建设·规范化管理"作为主题进行书香雅舍的建设，在此方案中注重学生个性化发展与集体生活的教育功能相融合，旨在构建和谐共处、积极健康的宿舍文化环境。通过宿舍文化这一隐性教育资源，使学生能够学会健康的人际交往，学会和谐共处与相互促进，将文化的追求转化为自身行为的自觉，以此培养学生充满朝气、积极健康、温文尔雅的良好风气。[①] 通过各类渠道将学生个体的修行，融入学校的教育教学活动之中，通过学生个体的践行，生成自己所属的生命属性与生命价值，以此提升个体的生活质量，实现生命的完整性存在。再如某大学近年来不断进行思政课教学的创新，形成了"一主三辅"的实践教学模式，以思政课教学为主，辅之各类实践活动，如校园实践、社会实践与社会实践。在思政课堂中使用翻转课堂，让思政课辩着上，同时以思政课堂教学为主，还让思政课演着、走着、拍着与赛着上。在此期间，学校开展过历史剧汇演与道德剧汇演，以此提升思想政治理论课的教学效果，在不同的重要节庆日，学生根据重大的历史事件或人物，进行自编、自导与自演354个历史剧目。根据社会的热点与学生的校园生活，组织学生进行微电影创作比赛，将优秀的作品进行微电影展播，涉及理想信念、反腐倡廉、支援西部等相关题材，以此提升毛泽东思想和中国特色社会主义理论体系概论课的教学效果。在各类相关的实践活动中，让思想政治教育能够寓教于乐。同时，学校还成立了有关红色文化、历史文化、道德与法律、省情、社情等十个相关的社会入户调研，每年都由学校组织学生进行实地调研与考察，结束后需要提交调研报告，并在班级进行汇报。该所大学在思政课的教学中，使"一主三辅"实践教学模式贯穿全过程，并实现了制度化与体系化。在该教学模式中，使思政课实践教学落到了实处，使理论与实践相结合，通过对三全育人的探索，不断提升了思政教学的实效性与吸引力。[②] 大

---

① 《新闻学院启动学生宿舍"书香雅舍"建设工作》，http://news.lzu.edu.cn/c/201611/42061.html，2016年11月29日。
② 《海南大学："一主三辅"实践教学让思政课充满魅力》，人民网，https://baijiahao.baidu.com/s?id=1647599755287120311&wfr=spider&for=pc，2019年10月17日。

学生思想政治教育对生活世界的回归，通过主渠道与多渠道相结合的教育模式，通过不同的途径不断拓展学生的生活成长空间，使大学生思想政治教育超越时空地域的限制，超脱功利性的教育目的。通过内容的丰富性、活动的多样性与方式方法的趣味性，使思想政治教育从课堂之内延伸至学生的日常生活之中，可以根据时间、空间、环境与条件的变化，不断进行教育内容的调整。同时，能够采取适宜的教学方法，不断接近学生的生活，并不断融入学生的成长之中，利用生活来进行教育，进而打造生活、学习、教育为一体的思政教育空间。[1]

第二，思政课程与课程思政相结合。以文化人、以文育人中的化都强调教育影响的潜移默化与润物细无声，注重教化、润化、转化等蕴意，突出的是一种影响力，也是一种方法论。"文化的力量，或者我们称之为构成综合竞争力的文化软实力，总是'润物细无声'地融入经济力量、政治力量、社会力量之中。"[2] 意识形态教育作为一种特殊的文化教育，同样需要通过潜移默化的教育影响，将社会主流的思想意识与价值观念渗透到受教育者的生活之中。"要坚持显性教育和隐性教育相统一，挖掘其他课程和教学方式中蕴含的思想政治教育资源，实现全员全程全方位育人。"[3] 大学生思想政治教育生活化，需要教育者引导受教育者在学习的过程中，自发地接受所传递的主流价值观念与思想，并在无意识中获得自我的发展与完善。一是从物质文化的角度。课程思政需要教育者利用好课堂教学主渠道，以及社会实践、志愿者活动等类型丰富的活动载体，给受教育者以价值引导。如某高校在进行《航空概论》的选修课讲授时，教师不断挖掘课程内容中所潜隐的思政元素，在培养学生对航空的专业了解与热情的同时，将爱国主义教育、中华民族伟大复兴、中国梦等相关教育融入其中。[4] 二是从精神文化的角度。教育者通过党建文化、红色文化、优秀历史传统文化等的传播，使受教育

---

[1] 侯文华：《高校德育生活化的生成路径》，《南通大学学报》（社会科学版）2011 年第 5 期。
[2] 习近平：《之江新语》，浙江人民出版社 2007 年版，第 149 页。
[3] 《习近平谈治国理政》第三卷，外文出版社 2020 年版，第 331 页。
[4] 《让思政课燃起来 思政课"有滋有味"有魅力》，《河南日报》2019 年 3 月 22 日。

者获得内在的情感体验,从而获得精神生活自我治理的可能性,不断塑造自己的精神生活,实现自我的精神成长,并能观照自己的现实生活,不断追求自己所属的有价值的生活。三是从制度文化的角度。课程思政需要通过顶层设计,在自己的内在的结构中融入思想政治教育元素,如课程体系、课程内容、教学方法、教学评价等方面。通过管理制度的科学化与制度的规范化,运用文化的整合力构建全方位的课程体系,从而加强育人实效。四是从行为文化的角度。在课程思政之中,需要将理论知识贴近学生的生活、贴近学生的实际,才能有效增强学生对于相关理论知识的认同,运用教育对象体验与行为的参与,需要将理论知识与价值观念转化为学生的具体行为规范,引导教育对象对自身的思想与行为进行塑造与调整。高校课程思政的实施并不是要将所有的课程都转变为思政课,而是通过课程体系与教学体系的设计,将立德树人的目的落实到学生成长的全过程中,进而能够构建起全员、全方位与全过程的育人系统。大学生思想政治教育对生活世界的回归,呼吁教育者在进行科学文化知识传递的同时,需要不断关注学生的精神生活,关注学生的精神成长,还要对意义世界进行关注。在促进学生的知识积累与素质提升的同时,将立德树人的根本目标融入完整的教育教学活动之中,通过润物细无声,使思政教育融入各类课程之中,融入教育教学的各要素之中,并贯穿于教育教学的各环节中。在此过程中,实现用理论说服人,用情感影响人,用行为引导人,能够在潜移默化中实现思想政治教育预期的教育效果。

　　第三,体验感与仪式感相结合。大学生思想政治教育回归生活世界,其目的在于实现意识形态教育的非强制性,以生活为载体将意识形态教育内容潜移默化地渗透到受教育者的现实生活之中,融入受教育者的生活成长过程之中。教育者通过将教育目的潜隐在生活中,使受教育者无意识地接受意识形态的教育内容,并产生持久的教育影响。大学生思想政治教育回归生活世界的过程中,教育者通过社会现实提供的丰富案例展开教育活动,甄选受教育者感兴趣的并具有教育意义的案例,将思想政治教育理论与现实生活实践相结合,在分析与讨论案例的过程中,获得自己真实的教育体验并贯彻其中。通过对受教育者现实生活过程的关注，及时了解学生的思想困惑与矛盾，以及所面临的现实问题，同时还要了解学生所关注的热点问题与事件，对学生思想上的困惑、观念上的疑惑给予正确的引导与解答。在问题解答的过程中，间接地引领学生学会分析、判断现实社会事件、社会现象背后所赋予的价值导向与意义。与此同时，让学生充分感受到思想政治教育与自己的生活息息相关，处于现实生活情境与实践之中需要有思想政治教育的引导和行为正确的导向，自己在无形之中贯彻与践行，只是日用而不自知而已。通过对生活现实问题与社会秩序的了解，让学生认识到思想政治教育的科学性与价值性。除现实空间外，对学生的虚拟生活空间进行关注，了解学生喜爱的视频、节目、游戏等。在此基础上，教会学生在虚拟的生活空间中进行选择与甄别。思政课作为学校思想政治教育的关键课程，同样要加以改革创新，不断整合思政教育与价值引领的课程内容，并不断探索实践育人的新路径，才能提升思政教育教学的效果。如某学校将道德小品的展演作为品牌活动，使《思想道德与法治》通过艺术化的形式展现出来，让思政课能够真正入脑入心，实现价值塑造与明辨是非，不断引领学生的成长成才。理论与实践的融合，一方面在于提升思想政治教育的实效性，另一方面通过价值塑造与明辨是非，不断引领学生的成长成才。[①] 同时，通过社会主流价值观念的引领，使学生在无形中接受正向的价值引导，还可以运用歌曲、电影等多种载体，进行思想政治教育的传递，使思想政治教育的内容融入学生的生活之中，让学生能够受到润物细无声的教育效果。如某大学思政教师要求将微电影作为思政作业。此方式不仅迎合了学生喜欢微视频等虚拟网络作品的喜好，而且加强了师生间的交流与合作，加深了学生对于世界的正确理解与认知。[②] 通过榜样的示范作用，教育者引导学生将榜样身上高尚的道德情操与品格转化为自身精神生活的追求，使学生在不断模仿榜样的过程中，实现自我修养的提升与塑造。自古以来我国就有向圣人、贤人学习的传统，

[①] 《"理论讲授+小品展演"让思政课充满魅力》，甘肃农业大学新闻网，https://szw.gsau.edu.cn/info/1007/6214.htm，2020年12月5日。

[②] 《给老师"下菜单"让学生当主角 高校思政课"火"起来》，央广网，https://baijiahao.baidu.com/s?id=1590176285325348887&wfr=spider&for=pc，2018年1月21日。

为自身精神生活的追求，进而不断提升自身精神生活的质量。在日常生活中，各类节日庆典仪式也饱含着深刻的教育意义，礼仪活动能够使学生获得情境化与情感化的体验，让学生能够身临其境，在不知不觉中受到感染与感化，实现以情感人。[①] "仪式唤起的情感灌输到它培育的认知观中，两者相得益彰。"[②] 大学生思想政治教育对生活世界的回归，需要重视开学典礼、升旗仪式、毕业典礼，以及各类表彰活动等的仪式感。通过各类礼仪仪式，让学生获得深厚的情感体验，将思想政治教育抽象的价值引领具体化与具象化，将社会主流价值观念融入其中，使学生获得情感共鸣和价值认同。[③]

第二节　大学生思想政治教育回归生活世界的有效载体

一　实践体验为主的活动载体

第一，注重模拟实践向现实实践的转化。主客体两者之间相互作用的过程就是实践活动，人通过对实践对象施加有目的的影响，使自身的现实需求与需要得到满足。校园文化活动作为大学生日常校园生活的重要组成部分，对于大学生的成长起着重要的作用。无论是思维意识，还是价值观念的形成，都统一于主客体的相互作用关系之中，都形成于主客体相互作用的过程之中。实践活动作为主体与客体的中介，通过实践活动能够促进学生认知、情感与行为各方面的发展，促进学生的全面发展。思想政治教育想要学生获得改变，就需要将学生视作主体，通过各类活动的开展实现对学生个体的改变与塑造。通过主体的活动使主体与外部环境发生交互作用，以此实现主体的发展。只有让学生作为主体参

---

① 姜书国：《选择生活经验　完善大学课程》，《现代大学教育》2007年第6期。
② [美]大卫·科泽：《仪式、政治与权力》，王海洲译，江苏人民出版社2015年版，第116页。
③ 郭婷：《大学生社会主义核心价值观认同的日常生活建构》，《理论视野》2017年第10期。

加实践活动，通过动脑动手、全身心的投入与体验，以及感官、心理的多重参与，才能实现学生自主的成长与发展。① 如某大学的社会实践主要围绕老红军寻访、革命历史遗迹探寻、爱国主义教育基地探访等研究课题展开，让学生在开展社会实地调研的过程中，接受革命精神的熏陶与传承。其中"星火传承"实践小队开展以体悟长征精神、参观红色景点为主题的社会实践活动；"弘扬藏族传统生态文化之美丽乡村建设"实践小队前往甘南进行调研。通过学生的镜头、文章诠释青年应当肩负的责任与使命，用具体的实践活动使红色精神得以弘扬与传承。② 大学生思想政治教育生活化，需要通过社会实践，通过学生的镜头、文章诠释青年应在实地考察的过程中认知与了解社会，在实地场景的实践中体验历史，在对现实问题的反思与解决中培养社会责任感。学生只有经过具体的社会实践，才能将自己所获得的观念与信念融入个人的成长中，并对其行为进行反复练习，最终成为一种生活习惯。从而使自己的思想水平与行为方式能够达成内外的统一。大学生思想政治教育对生活世界的回归，可以通过多种多样的方式与途径进行开展，可以设置多种主题的实践活动，如革命传统教育、国情考察、社情考察、勤工助学等，让受教育者在具体的工作中获得实践体验，增加对社会的感知，在进行自身技能提升的同时，能够不断塑造自己的协作精神与创新精神。③ 如某农业大学将思政课开设在乡间田野，致力于探索大学生思想政治教育教学实践的新方式与新形式。同时，还以家风家训、身边典型、读书观影等各种类型的报告为载体，使校内外的教育资源相整合，实现协同育人。④ 大学生思想政治教育生活化，教育者需要注重模拟实践活动向现实实践活动的转化，积极引导学生参加各类现实性实践活动。在社会生活中不断挖掘思政教育资源，结合学校与学生的实际，创造具体可行的社会实践方式与实践活动，构建社会、学校、社区一体化

---

① 沈瑞：《论活动教育对学生生活实践能力的培养》，《思想理论教育》2007年第24期。
② 《"传承红色精神，坚定理想信念"——2017大学生社会实践"红色之旅"》，https://xuegong.nwnu.edu.cn/2017/0907/c194a24688/page.htm，2017年9月7日。
③ 李大健：《论高校德育贴近生活的路向》，《思想教育研究》2007年第1期。
④ 《让思政课燃起来 思政课"有滋有味"有魅力》，《河南日报》2019年3月22日。

的思想政治教育网络体系。通过社会调研、单位实践、社区服务、创新创业等实践活动,实现理论与实践的相互结合,最终实现知行合一。①例如,某理工大学自1988年开始就开展了"清明义工"志愿服务活动,每年至少有500多名青年志愿者协会的成员,参加各大墓园的义工活动,还提出了无烟扫墓、骨灰植树等环保理念。此后,陆续得到其他院校的大力支持,纷纷加入此志愿服务活动之中。② 纸上得来终觉浅,没有深刻的体验与经历,就难以实现个体经验的提升与改造,难以实现个体思想的顿悟与开化。现代认知心理学,提出以悟为基础的理解活动,是人的生存活动的重要部分。大学生思想政治教育对生活世界的回归,通过具体的实践活动,从学生的个体体验与行为着手,在实践中感悟、体验与内化,实现知、情、意、行四者的相互统一,才能实现思想观念、道德品质、政治素质与个体行为的统一。③

第二,注重理论自觉向实践自觉的转化。由于大学是学生进行社会适应的前阶段,因此在学校教育向校外教育转化的过程中,需要借助活动这一有效载体,以此提高学生的社会适应力。大学生思想政治教育回归生活世界,旨在提升受教育者实践的自觉性,并通过具体的实践活动呈现出来。在大学生思想政治教育生活化的过程中,教育者设置的教育实践活动,需要合目的性、规律性与必然性,与受教育者思想观念意识内化的规律相符合,还要与社会的发展趋势保持一致。通过活动的开展,引导受教育者将理论与现实生活实际相联系,学会对社会现象进行解读,并在解读的过程中,认识到自身在现实生活中存在的问题,以此进行反思和改造。在实践活动实施的过程中,教师需要以学生的兴趣为基础,由浅至深、循序渐进。一方面满足学生自我成长的需要,另一方面能够在活动中不断提升自我的思想素质与道德品质。依据学生的现实需要,有针对性地开展教育活动,通过各种不同的激励措施,充分激发

---

① 侯文华:《高校德育生活化的生成路径》,《南通大学学报》(社会科学版)2011年第5期。
② 《春风化雨 润泽心灵:高校校园文化建设综述》,《人民日报》2009年2月20日。
③ 王健敏:《具身德育:立德树人背景下德育新理念与新路径》,《中国特殊教育》2017年第5期。

和调动学生参与的热情和积极性，引导学生将自我成长的目标融于现实生活之中，立足于现实生活条件，将个人的目标融入社会发展目标之中，将个人的成长与社会生活的发展趋势相融合。高校还可以通过与其他单位部门合作，建立自己的教育实践基地或实习点，积极借助社会中的教育资源，为学生提供参加校外实践的机会，以此建立学校、社会、单位的互动实践教育网络。大学生思想政治教育对生活世界的回归，过程中，教师需要引导学生进行情感体验，个体情感的投入程度，在一定意义上对思想政治教育理论知识转化为个体的思想道德素质、观念体系起着决定性的作用。大学生思想政治教育需要重视情感所具有的激励作用与感染力，着眼于学生所处的现实生活环境与情境，立足于学生的现实个体经验、成长经历与个体需求，让学生在敬畏生命的同时，能够感受到生活的美好。

第三，注重直白灌输到价值渗透的转化。高校在提供思想政治教育资源供给的过程中，需要把握住政治方向。通过学生日常生活平台的打造，完善管理机制的建立，使高校在开展教育活动的同时能够统一发声，并确保价值指向一致。在活动的过程中，要增强活动的价值指向性与目的性，发挥活动过程中对于学生的价值引领，通过正确的政治指向与思想认识，将思想政治教育相关的思想引领贯穿至活动的全过程，以此避免娱乐化对于思想政治教育本质的消解，避免走入形式化、过程化、为活动而活动，将活动作为业绩或是任务。在设置活动内容时，需要对时代精神与主流价值观进行弘扬，确保活动有明确的价值导向、主题、思想和正能量，一方面活动指向于立德树人这一根本任务，另一方面不断促进学生的全面发展。大学生思想政治教育对生活世界的回归，意味着学校所组织的校园文化活动需要不断贴近学生的生活，应有明确的价值导向。从根本上改变传统思想政治教育方法的单一与内容的单调，通过艺术化、活动化的方式向学生进行传达，使抽象、枯燥的理论能够融于学生的生活之中，让学生更易于接受。同时，充分发挥学校、各职能部门、学院、学生会、团学等组织的作用，使高质量、思想性强、传播力度广的校园文化活动扎根。如某学院将优秀校友、能工巧匠等邀请回母校，让他们联系自己的成长经历为学生上一堂生动的思政课，以此作为榜样激励学生的学习与成长，并与祖国的成长同频共振，将个人的发展与家国命运联系在一起。① 在活动组织与实施的过程中，不断赋予学生自主的权利，通过活动塑造学生个体的品格与思想，不断促进其自主发展。在活动中，学生通过各自的角色扮演与责任承担，使学生能够提升学业之外组织与管理的能力，并在活动的过程中提升获得感，同时提升组织合作、协作沟通等方面的能力。② 在入学教育、毕业典礼、实践活动以及相关的各类庆典活动中，将思想政治教育融入各类活动、节日或庆典中，使师生将活动视作有意义和价值的事情，而非只是形式化的过程与参与，以此不断增强思想政治教育的有效性与实效性。高校可以结合本校的历史传统、学校特色、学科特色、专业特色等举行多层次、多样化的校园文化活动，将思想政治教育融入学生的学业与生活之中，让学生从爱自己到爱学校再到爱国家，将自身发展积极融入学校发展与国家建设之中，以此扩大思想政治教育的辐射面与影响力。如某大学将时代主题与大学精神的传承相结合，以改革传统的典礼为突破口，不断拓展校园文化的实践路径。在学校的开学典礼上，为培养学生的仪式感，要求佩戴校徽、共唱国歌与校歌，将校园文化精神与时代的责任感相融合。通过颁奖典礼上的荣誉口号，以及奖学金的设立，激发学生追求卓越、奉献社会的使命感。通过学生成长历程的专题短片，激发学生的感恩之情与报效祖国的远大志向。③ 校园文化活动作为大学生生活的重要组成部分，是大学生课堂之外的主要活动形式，在学生群体中具有广泛的影响力。高质量、有特色、适应学生成长需求与发展特点的活动，深受学生的欢迎与喜爱。活动要触动人的心灵，能够打动人心并产生持久性的影响，其根源在于"人们对真善美的喜爱"是一种永恒的追求。④ 大学生思想政治教育生活化过程中，具有实践体验特征的校园文化活动，不仅能将思想政治教育融入学生的日常生活之

---

① 《让思政课燃起来 思政课"有滋有味"有魅力》，《河南日报》2019年3月22日。
② 张奎良：《马克思人的本质思想的全景展示》，《天津社会科学》2014年第1期。
③ 《春风化雨 润泽心灵：高校校园文化建设综述》，《人民日报》2009年2月20日。
④ 高宇、胡树祥：《微视频APP：网络思想政治教育的新场域——基于"快手正能量"的大数据分析与思考》，《思想教育研究》2017年第12期。

中，而且能满足学生的心理需求，并发挥意识形态教育功能，进行价值引领和思想观念的塑造。这种潜移默化的影响作用，可以与思想政治教育的主渠道相互补充，通过鲜活的方式引领学生的成长，为学生的自我发展与教育提供有力的思想保障，同时将爱国主义教育、理想信念教育等内容融入这一载体之中。

二　以境化人功能的文化载体

首先，创设符合人性发展的美好校园。生活世界既是思想政治教育的现实场域，也是思想政治教育的场域。学校思想政治教育要发挥其价值引领作用，不仅体现在教育活动之中，还融入学生的日常生活世界之中。大学生思想政治教育对生活世界的回归，需要重视挖掘现实生活中的思想政治教育资源，重视环境对人的影响作用，要创设合乎个体人性发展的环境。[①] 通过符合人性发展的校园文化环境的创设，优良生活环境的培育以及和谐美好校园的创设，以此不断提升教育对象的思想道德素质与个人修养，让学生在良好的学校文化氛围中，不断感知与体验身边所蕴藏的思想政治教育资源。在对真善美的追求中，潜移默化地受到教育与影响，进而实现以境化人的育人效果。[②] 学校作为文化知识传递与培养人的重要部门，整个校园文化氛围应该是积极引导学生对于真善美的追求，对美好生活的追寻。学校作为一种组织化的环境，其组织文化环境是依据自身的培养目的而构建的，而学校组织环境与环境建构的差异，将直接影响到学校组织的育人效果与人才培养的质量。[③] 校园文化环境，不但影响学生的人格成长，还影响学校教育目标的实现。相对于社会而言，学校是学生适应未来生活的重要场所，学校教育是对学生经验的改造与重塑，在改造与重塑的过程中需要保持一致性与连贯性。校园文化环境，在一定意义上起着催化剂的作用，学生良好人格与德行的培育需要有开放的育人环境。在这样的环境中，通过启发、诱导与激

[①] 柏伟：《大学生思想政治教育生活化探究》，《高教发展与评估》2011年第2期。
[②] 张国启：《大学生思想政治教育生活化路径探讨》，《思想教育研究》2008年第4期。
[③] 谢维和：《教育活动的社会学分析：一种教育社会学的研究》，教育科学出版社2000年版，第192页。

励的方式，实现学生自主自觉的成长、修炼与磨砺，而不是按照指定的规则或是目标进行改造与塑造。如某理工大学，在加强学科教育的基础上，加强科学与人文两者的有机结合，以此构成"一个主题、两条主线、三个渠道、四个平台"的校园文化系统。学校围绕学生的成长与成才，抓住科学教育与人文教育两条主线，以"育人为本、知行统一"为主题，利用科学精神与实践、科学研究方法的相关讲座、论坛培养学生的科学精神，了解科学的本质，利用人文素养的相关讲座、弘德论坛等给予学生人文关怀。通过主、辅、社会三大课堂的结合，对学生进行实践、创新、健康、责任四个方面的教育，其中责任教育是核心，健康教育是保障，创新教育与实践教育为手段，以此促进学生的成长与发展。[①] 大学生思想政治教育生活化，教育者需要为学生创设民主、开放、平等、协商的教育氛围，让学生认识到自己是教育活动中的主体。教育者立足于学生已有的价值观念，围绕学生所处的现实境遇，通过对话、交流与沟通，不断解决学生在现实生活中所遇到的各种价值困惑与冲突。在合乎人性发展的环境氛围中，尊重学生作为拥有不同价值观的主体，进行有意义的对话。在交流的过程中能够形成共识，最终能够引导学生与他人形成生活成长的共同体，与他人一起构建对自己负责与有价值的生活。学校构建符合人性发展的校园环境，目的在于激发学生的自觉性与主体性，学生作为学校生活的主人，需要不断对自己的行为负责。个体与环境进行互动的过程中，相互之间的关系多维而复杂，人与环境的互动与相互促进需要在符合人性发展的环境中进行。通过学校校园环境的建设，在个体与环境的交往中，不断促进人格的完善。"环境能力乃是对环境造成特定后果的行动能力，包括物质能力、人际能力和公民能力。"[②] 学校通过创设合理、开放、公正的育人环境，使学生成长为具有自主能力的当事人与责任人，以此提升学生的社会适应性，实现人格的完善与德行的养成。[③]

---

① 《春风化雨 润泽心灵：高校校园文化建设综述》，《人民日报》2009年2月20日。
② 黄向阳：《德育原理》，华东师范大学出版社2000年版，第261页。
③ 靖国平：《培养道德生活的当事人》，《教育科学研究》2012年第1期。

其次，创建符合价值引领的美好校园。"一种价值观要真正发挥作用，必须融入社会生活。"① 立德树人作为思想政治教育的根本任务，大学生思想政治教育生活化，学校需要创设关心人的校园文化环境，使学生能够在关怀中成长，才有可能培养出有爱心的学生。校园文化环境，以隐性的方式影响个体的社会化成长与价值观的学习。如某高校运用以文砺人，在文化自信中将价值观自信作为根本，通过挖掘学校自身深厚的文化底蕴与爱国的奉献精神，将学校精神作为载体，以此落实社会主义核心价值观。新生的开学第一课由校党委书记进行讲授，通过对学校奋斗史的回顾，使新生能够增强自身的使命感和责任感。同时，将学校的校史馆、教学楼等作为育人阵地，以杰出校友的人生为蓝本创作话剧，以学校的历史建筑为蓝本创作视频，以校史故事创作相声剧等，通过视频、图片、文化作品等感染学生，通过以文化人、以文育人，在各类学校的典礼、活动中，大力弘扬与传播学校的人文精神。通过大师讲坛，邀请学术巨匠讲述自身的学习成长经历，激励学生能够投入学术事业。学校还将具有历史文化影响的图书馆作为育人基地，利用校区的历史资源，以及历史保护建筑，不断塑造具有文化历史底蕴的地标与文化群。在此基础上，注重构建文化标识，不断挖掘校徽、校旗、校歌等校园文化符号的深刻内涵。与此同时，还不断激发学生的创作热情，让学生的创意成为青春的纪念与文化的符号。② 校园不仅要让学生养成探究精神与思考的习惯，还要营造一种文化氛围与美的体验。使学生能够在审美体验的过程中，得到心灵的愉悦与升华。在文化氛围中得到熏陶与感染，引发学生对于真善美高度统一的心理追求。③ 美好校园的创建，需要好的制度做保障，同时还需要良好的校园文化做支撑，制度的作用在于学生个人生活经验的改造，而文化则是对学生价值观念的塑造，需要两者的相互结合，才能形成完整的教育影响力。在学校生活

---

① 《习近平谈治国理政》，外文出版社2014年版，第165页。
② 《上海交通大学持续深化校园文化建设》，http://www.moe.gov.cn/jyb_xwfb/s6192/s133/s166/201703/t20170321_300295.html，2017年3月21日。
③ 王健敏：《具身德育：立德树人背景下德育新理念与新路径》，《中国特殊教育》2017年第5期。

中，学生以一种潜隐式的学习方式，获得校园文化所赋予的价值观念。人在接受特定的文化价值时，是一种内隐性的学习过程。这种学习是在自发与无意识的状态中发生的，对于环境自身所提供的刺激与潜在影响毫无意识。这种内隐的学习过程，揭示了文化与个体的思想、观念与品德发展之间形成的内在联结。对这种影响与结构所做出的反应，是一种内隐性的学习过程。校园文化环境与氛围，通过一种无形的浸染，不断浸润着个体的日常生活，让个体在独具特色的校园文化场域中，自觉或是不自觉地受到所传播的价值观念的暗示与影响，同时还通过他人的示范与感召，逐步地认知、接受与内化这一价值观念。因此，对于学生价值观的形成与塑造，学校文化环境具有重要的涵养作用。如某大学通过良师益友的评选活动构建和谐的校园文化，一方面通过评选构建了教书育人的典范，另一方面促进了师生间的相互交流与了解，凸显了尊师重教的氛围。在评选的过程中，让学生能够充分表达对教师的感恩之情，运用教师的奉献精神、钻研精神与人格魅力，为学生树立学习的典范。同时，通过这一活动激发教师的教学热情，回归教书育人的初心与本质。让师生在相互的激励中共同成长，以此在学校中能够营造出尊师重教的校园文化氛围。[①] 大学生思想政治教育对生活世界的回归的过程中，学校需要从办学理念、育人目标、校风、教风、学风等多个层面形成自己学校所特有的文化，还要让学生从不同的层面受到核心价值观念和主流意识形态教育，让学生在学校生活中获得一致的生活体验。[②] 校园文化是寄托学生个人情感，坚定人生信念理想，成就学业与追求美好生活的重要保证。学校需要构建良好的环境氛围，通过情景交融，潜移默化地使学生获得同化。美好校园需要浓厚的人文氛围，宽松的学习环境，给予学生朝气蓬勃又赋予诗意的生活，使学生既能够脚踏实地学习，又能够仰望星空，追求真善美的高度统一。通过教育者的合理教育，创建人文校园、道德校园与生活校园，创设高尚的生活氛围与环

---

① 《春风化雨 润泽心灵：高校校园文化建设综述》，《人民日报》2009年2月20日。
② 班建武：《基于学生经验的学校价值教育有效性基础及其实现途径——以社会主义核心价值观教育为例》，《国家教育行政学院学报》2016年第5期。

境，使学生能够在环境的浸润与熏陶中，受到高尚思想价值指引，同时改善自己的生活方式，使自己的行为、价值观念与环境相适应，并在环境的影响中不断塑造与提升。

最后，构建符合可能生活的美好校园。生活化的校园，是一种拟生活的校园，更强调生活中的实践原则。生活作为个体认知的背景，表达于经验之中"德性的整体性又以人在生活世界中存在的整体性为其本体论根据"[1]。个体在对生活意义的追寻过程中，尝试着理解生活，从而获得个人存在的意义与价值。生活化的美好校园，就是让学生在校园中能够找到生活有何意义的可理解的答案，其目的在于将全新的生活理念融入校园文化建设之中。让学生做生活的主人，能够感悟生命的完整性，从而追求人生的理想境界与完美的生活，学生个体在生活化的校园中获得超越。斯宾诺沙曾说，自我存在的保持是德性的基础，德性即人格的表征，人格是人整体存在的精神体现。[2] 大学生思想政治教育对生活世界的回归，着眼于思想政治教育与生活之间的内在联系，聚焦于人生、生活意义的探索与生活质量的提升。生活化校园的打造，是从生活的维度进行美好校园的建设。让学生在生活实践中改造与塑造自己的经验，同时领悟生活的意义与真谛，实现人生境界的提升与超越。生活化校园的打造，目的在于将知识传授与学生情操的陶冶、良好生活习惯的养成相结合，将社会实践、志愿服务与学生的思想道德行为考核相结合，将校园文化活动与公益性服务相结合，将学生生活实践观念的引导与创新意识的培养相结合。与此同时，还赋予学生完整的自主性，让学生做自己生活与成长的主人，对自己的日常生活进行自主的管理。在生活化的校园中，使学生能够在校园中感悟与体会生活的美好，让学生能够学会生存、学会关心、学会理解，在进行自我探索的过程中，与他人形成良好的社会关系。生活化的美好校园主要涉及学生的认知生活、德性生活与审美生活这三个维度，这三者相互交叉、包含，彼此发生作

---

[1] 杨国荣：《伦理与存在——道德哲学研究》，华东师范大学出版社2009年版，第149页。

[2] ［美］A.麦金太尔：《德性之后》，龚群等译，中国社会科学出版社1995年版，第279页。

用，但始终包含着一个向上的合力。在这个合力中，促使学生在认知的基础上，不断追求人类的善，不断追寻幸福的生活，最终能够自由地选择生活，为可能的生活提供一种联结和路径，最终实现完满的人格与完整的生活。[1]

三 主流价值导向的传媒载体

第一，营造弘扬社会主义主流意识形态的网络文化环境。随着全媒体时代的到来，信息技术与媒体技术日新月异，网络融入人们的日常生活之中，个人虚拟生活占据着日常生活的一部分。网络平台成为展示人们虚拟生活的主要阵地，网络文化环境蕴含着错综复杂的教育影响与各类因素，对于人们的价值观念、思想素质产生着潜移默化的影响，这一虚拟文化场域在大学生思想政治教育中发挥着重要影响与作用。[2] 在大学生思想政治教育生活化的过程中，网络平台作为大学生生活的重要组成部分，需要通过网络平台对学生的虚拟生活实践进行引导和教育。对于网络文化环境的营造，可以通过自媒体、虚拟文化产品、App 等对社会的主流意识形态进行弘扬与教育。首先，教育者可以利用自媒体，面向虚拟生活实践，构建点线面的思想教育格局。所谓的点，即时政关注点与热点，将此作为思想政治教育的切入点，不断通过自媒体向学生进行时政热点的推送，同时引导学生进行观看、评论与转发。由此再贯穿至学生个人的生活主线，同时了解学生的思想动态，并对他们个体中所存在的思想困惑与疑点进行回应，以此作为主线贯穿于学生的思想成长之中，进行适时的引导与教育。通过个体的生活线延伸至生活之中，不断收集学生在自媒体上分享的活动与想法。通过集体讨论与私下交流等介入学生的生活之中，不断将学生群体中存在的普遍问题提炼出来，形成思想政治教育的教育资源，给予回应与分析，以此激发学生情感上的共鸣与思想上的共识，对学生的虚拟生活实践进行正向引导。其次，以

---

[1] 王青原：《生活化校园的彰显——回归生活的学校德育》，《河北师范大学学报》（教育科学版）2005 年第 2 期。

[2] 邱伟光、张耀灿：《思想政治教育学原理》，高等教育出版社 1999 年版，第 152 页。

虚拟文化产品为载体，进行社会主义主流意识形态的弘扬。虚拟文化产品是网络文化环境的重要载体，是与学生虚拟生活实践相结合的重要组成部分。高校可以通过以社会主义主流意识形态为主体的虚拟文化产品征集大赛，将高质量、学生喜爱的作品加以广泛传播与宣传，使学生产生价值共鸣，实现价值引领。最后，加强对于思想政治教育类 App 的推广与运用。App 作为学生虚拟生活实践的重要网络平台，有情境化、个性化与社交化等特点，学校可以根据学生的需求与兴趣，选取符合学生发展的网络平台，一方面提升学生对思想政治教育的兴趣，另一方面通过不同的方式与手段，对学生进行社会主义主流意识形态教育。例如学习强国 App，通过多样化的内容与丰富的形式，突破时间、空间等界限，使学生能够自主地进行思想政治教育知识的相关学习。同时，还可以通过该平台与不同领域、学科专家进行交流与沟通，以此提升自己的思想政治教育理论，升华对于社会主义主流意识形态的认识。再如某高校在"互联网+"的时代背景中，率先开发并应用关于思政课的手机端移动学习平台"静思学堂手机 App"。该学习平台的内容设置丰富，更新速度快，将课程资源传递、学习服务、教学评价等功能融为一体，以此使思政课能够活起来，使学生的学习内容更加丰富，进而满足学生个性化的学习需要，将学校的思政教育与现代信息技术相融合。通过此学习平台的运用，使学生能够真正喜欢上思政课程，使思政教育能够入脑入心，让学生能够拥有获得感。此移动学习平台中设置的思政内容与教学板块，都由该校所在的思政教学团队所打造，一方面迎合大学生碎片化与个性化的知识获得习惯与方式，另一方面不断运用新的技术与多媒体手段进行微课程设置，设立相应的资料库，使抽象不易理解的课程内容通过学生感兴趣、易于接受的方式呈现出来，以此构建课堂教学与网络微课之间的立体化教学。在此基础上，还进一步建立了思政实践教学的网络平台——"某区情教育三维虚拟展馆"，同时在教学平台的讨论板上持续更新了上百个话题，逐渐形成了自主学习、移动管理、评价过程与结果相结合、线上与线下相配合的教学新模式，以此实现了思政教学内容、手段与方式等方面的全方位创新。在移动课堂的打造过程中，研讨社区在学生中间比较受欢迎，学生在发表不同主题的言论或谈论之后，有相关的教师或其他同学对此进行回复，以此形成了师生之间、生生之间、课堂与网络之间的良性互动。"静思学堂手机 App"使思政课程更加具有吸引力与感染力，在开放互动的交流过程中，注重学生个体的学习体验，以此提升思政课的教学质量，使思政课更具时代感与参与感，使思政课真正活起来。① 又如某所大学，打造了有关慕课的在线网络互动平台，开设了国情时政大讲堂，此大讲堂邀请党政军与企业干部定期作时政报告，形成"大报告 + 小课"的教学模式，进而引导学生对国情、党情、世情等的了解。同时，为了增强思政课教学的实效性，还针对社会热点、党的创新理论成果等开展专题辅导与报告会。② 大学生思想政治教育与虚拟生活的结合，只有不断突破空间限制，进行方法与形式上的创新，进而营造具有时代主旋律与正能量的网络文化环境，能够给予学生虚拟生活实践以指导。

第二，把握弘扬社会主义主流意识形态的话语权。大学生思想政治教育回归生活世界的过程中，要注重网络空间内教育资源的挖掘，通过话语媒介的构建与网络舆论阵地的占领，潜移默化地发挥思想政治教育的隐性教育的功能与作用。首先，需加强对主流话语的引导。舆论的制造与传播通过网络媒介得以实现，教育者需要把握网络话语传播的规律与辐射程度，通过对学生主流话语与舆论的引导，有针对性地对不良思潮与不良现象进行回击。同时，高校还需要加强网络信息的审查力度，坚决遏制非社会主义主流意识形态的内容。通过审查机制的健全，把握主流意识形态的传播与宣传。教育者需要充分运用现代自媒体的传播渠道与方式，以学生的需要、兴趣为出发点，通过合适的主流话语，让学生能够潜移默化地接受教育与熏陶。其次，注重对网络意见领袖的培养。在网络信息传播的过程中，存在信息传播者、接收者与免疫者三种不同类型的

---

① 《打造"移动课堂"让思政课"活"起来》，湖南民生网，https://www.hnmsw.com/show-article-81989.html，2018 年 1 月 12 日。
② 《兰州大学多举措加强思想政治理论课建设》，http://news.lzu.edu.cn/c/201903/54347.html，2019 年 3 月 4 日。

人群。① 大学生思想政治教育工作者，需要重视对于学生意见领袖的培养，将学生队伍中的意见领袖不断吸纳到学校的网络队伍中。通过对他们意见的听取，充分了解学生的诉求与思想动态，并适时地组织重大决策的会谈，加强对于网络舆情与学生思想的引导，实现主流价值观的传播。在信息传播的过程中，有的是易感的个体，有的会产生免疫。个体面对网络空间的大量信息，都有着自主的选择权与选择逻辑，而在进行选择的过程中，反映的是个体的价值观念与思维意识。大学生思想政治教育对生活世界的回归，不仅需要给予学生自主选择权充分的尊重，还需要运用恰当的方式掌握网络的话语权与主动权。在虚拟社会中的网络意见领袖，就属于网络中较为活跃的分子，有着较大的影响力。② 教育者可以通过网络意见领袖，把握教育对象的真实思想状况与及时的信息动态，还可以引导他们主动发声，进行主流价值观的传递。最后，注重话语队伍的建设。在虚拟的网络空间中，大学生思想政治教育生活化，通过打造一支能够主动发声，并能够引领主流价值观念的话语队伍，实现对积极正向网络环境的营造与社会主义主流价值观念的弘扬。教育者积极发挥话语队伍潜在的影响力，构建符合大学生特质与成长规律的网络文化环境，引导学生的网络文化自净能力，坚决抵制低俗的病态文化与错误的社会思潮，形成新兴、积极向上、向善向美的网络文化与网络语言。同时，发挥话语队伍的主观能动性，让他们积极参与到网络的清洁工作中，以此增强他们对于各种价值观念与社会思潮的辨析能力，同时能够在虚拟社会生活实践的指导中获益。③

第三，打造弘扬社会主义主流意识形态的微平台。作为国家意识形态教育的主渠道，高校思想政治教育，不仅担负着知识传递的主要任务，还担负对学生主流价值观的引导。传统的大学生思想政治教育，主

---

① 朱晓霞、刘萌萌、赵雪：《复杂网络中的信息传播机制研究》，《情报科学》2017年第5期。

② 冉晓斌、刘跃文、姜锦虎：《社交网络活跃行为的大数据分析：网络外部性的视角》，《管理科学》2017年第5期。

③ 张耀灿、曹清燕：《新中国成立60年来高校思想政治教育的基本经验》，《思想理论教育导刊》2009年第8期。

要通过知识的灌输，以知识讲授的方式进行主流价值观的传递，以此实现对受教育者精神世界的改造。随着微时代的到来，信息传播呈现出多元化、迅捷化、多样化、即时性与微主题的特点，信息内容纷繁复杂而形式变化多端，这给思政工作带来了一定的挑战，也不断促进教育者对思想政治教育的内容与方法进行创新，以此来适应时代的变化发展与学生的个体需求。微时代使个体的主动性与选择性得到充分发挥，教育者与受教育者获取教育资源与信息的机会平等。个体可以通过多样化的方式、途径与手段获得各类信息，而大学生的信息选择倾向在一定程度上取决于内容自身所具有的吸引力与感染力。教育者可以通过微平台的打造，汇集微力量，把握受教育者的需求变化，不断创新思想政治教育的方法与手段。首先，设立学校发声的主平台。学校通过微信公众号、官网微博、校园网站等代表学校进行发声与正能量的传播，运用微力量引导学生的主流价值观，同时对社会主义主流意识形态进行积极的弘扬与宣传。其次，设立学生主体的微平台。学校通过校园贴吧、学生干部群、班级微信群、党员信息群等，针对不同的学生群体，进行层次化、有针对性的教育。通过与学生的沟通、讨论与交流，实时把握学生群体、个体的思想动态，对学生所存在的思想矛盾、价值困惑等问题，开展有针对性的思想政治教育活动。最后，建立微平台监管机制。学校的微平台可以代表学校、学生群体进行发声与主流价值观的传递，但是同时还要防止错误思潮与各种不良现象的介入。学校可以依托网络信息服务部门，分别对学校、学生工作、教师、学生等的新媒体平台进行监督与管理，对于学校网站、校园论坛、贴吧、微信与微博等实施信息的动态监管，并引导学生个体之间进行相互监督，及时发现与解决问题，使校园网络微平台具有良性的生态环境，实现主流价值观的传播。①

四 自我治理模式的管理载体

第一，注重加强学生的主体自觉能力。"正因为人是类存在物，他

---

① 刘丽琴：《"微时代"背景下高校思想政治"微教育"探析》，《学校党建与思想教育》2019 年第 4 期。

才是有意识的存在物"①，大学生正处于人生的关键期，也是主体自觉能力培养的重要时期。大学生价值观的形成，一方面受个体内部的生理、心理等因素的影响，另一方面还受外部环境的影响。这些综合因素间的相互作用形成了大学生的价值观。② 由于社会利益主体的不同，所呈现出的多元价值观念以及西方不同文化观念的冲突与影响，对于大学生的价值观培养有一定的冲击，因此培养与强化大学生的主体自觉能力显得尤为重要。大学生作为高校思想政治教育的主体，既承载着思想政治教育目标的落实，也是思想政治教育活动的对象性主体。"通过实践创造对象世界，改造无机界，人证明自己是有意识的类存在物。"③ 大学生通过自主自为的日常事务管理，能够发挥个体自身的主观能动性，在实践的过程中实现自我确证。现代社会中，个体的需要与选择变得更加多元化、主观化，个体在对自己选择的空间与事物做出价值判断的时候，呈现强烈的主观性特征。在学校生活中，日常事务的管理需要不断与学生的个体需求、诉求相吻合。同时还要发挥学生的自主性与主动性，以此才能让学生对自己的行为负责，能够明确自身的责任所在。在现代社会中，作为现实生活的个人，在不断追寻着个人所期望的自由与独立，期望在此基础上能够呈现自我的本真性。"那些在原则上不需要把别人用做纯粹手段的目标是可能的。"④ 现代性的理性思考是"为自己负责，为我们负责"⑤。大学生思想政治教育对生活世界回归的过程中教育者需要引导受教育者进行自主管理，学校尽可能地结合已有的资源，为受教育者的自我教育与管理搭建实践平台，让受教育者在自主管理实践中，不断提升自己的责任心与主体自觉能力。高校可以在原有的学生组织基础上，设立学生的各类委员会，如权益保障委员会、资助互

---

① 《马克思恩格斯选集》第1卷，人民出版社2012年版，第56页。
② 陈玉君：《当代中国青年价值观研究透视》，《青少年导刊（人大复印）》2011年第1期。
③ 《马克思恩格斯选集》第1卷，人民出版社2012年版，第56页。
④ ［匈］阿格妮丝·赫勒：《现代性理论》，李瑞华译，商务印书馆2005年版，第322页。
⑤ 王海萍、李晓晴：《现代性视域下日常生活与个体需要的选择》，《学术交流》2019年第3期。

助委员会、学生咨询中心、学工评价委员会等。通过制度保障，使学生能够全方位地参与到学生的日常事务管理之中。同时，还可以通过宿舍、食堂、保卫部门等学生的生活区，设立学生自主的监督委员会与服务岗位。一方面，使学生进行自主管理与监督，以此提升学生的主人翁意识与自主性；另一方面，通过实践与锻炼，培育学生的服务意识与责任。[①] 由于西方自由主义、个人主义等不同思想文化的影响，使学生的价值观遭遇多元化与相对化的冲击。传统的集体主义与个人主义之间的相互关系，受到一定程度的质疑。通过学生自主的日常事务管理，可以增强学生个体的责任感、归属感与集体荣誉感，在进行实践的过程中，不断反思与批判自己思想所存在的误区。通过个体的自觉与他者的合力，不断提升自己的思想境界与精神境界，提升自己的价值判断力，对自己内在的精神生活进行治理与修复，促进人格的健全和个人的全面发展。

第二，促进学生的自觉成长。从个体生命成长的角度来说，个体是生活实践的自主性创造中获得生命的自觉性成长。个体的成长离不开生活实践的参与，只有在实践之中才能实现自己的动态生成与完善。教育的价值与意义，在于教会受教育者能够育己。教育者通过引导个体自我意识的不断发展，对个人经验进行塑造，以此使个体获得生命存在的价值和意义。大学生思想政治教育生活化，教育者引导受教育者个体不断参与到相关的生活实践之中，使受教育者个体能够实现一种动态、开放、自我生成的健康发展，而"个体的发展只能在人与其相关的各种关系和本人参与的各种活动的交互作用中实现"[②]。作为现实存在的个人，只有在所构建的关系与活动中，才能对自己所属的生命价值进行展开，才能创造可能的生活与幸福的人生。[③] 自觉自为的日常事务管理，是让学生在日常生活实践之中获得一种自觉性成长。学生在认知自身已有的

---

① 李大健：《论高校德育贴近生活的路向》，《思想教育研究》2007 年第 1 期。
② 叶澜：《"新基础教育"发展性研究报告集》，中国轻工业出版社 2004 年版，第 20 页。
③ 叶澜：《"新基础教育"发展性研究报告集》，中国轻工业出版社 2004 年版，第 20 页。

独特生活经验与已有行为习惯的基础上，在特定的教育生活中，让学生能够通过自己的存在状态，全面探索能够促进自身成长的内在生命动力与需求。同时，学生在认知自身已有的独特生活经验，与已有的行为习惯基础上，通过与他者的多向互动与交流的过程中，获得全新的生活体验，实现自我的自觉性成长。[①] 学生个体内部的自觉成长与自主改造，需要通过理念与行为之间的相互作用才能得以实现，而思想政治教育的相关理论，同样需要受教育者个体内在的建构与实践行为的更新，才能产生持久而真实的影响。从思想政治教育理论与个体行为的关联性来看，理论的传递不能只限于被动的接受、模仿与操作，需要个体进行内在的建构，并能够介入自己的日常生活实践之中，以一种理性的方式指导自己的生活与实践。所谓的自觉性成长，不是个体暂时性的行为改变或是压迫式的改变，是个体通过生活实践之中行为的更新，自然而然形成的自身内部理论的重构，并能够在日常生活中形成持久性的习惯。大学生思想政治教育回归生活世界的过程，体现出来的是一种管理智慧，以学生的基础性素养为基点，在管理中形成一种自由生成、开放和谐与创造的氛围，使学生能够在校园生活中有着主人翁的责任与意识，以此激发学生的自主性与责任感，促进学生的自觉成长与行为的不断更新。[②]

第三，引领学生的自主管理实践。为了使大学生思想政治教育能够贴近学生、贴近生活，学校需要为教育对象提供相应的教育实践锻炼平台，让学生在参与管理的过程中，实现自我的约束与教育，在自主性管理实践中使自己内化的理论与外在行为两者之间能够相互统一。大学生思想政治教育对生活世界的回归，需要充分发挥学生自我组织、自我管理的能力。通过学生的自主管理实践，构建生活化理念所推崇的民主平等、团结合作与自主自助的人际关系氛围。在自主性管理实践中，教育者需充分尊重受教育者的自主意愿，并肯定受教育者的自主能力，将部

---

① 叶澜：《"新基础教育"发展性研究报告集》，中国轻工业出版社2004年版，第273页。

② 张向众：《人在学校日常教育实践中的共同成长——一种教育学意义上的幸福观》，《教育科学研究》2008年第7期。

分管理权适当地下放并返还给学生自治组织。教育管理者尽量少组织形式化与强制性的教育活动，为学生的自主治理与自我教育提供空间与条件。学生自治组织可以渗透至各公共区域，如教室、宿舍、食堂、图书馆、运动场等。同时，还将公寓管理作为党员、团员培养的第二课堂，实行党团组织进公寓，让党员、团员在相应的实践工作中，实现思想上的自觉与成熟。让广大党员、团员在寝室内树立良好的榜样，同时自觉参与宿舍的管理。一方面，学校可以在学校社区设立由学生党员组成的管理中心，以此来实现学生自主的管理。在该中心不仅需要给广大同学宣传入党的程序、条件与方针政策，还要对学生的思想动态进行密切的关注与了解，以此实现学生之间、师生之间的良性沟通与了解。通过开展相关的组织活动，使党员的教育活动与组织学习由班级延伸至寝室，从教室之内延伸至学生社区，以此增强学生党员的责任感，同时在不同的教育阵地发挥学生党员的先锋模范作用。另一方面，在学生社区可以组织开展多样化的党团活动。如党员先锋宿舍、党员志愿活动等，同时定期组织与开展相关的思想教育活动与生活共建互助活动等，以此充分发挥党团组织的模范带头作用。[1] 通过多个场域与不同类型管理活动的参与，让学生在实践中获得自主自治自立能力的提升，进而获得思想观念、道德品质、个人素质的提升与重塑。有的高校将学生骨干作为重点培养对象，通过选拔学生骨干担任楼层长，协助管理员做好本院宿舍的自查自改工作，发挥学生"自我服务、自我管理、自我教育"的工作机制，推动文明公寓创建工作常态化进行。学生在参与自主性管理实践的过程中，不断将民主平等、爱岗敬业、诚实守信等主流核心价值观念进行内化，而不只是把它们当作抽象的原则。[2] 班级作为学校日常事务管理的基本单位，在学生事务管理中发挥着关键作用，在班级建设体制中，依据班集体的现实需要，拓展班级组织管理岗位的资源，使学生能够自主地参与到班级管理事务中。将班级管理从科层制的体系中解放出

---

[1] 《五进五化：构建公寓思政教育新模式》，《湖南中医药大学报》2014年9月26日。
[2] 侯文华：《高校德育生活化的生成路径》，《南通大学学报》（社会科学版）2011年第5期。

来，将自主管理的权力还给学生，将集体生活还给学生，在互动生成的过程中，使学生发挥自身的潜力，以此形成更广阔的成长空间。大学生思想政治教育生活化过程中，班级管理从集体生活的角度出发，充分运用各种岗位设置、班级活动、班规、班纪与班风等，让学生在班级组织管理的过程中，既能够获得丰富的管理经验与角色体验，还能充分地融入集体生活，提升集体荣誉感与归属感，增强学生的集体主义精神的培养，重视班级的团结并关注集体的成长。同时，让学生在民主平等管理的过程中，形成合理的自我认识，认识到规则、规范的重要功能与作用，能够让学生进一步认识社会规范，增强对于社会的适应性。让学生在与他人进行互动的过程中，充分认识与体验自己的角色与责任，在相互的互动与促进中客观认识自己的优缺点，以此形成合理的成长期待，不断促进自我社会化的实现。班级事务自主管理的教育，在于让学生成为人，而非只是成事，其目标在于满足学生的成长需求与自我生成。自主自为自觉的管理，既是大学生思想政治教育的优良载体，也是使大学生思想政治教育进一步贴近与融入学生生活的现实路径之一。让学生在参与管理的过程中，不再是学校生活的旁观者，而是学校生活的主动参与者与自主管理者。[①]

第三节 大学生思想政治教育回归生活世界的实践路径

一 营造以学生生活为主线的大思政格局

第一，教育理论资源与生活实践资源相整合。随着社会的进步与发展，高校所培养的人才需要适应时代的发展需求，一方面需要加强对学生实践能力的培养，另一方面需要让学生成长为学会生活的人。在大思政的视域下，教育者需要以学生的学校生活为主线，根据学生的生活，进行不同类型教育资源的整合与统一。教师需要结合学生的发展需求，

[①] 李伟胜：《学生主动生存：构建属于自己的生活》，《思想理论教育》2003 年第 5 期。

引导学生主动参与，坚持人本理念，充分发挥学生的主体性，才能实现教育教学质量与效率的提升。在大思政的格局中，需要不断整合教育资源，不断构建与完善教育模式，教师与学生之间要不断进行密切的沟通与交流，根据学生的需求不断优化思想政治教育的目标、内容与方法。通过思政教育研究团队的组建，以大思政格局为基础，不断扩充与丰富教育教学资源，为思想政治教育提供充实的教育教学素材，增强思想政治教育的育人合力。大学生思想政治教育不能仅仅依靠现有的教学资料或是素材，还需要不断融入时代热点与丰富多样的现实理论知识，由此才能满足学生成长成才与生活的需要。同时，可以依据思想政治教育的教学需要，打造校内外协调的师资团队，以此适应大思政格局下育人模式的构建，让不同类型、领域的专家，在思想教育教学活动中发挥不同的价值与作用。同时，教育者还要不断与学生家长进行沟通与联系，让家长为思想政治教育助力。通过家长了解学生的思想动态，使其更具有针对性与现实性，使学生能够树立正确的思想意识与价值观念。在学生遇到的现实生活问题与成长过程中的难题时，赋予思想政治教育现实性与针对性，在帮助学生解决问题的过程中，赋予学生正确的价值观念指引与导向。大学生思想政治教育生活化过程中，需注重各类相关教育资源的整合。通过学校与其他单位、部门、社区之间建立联系，形成统一的教育实践资源，使学生的社会实践、专业见习、实习、社区服务等都能够融入思想政治教育之中。学校通过一体化实践平台的打造，不断扩大学生群体的参与面，最大限度地发挥实践的育人功能。大学生思想政治教育的实施者，既有担任着理论灌输与传授的专业教师，也有承担着日常思想政治教育管理的各类管理者与思想工作者。大学生思想政治教育对生活世界的回归，旨在思政课教师与日常管理工作者之间，建构一个良好的沟通机制与体系，以此促进理论与实践的相互融合与统一。作为思政课专业教师，不仅要落实专业理论知识的传授，还要随时与日常管理工作者沟通，了解学生在现实生活中的行为表现与习惯，结合学生的行为习惯与特点，把握学生在现实生活中的思想动态与所面临的各类矛盾与困惑。同时，适时地对自己的教学内容与主题进行调整，使教学内容能够进一步贴近学生的现实需求，深入学生的现实生活世界之中，使教学更具有现实针对性。日常事务管理者同样需要及时与思想政治理论课的专业教师进行沟通与交流，在交流的过程中了解学生目前所学的知识体系与内容，将相关的知识点作为各类实践与活动理论指导，使学生能够学有所思、学有所用，实现理论与实践的统一。大学生思想政治教育对生活世界的回归，需要以学生的生活为主线，充分整合与利用思想政治教育的相关教育资源，给学生的学习、成长与生活共同营造安定有序、平等公正、互助协作、和谐友好的生活环境与氛围，充分利用社会资源与社区资源，实现大学生思想政治教育理论资源与实践资源的整合，形成统一、协调的大思政格局。

第二，显性教育资源与隐性教育资源相整合。大学生思想政治教育生活化，旨在理论性与实践性两者间的相互统一，思政小课堂与社会大课堂之间的融合。在开展思想政治教育的过程中，需要以学生的生活为主线，不断挖掘与整合校内外的各类实践教育资源，重视实践的育人功能。[①] 人造就了环境，环境又反过来影响人。如某高校多部门整体协作谋划部署，力求打造一个能够让学生满意、以学生为本的公共空间。不断探索与实践多元化主体的校园空间文化创设，多方联动多部门通力合作实现精益求精与人性化的服务，同时设立协同育人的工作机制，坚持"创新、精细、主动"的服务理念，形成全方位与全过程的育人格局。为了能够进一步丰富学生多元而个性化的需求，注重以文化人与以文育人，积极营造和谐共进、团结优雅的公寓文化，结合公寓的建筑特征与住宿结构，不断进行改造与美化，并积极融入学科特色与学校文化，对公共空间进行改造与装饰，将学生的公寓打造成学习、育人与文化交流的空间，秉着服务、关照与围绕学生的服务理念，使学生深切感受到良好的文化氛围与育人环境。在设施服务上，不断满足学生的实际生活需求，在特定的时期提供新生提前入住、雨天防滑毯等温馨服务，从细节上让学生体会到学校的人文关怀。同时，还开启书院制的管理模式，打造协同育人机制，实现专业教师、学工、后勤保卫等人员的多方联动。

---

① 宋琳、李丹:《价值、现实与实践:高校日常思想政治教育三维探析》，《理论导刊》2020 年第 5 期。

在管理的过程中，注重引导学生的自我组织与管理，引导学生进行自我探索与体验式的管理，借助各类校园品牌活动，拓展学生的交流平台，实现科学真理追求与人文精神相融合的文化环境与氛围，让学生实现内外兼修、知行合一。在大思政的视域下，社会作为大环境与学校之间发生相互影响与作用，高校通过对思想政治教育环境的不断优化，使思想政治教育的显性教育资源与隐性教育资源相互统一。学生的现实生活关涉学校、社会、社区、家庭等多个方面，大学生思想政治教育对生活世界的回归，需要对各类环境因素进行有机整合，为思想政治教育提供优质的教育环境。高校需要联系各学院、各部分共同构建良好的育人小环境，重视单位内部环境的优化与创建，大力发展校园文化建设。通过美好校园的打造，如雕塑、走廊、横幅等多种形式的载体，营造良好的校园文化氛围，使身处其中的教育对象能够获得潜移默化的影响、熏陶与感染。如某大学就将马克思主义学院所在的长廊打造为红色文化长廊，在长廊的 19 块展板中分别展示了中共一大至十九大代表大会，在经过长廊时，犹如进入一段难忘的历史，让学生在与历史的对话中感受自身所肩负的责任与使命，使之受到潜移默化的影响与教育。[1] 课堂外，思政教育同样无处不在。高校还可以通过社区服务，与社区之间建立帮扶联系，通过志愿者服务活动，为社区的文化环境进行改善与打造，由此拓展高校的文化影响力与辐射面。高校还可以通过区域化的服务，为所在地区提供文化服务，一方面发挥高校的引领与示范作用，另一方面让学生能够在相应的社会实践与锻炼中获得自我发展。在大思政的发展背景下，高校将自己作为基点，不断拓展正向价值观与人文精神的影响力，形成学校、社区、区域的一体化发展。同时，还可以不断整合区域、社区、学校的资源，为思想政治教育发展创设优质的教育环境。高校"要坚持显性教育和隐性教育相统一，挖掘其他课程和教学方式中蕴含的思想政治教育资源，实现全员全程全方位育人"[2]。大学生思想政治教育对生活世界的回归，需要坚持人本思想，将学生视作具有潜在创

---

[1] 《让思政课燃起来 思政课"有滋有味"有魅力》，《河南日报》2019 年 3 月 22 日。
[2] 《习近平谈治国理政》第三卷，外文出版社 2020 年版，第 331 页。

造力的主体，为学生实施人性化服务。通过聘请社会工作者、心理专家等，定期为学生做生活、心理、就业等方面的咨询。通过对教育对象现实境遇的关注与现实生活中所遇问题的解决，让学生能够感受到思想政治教育工作者在关注学生之所想，解学生之所需，让学生体会思想政治教育的目的在于教会学生成长与生活，以此构建良好的校园人文环境与氛围，充分发挥校园文化在"养成健全人格、完善文化修养、培养学术品格、提高审美情趣等方面的育人功能"[①]。通过显性教育资源与隐性教育资源的挖掘与整合，使思想政治教育能够潜移默化地影响学生，使高校自身的文化与精神能够呈现在每个学生个体的身上。

第三，打造目标一致的综合教育网络体系。在学生的生活成长过程中，家庭、学校与社会作为一个有机的整合体，它们既相互区别，又相互作用与发生联系。学生个体的健康成长，首先离不开原生家庭所提供的坚实基础，而成长的过程中还受到社会生活环境的影响，各类伦理问题与道德困惑，也让学生的成长面临诸多的考验。高校作为大学生从学校步入社会的关键一环，需要与家庭、社会相互合作，个人、政府与国家共同努力，构建目标一致的综合教育网络体系，最终实现自律与监督、引导与约束、道德与法律之间的相互统一，以此形成相应的思想政治教育运行机制。在此机制中，需要关注思想政治教育过程中各要素之间的相互作用与影响，以此形成有机的整体。在这一综合网络教育体系的运行过程中，各要素对于思想政治教育的实施都有着不同程度的作用与影响，需要注意遵循协调性、一致性与连贯性等原则。大学生思想政治教育回归生活世界的过程中，教育者与受教育者之间是对话、交流与平等的关系。教育者在尊重学生自主性、主体性的基础上，引导学生的自我教育，避免为教而教，最终实现教是为了不教。同时，不断加强学生学习思想政治教育的主动性与参与度，学生成为教育过程中的主体，充分发挥学生的积极性、自主性与主动性，以此使思想政治教育能够达到教育者的理想教育境界并获得良好的教育效果。在开展思想政治教育

---

① 周文宣、武传君：《校园文化建设与大学精神培育》，《大学教育科学》2008年第1期。

的过程中，通过学校资源、家庭资源与社会资源多方面的整合，使教育对象能够获得一致性与连贯性的教育影响，同时获得理论与实践之间的相互统一。如某晚报就推出寻找优质思政课的专栏，节目一经推出，记者就收到大量思政课教师与学生的积极反馈，作者将课程以视频或图文的方式呈现给读者，促使全社会更加关注思政课的开设，通过公众的热议，激励教师打造更加优质的精品思政课，以此推动思政课的改革创新。[①] 大学生思想政治教育生活化，目的在于引导学生的自我教育，避免为教而教，最终实现教是为了不教。同时，不断加强学生学习思想政治教育的主动性与参与度，让学生成为教育过程中的主体，以此获得良好的教育效果。让学生在不同类型教育资源的反复刺激下，内化为自己的思想观念与意识，使思想政治教育实现持久性与连贯性的影响。学生在各个不同时期与阶段所接受的教育，目的都是在于成人，成长为社会所需要的人才。在不同的教育阶段，家校社要形成教育合力，既要保持培养目标的一致性，又要能够发挥各自不同的功能。既要加强相互之间的沟通交流与合作，又要形成统一的教育导向，让学生在这个过程中能够充分地进行自我认知，了解自己的价值与意义并能够形成正向的价值观念与道德判断。同时，使自身的个人目标与社会目标相统一，使个人的生活理想与社会主义共同理想、共产主义远大理想相统一，最终实现自身的全面发展与美好生活的创造。大学生思想政治教育对生活世界的回归更加注重个体的自主性与主动性，能够在面临现实生活问题时，做出合理的价值判断。学生的个人成长受着多方面的影响，是一个动态生长的过程。随着时代、生活的不断变迁，思政工作者对于国家、党的大政方针政策的深入解读与宣传，使学生能够不仅知其然，还要知其所以然。以此，使学生个体的生活成长、发展与国家、社会的发展相一致，并能够让个体借助国家、社会所提供的发展机遇与平台，获得自我发展与提升。现实的个人，不是抽象的个体，而是一切社会关系的整合。在复杂多变的环境中，学生与环境之间相互依存与发生作用，同时改变与塑造着他们的个人生活经验与社会生活实践，学生个体的自主发展受到

[①] 《意蕴悠悠，让思政课更有魅力》，《钱江晚报》2019年4月14日。

环境的影响，同时学生个体又促进着环境的变化。通过教育资源的有效整合，充分把握环境在育人中的重要作用，使学生能够获得一致性影响，最终能够实践立德树人的教育目标。在大学生思想政治教育回归生活世界的过程中，高校需要紧跟国家的发展步伐与党中央的工作动态，结合自身的发展潜力与特色，营造良好和谐的校园文化氛围，不断提升与丰富学生的精神生活。通过学生对学校与学校发展的认同，了解到国家、社会对于教育、民生的关注，进而促使学生对现实社会与生活的关注与了解。通过国家、社会、学校的教育影响的一致性，能够将自己的发展融入国家与社会的发展之中。

二 构建多场域多主体相融合的育人模式

第一，构建多主体共同参与的决策机制。在大学生思想政治教育回归生活世界的过程中，需重视多元主体之间的交互影响与作用，而生活世界是属于参与者的生活世界。① 在现实的生活世界中，离不开主体间的相互交往所形成的生产活动与交往活动，在此关系活动中体现出了自我和他者之间相互依存的关系。哈贝马斯认为，交互主体和交往理性构成了所谓的生活世界。现代社会大生产下的分工进一步体现了交往的重要性。大学生思想政治教育是一个系统工程，不仅需要关注各主体间的参与和相互之间的交往，还需要依靠全方位与全面的教育资源，实现预期的教育目标与教育效果。从现代公共治理的角度来看，管理型的社会治理模式旨在使权力主体运行公共权力应当最大化地实现其代表性与回应性。② 大学生思想政治教育生活化，为构建多主体共同参与的决策机制提供了契机。现代社会分工体现了交往的重要性，大学生思想政治教育体现了教育者之间、教育者与受教育者之间、受教育者之间等不同形式的主体交往。作为一个系统工程，大学生思想政治教育仅仅依靠高校自身的资源与力量，很难实现预期的教育实效。大学生思想政治教育回

---

① ［德］哈贝马斯：《交往行动理论（第二卷）——论功能主义理性批判》，洪佩郁、蔺菁译，重庆出版社1994年版，第171页。
② 赵野田、张一苇：《习近平网络空间治理思想的哲学意涵与核心理念》，《广西社会科学》2018年第6期。

归生活世界，旨在构建多方主体共同参与的育人体系与模式，同时还为多主体的决策机制提供了可借鉴的路径参考。大学生思想政治教育生活化，需要将多元主体共同治理的理念应用于具体的思政工作中，将政府、社会团体与组织、社区群体、教师与学生等多方主体纳入其中，通过多元主体间的合作与交流，形成强大的育人合力。[①] 大学生思想政治教育工作，过去强调的是专兼结合，现在强调更多的是全员化。在高校中，由于学生的学习时间相对自由与零散，在进行公共课学习的过程中，班级概念也被淡化。大学生思想政治教育生活化，需要依靠全员参与到育人工作之中，通过上课的专任教师、管理服务人员、教辅人员等多主体的参与，让思想政治教育实现全覆盖。在全员化的过程中，充分调动教师、管理人员以及教辅人员的积极性与主动参与的意识。通过理论教学、日常管理与服务等进一步落实思政教育的根本任务与目标，以此促进学生的全面成长。从中国社会结构分化的程度来看，由于过去社会结构的分化程度不算太高，政治体系决策中的社会利益诉求表达主要由权力精英所认定，而非多元主体互动下的共同决策。这种决策方式同样使思想政治教育预期的教育目标逐渐远离学生的现实生活世界，逐渐暴露出高大空等弊端。大学生思想政治教育需要进一步贴近学生的现实生活，需要破除思想政治教育政策与目标唯权力意志的做法，充分调动多方主体的参与，创建民主、平等与协商的氛围。与此同时，倾听来自多方主体的声音，促进多方主体之间的互动与交流，逐渐形成科学民主的决策机制。大学生思想政治教育生活化，在于转化过去由权力所有者制定单一目标的传统。通过多元主体的参与，使所设定的教育目标更加能够贴合学生现实生活世界与发展需求，将权力团体、理论研究者、教学工作者、管理者、专业教师、家长与学生都纳入其中，通过多方的互动、协商与交流，对教育目标进行共商共议，形成多方认可的培养目标。同时，还要加强各类思想政治教育实践研究基地的建设与发展，加强思想政治教育理论与实践之间的联系，通过调研与实地走访等，不断

[①] 姜金林：《网络空间治理视角下大学生思想政治教育的创新》，《学校党建与思想教育》2020年第18期。

深入学生群体之中，了解学生所需，获得以学生为主体的第一手资料，以此作为大学生思想政治教育目标制定、内容依据与方法选择的重要参考。① 不断把握时代的脉搏与潮流，从学生的学习与生活出发，进行工作方法的创新，通过各方主体的共同参与，达成学生知行合一的教育实效。

第二，完善多主体共同参与的协同育人机制。习近平总书记曾指出："做好高校思想政治工作，要因事而化、因时而进、因势而新。"② 大学生思想政治教育的创新，不仅需要尊重思政工作特有的规律，还要尊重学生个体的成长规律，需要从学生的现实生活实际出发，不断满足学生变化的多样化需求。大学生思想政治教育对生活世界的回归，旨在立足于学生的现实生活，旨在满足学生多样化的个体需求。同时，以学生的生活为主线，不断完善多元主体协同育人的机制，将思政课主渠道与日常生活的多渠道相结合，不断提升思想政治教育的育人合力与实效性。首先，对于基本保障制度的健全。大学生思想政治教育的根本任务在于立德树人，这是一个错综复杂且不断变化的系统工程，只有通过良好的顶层设计，才能取得良好的成效。③ "法理权威的基础在于理性建立的规则，这些规则反映了组织依据制度未达到目标的想法。"④ 制度作为行动的保障，大学生思想政治教育各项具体工作与活动的开展，都离不开完善与健全的制度体系。大学生思想政治教育对生活世界的回归，需要不断加强对于整体工作的统筹规划与协调，通过协同育人机制的完善，育人合力的形成，提升大学生思想政治教育的可接受度与实效性。通过对校内的主题党日活动、主题团日活动等进行统一的规划与安排，使学生工作的各职能部门在学校党委的领导之下联动运行，在学校的内部管理运作中能够步调一致、齐心协力助推思政工作的开展。其

---

① 赵惜群：《关注生活：德育目标的价值取向》，《中南大学学报》（社会科学版）2008年第6期。

② 《习近平谈治国理政》第二卷，外文出版社2017年版，第378页。

③ 戚如强：《习近平立德树人思想的理论渊源与精神实质》，《马克思主义研究》2018年第7期。

④ ［美］戴维·博普诺：《我们身处的世界：波普诺社会学》，李强等译，中国人民大学出版社2014年版，第293页。

次，规范运行机制。高校需要进一步明确思政理论课与日常思想政治教育之间各自的职责与任务。通过合理的分工，设置合理的相关管理制度与规定，明确自己在教育目标中需要履行的责任，对工作做出科学与合理的安排、规划。同时，需要明确日常思想政治教育中班主任、辅导员等各自需落实的职责，将专业理论课教师作为中坚力量，将辅导员与班主任作为骨干力量。在目标落实的过程中，通过多方的协同与相互配合，最终能够促进学生的全面发展。例如，某高校提出了大思政格局，与此同时，将后勤人员作为一支主要的思政理论，让保卫、优秀学生代表以及校外专业队伍也逐渐加入思政队伍中，以此丰富思政的项目与阵地，让思政教育融入学生的日常生活之中，破解在日常生活中的育人难题，使思政教育能够贴近与融入学生的生活之中，以此在生活中培养学生的品格。[①] 最后，构建教育共同体。大学生思想政治教育对生活世界的回归，不仅要重视学校内部多主体的联动与参与，还要重视学校小环境与社会大环境的融合。通过教育共同体的构建，形成全民参与办教育，运用社会力量的参与，促进大学生思政工作的发展与创新。思想政治教育的目的在于培养人，作为一种实践活动，需要国家、政府、社会、学校、家庭与个人的相互协作，形成教育共同体，才能实现学生的自我成长与发展。作为国家与政府，需要坚持教育的优先发展，对高校的思想政治教育给予资源、制度等方面的保障，以科学的评价导向推进学生的综合素质评价，从重结果转向重过程，重视给予大部分学生教育激励并提供自我教育的可能性。作为社会团体与组织，可积极参与教育事业的规划与发展，破解学校与社会之间的藩篱。通过高校与社会组织、团体的联系，为学生认识社会与社会实践提供基础与平台。作为家庭，需要明确自己的教育责任，通过优良家风、良好家教的塑造，使家庭教育回归生活的本真，协助孩子走好人生的每一步。大学生思想政治教育回归生活世界，目的在于全员的参与、全过程地施加影响力，使学生能够在具体的生活情境与生活实践中运用自己所学，解决自身所存在的思想问题与价值困惑，以此获得生活体验与感悟，并在现实生

---

① 《浙江一高校两宿管阿姨受聘生活思政导师》，《中国青年报》2020年11月28日。

活中不断实践自己的交往能力，学会做人与关心人，学会在生活中理解各类规范与准则，同时，在实践的过程中，不断加深对社会与生活的认知与了解，实现认知与行为两者的相互统一。

第三，打造全域、全程、全时的育人体系。大学生思想政治教育对生活世界的回归，不仅要关注现实的社会生活，还要回应学生的校园生活，将学生的生活场景作为教育场景，将思想政治教育融入学校办学理念，以及教育教学的全过程。同时，还要将思想政治教育融入学生的学习与管理之中。同时，需要"把思想价值引领贯穿教育教学全过程和各环节，形成教书育人、科研育人、实践育人、管理育人、服务育人、文化育人、组织育人长效机制"①，"充分发挥课程、科研、实践、文化、网络、心理、管理、服务、资助、组织等方面工作的育人功能，切实构建'十大'育人体系"。从学生的需求出发，深入学生的现实生活之中，关注学生的现实生活诉求，把握学生的思想动态与波动，将思想教育理论渗透进学生的现实需求之中。同时，将思想教育、价值引领融入教学、管理、科研等各环节与过程之中，切实发挥课程、活动、管理等载体的育人功能，切实构建适合自身学校与学生发展的育人体系与育人模式。② 例如，某大学为使思政教育能够入脑入心、贴近学生，采取多样化的方式代替传统单一的理论灌输，将思政教育与社会实践、志愿服务、专题调研、微电影展示活动等相结合，使思政教育超越传统的教学模式，将大学生思想政治教育的理论与实践、课堂内与课堂外相结合。③ 大学生思想政治教育回归生活世界的目的，在于拉近思想政治教育与学生现实生活世界之间的关系，让思想政治教育能够融入学生的现实生活之中，而非独立于生活世界的抽象理论体系或是空中楼阁，使空洞抽象的理论转变为接地气的生活智慧，同时能够指导学生的现实生活实践。在此过程中，空洞抽象的理论转变为接地气的向导，在学生喜闻乐见的方式中接受与内化，更加注重理论教育与行为指导的融合与统

---

① 《十八大以来重要文献选编（下）》，中央文献出版社2018年版，第480页。
② 邓晖：《教育部发布〈高校思想政治工作质量提升工程实施纲要〉》，《光明日报》2017年12月7日。
③ 《让思政课燃起来 思政课"有滋有味"有魅力》，《河南日报》2019年3月22日。

一。学校作为立德树人的主场域,其办学理念、育人目标等都与立德树人有着本质的关联。学校在进行发展战略规划与制定时,需要与思想政治教育立德树人的总体目标相匹配,将此作为思想政治教育工作的指引,实现全员、全过程的育人要求。同时,根据具体的思想政治教育目标与要求,制定具体的方案与路线,结合学校基础、条件与特色,推进校本化教育实践。例如,某大学为深入推进三全育人的总体要求,实现立德树人的根本任务,将学生的自我发展贯穿于大学生活的全过程。通过对学生职业生涯规划的全方位与全过程引导,将思政教育融入学生发展的各个时期。在进行班级建设时,将学生的兴趣与规划作为导向,实现整体思想价值引领与学生个性发展相融合的学生工作体系。[①] 学校还需结合立德树人的目标导向,融合社会期待与家庭期待。与此同时,这些理念与行动要相互协作统一,使立德树人成为社会、学校与家庭的育人准则。[②] 学生的现实生活活动,依据不同的标准可以划分为不同的类型,这些活动构成了大学生的生活实际,并对学生的思想观念、道德品质、政治素质等都会产生潜移默化的影响。大学生思想政治教育对生活世界的回归,旨在关注受教育者的整体生活,将思想政治教育贯穿于学校生活之中。同时,教育者需要利用生活中的各种教育契机,对受教育者的现实生活世界予以正向引导,以此实现空间上的全域性、过程上的全程性与时间上的全时性。[③]

三 设置学生知行合一为标准的评价体系

第一,各评价元素统一于生活实践之中。传统的大学生思想政治教育评价方式以结果评价为主,以知识测试的方式进行考查,重点在于对学生所掌握的理论知识体系的测评,而对于学生在整个学习生涯或具体

[①] 《全过程、全方位育人理念下本科生发展模式的探索与实践——草地农业科技学院"虚拟级"建设大会举行》,http://news.lzu.edu.cn/c/201710/45779.html,2017年10月17日。

[②] 张铭凯、靳玉乐:《论立德树人的实践逻辑与推进机制》,《中国电化教育》2020年第8期。

[③] 毕明生:《试论贴近大学生生活实际的高校德育》,《思想理论教育导刊》2009年第8期。

学习过程中的真实体验或行为转标无法得以呈现，难以形成对学生真实的整体评价，也不利于思想政治教育目标的反馈与检测。传统大学生思想政治教育的考核，主要是对学生所掌握的理论知识的考核，而对于学生在学习过程中，所获得的真实情感体验与真实的行为表现无法呈现，难以形成对学生真实的整体评价，也不利于思想政治教育目标的反馈与检测。大学生思想政治教育生活化，教师需要对学生的知、情、意、行进行全方位的科学评价与合理考核，其重点应突出实践性，在评价的过程中重点考核受教育者理论与实践的结合度。① 首先，评价目的应定位于学生的可持续发展。使整体的教育教学评价将分数作为学生考核的硬性指标，使教学评价重视甄别、结果与量化，轻视结果与质性评价，评价的主体与方法也较为单一。传统评价考核之中，考核的问题与内容缺乏对真实生活的判断和预见，进而影响到对于评价方式的选择，评价结果不够客观与全面，不利于评价功能的发挥。大学生思想政治教育回归生活世界，目的在于实现思想政治教育与学生的现实生活相融合，在进行评价时更应注重过程性与可持续性，更多强调量化、质性两种评价方式的相互融合。教育者在进行评价的过程中，需引导受教育者能够不断地认识、发展与完善自我，以此培养自我反思与自主自为的主体性自觉能力，实现对自己精神生活的自我治理。通过被评价者对自我的深入认知，不断进行自我的塑造、发展与超越。其次，对于评价内容的情境性与真实性的关注。大学生思想政治教育对生活世界的回归，以学生需求作为起点，更加关注学生在学习与接受过程中的主体性，学生作为教学对象与学习的主体，在评价的过程中同样发挥着不可替代的重要作用，而评价的过程则是各主体之间进行意义共建的一个动态过程。在开展具体的评价活动时，评价者与被评价者两者之间是平等、独立的关系，双方以交互主体的关系存在，评价主体双方需尊重彼此的差异性与价值的多元化。大学生思想政治教育的教育实效，体现于学生在生活情境与非生活情境中的真实表现，其价值在于解决学生现实生活中所面临的思想困惑、矛盾与价值选择等问题。因此，在进行思想政治教育评价时，教

---

① 李大健：《论高校德育贴近生活的路向》，《思想教育研究》2007 年第 1 期。

育者应更多设置与现实生活相关联的，拥有真实性与情境性的问题，以此考核学生运用理论知识解释、塑造与创造现实生活的能力。① 最后，注重评价主体与方式的多元化。大学生思想政治教育对生活世界的回归，需要切合学生的时代背景与现实生活情境，在进行评价的过程中需要多方主体参与到评价中，以此保证评价的客观性与真实性。在具体的评价考核中，专任教师、日常事务管理者、学生个体以及家长等都是主要的评价者。通过教师、家长、同伴、自我等多方面主体的评价，获得受教育者现实生活中各方面表现的第一手资料，并通过不同主体的视角，实现对受教育者全方位的立体化考核。同时，通过教师评价、家长评价、自我评价、同伴互评、小组评价等方式的结合，使被评价者呈现出现实生活中的真实状态，以此激励被评价者更多地关注自己的现实生活，能够在生活中积极地从自身的行为状态出发，能够热爱生活、学会生活，并积极参与思想政治教育实践活动，最终能够实现知行合一，以此提升大学生思想政治教育所应具有的实效性，使思想政治教育能够发挥在现实生活中的价值指引与导向作用。② 大学生思想政治教育对生活世界的回归旨在改变传统思想政治教育中理论脱离实际、远离生活等现象，更多强调学生面对现实生活问题与面临现实生活情境时所具有的领悟力、解释力与判断力。在大学生思想政治教育的评价中，通过多方位评价主体的参与、多样化的评价方法与情境化、真实性的评价内容，使思想政治教育评价从知识考核型转变为充满生活关切与生命关怀的发展性、过程性评价。③

第二，评价过程中促进被评价者的知行合一。大学生思想政治教育，需要旗帜鲜明地进行思想政治理论知识的教育，通过理论知识的传授来引导受教育者的行为。在思想政治教育中，所谓的知就是让受教育者懂得思想政治教育的基本理论、原则与思想，主要解决受教育者在思

---

① 蔡宝来、李清臣：《教学回归生活的目的：为了学生的发展》，《教育科学研究》2009年第2期。
② 李大健：《论高校德育贴近生活的路向》，《思想教育研究》2007年第1期。
③ 蔡宝来、李清臣：《教学回归生活的目的：为了学生的发展》，《教育科学研究》2009年第2期。

想观念、理想信念、世界观、价值观、人生观、思想品质、行为规范等方面的问题。大学生思想政治教育的开展，不仅要符合教育对象的认知规律，还要尊重思政工作自身独有的规律，既要符合时代与社会的发展需求，又要能够促进受教育者身心的全面发展。思政工作者通过引导受教育者不断塑造自己的思想观念与行为规范，提升自己的内在品性与素养，让自身的发展与社会发展相统一，达到社会发展所要求的思想政治道德素质与水平，成长为社会的合格建设者与可靠的接班人。所谓的建设者与接班人，需要有坚定的立场，能够认同国家体制、制度与发展道路，还需坚决拥护中国共产党的领导。知，需要有效与管用，学习马列主义既要求精，又要管用。大学生思想政治教育回归生活世界的过程中，教育者需要立足于教育对象的思想实际，通过理论的灌输与传授，不断提升个体的认识，实现思想的统一与共识的凝聚，并能够将理论融入受教育者的个人成长与生活之中。同时，使教育对象能有正确的价值取向，以此转化为积极向上的学习动力，将个人、社会、国家的发展相统一，为民族复兴而奋发学习。教育对象对于知识的掌握是否达到预期，更多呈现于在面对所需要解决的现实问题时，是否能够运用科学的理论，对现实生活世界的问题进行反思与解决。大学生思想政治教育对生活世界的回归，作为教育者需要不断引导受教育者，运用科学的世界观与方法论去认识与分析时代、社会、国家的发展趋势与存在的问题，同时能够直面现实生活，明辨是非。在实施评价的过程中，需要关注学生所关心的焦点与难点。通过学生个体对于社会各种现象的分析，动态把握学生的思想现状，在深入了解教育实效的过程中，还能进一步观察学生是否能够将所学应用于现实问题的解决之中，对于各类现象进行深入的分析与判断，能够真正地运用所学。实践是认知的目的与关键，而认知是实践的前提与基础，通过两者的相互促进，达到知行的有机统一。在评价过程中，还需要重视被评价者的行。通过受教育者的行升华知，还要在知的过程中加强行的指导，从而实现受教育者内外一致、知行合一。以此，使思想政治教育能够与社会现实产生联系，与学生的社会生活实践相互作用，不断提升受教育者的思想素质、创新精神与实践能力，从而增强对国家、社会、人民的责任与担当。大学生思想政治教育回归生活世界，旨在引导教育对象知行上的全面统一，思想政治教育需要解决社会要求与个体现实思想品德之间的差异与矛盾，使个体的思想与行为能够符合社会与时代的发展需求。大学生思想政治教育对生活世界的回归，需要通过评价使受教育者的思想与行为能获得一致性发展，真正实现受教育者的知行合一。①

第三，评价结果服务于立德树人实践。"一种真正的人的教育就在于按照社会境况的种种可能性和必然性给天生自发的活动以一种理智的指导。"② 思想政治教育的根本任务是立德树人，而这一任务是否落到实处，落实的程度是否达到了基本要求，都需要通过评价来进行解答。大学生思想政治教育回归生活世界，旨在通过评价给予立德树人实践以及时的反馈，从而使教育实践活动进行积极的调整与完善。在评价过程中，要将被评价者视作现实生活中的人，将被评价者的为人处世、行为表现、思想状态、道德品质、身心素质等现实生活表现纳入具体的评价指标中，并为立德树人这一根本任务的实现提供有益的参考与实践路径。同时，评价结果还可作为立德树人实践的原则、方法与措施制定的依据，并对内容与现实生活的切合度做合理的诠释，对具体方法、方法的适宜性与结果有效性进行说明，如评价的目的指向、评价主体与内容的选择、评价功能的发挥等。立德树人是一项具有系统性、长期性与复杂性的实践活动。在实践的过程中，需要从不同的立场与角度，以系统化与协同性的思维方式，不断探索多样化的路径与方法。大学生思想政治教育对生活世界的回归，为立德树人这一根本任务的落实给予了有益的参考，在生活化的视域之下，从现实生活的视角出发，诠释思想政治教育对于个人成长、品德塑造的重要价值与作用，并强调在现实生活中应当成为什么样的人、立什么样的德，而在具体的现实生活实践中应当如何做到知行合一。学生知行合一的评价体系，为立德树人这一任务的落实提供了有效的实践路径指引。在此过程中，通过对受教育者知行合

---

① 谢四平：《强化知行合一 增强大学生思想政治教育实效性》，《湖南社会科学》2005年第3期。

② 万俊人：《现代西方伦理学史（下卷）》，北京大学出版社1992年版，第310页。

一的评价，以此测评立德树人任务的落实与完成度，并在评价活动实施的过程中对于所采用的方法与所选择的内容进行及时反馈。大学生思想政治教育实效的测评，不能仅凭经验或是感觉，也不能简单地依靠知识的回顾与测查，需要通过学生自身在现实生活中的价值取向与行为表现来进行论证。评价自身所具有的科学性、客观性与全面性与实践活动开展的指导力密切相关，"大数据是人们获得新的认知、创造新的价值的源泉"①。大学生思想政治教育生活化，通过借助大数据，对学生在现实生活中的各类行为习惯加以分析与研判。现如今各高校都在使用校园一卡通，学校可以通过学生的消费数据、图书馆进出时间、图书借阅频率、图书借阅类型等具体的数据，分析学生在日常生活中的行为习惯与表现等，能够更加真实地把握学生在现实生活世界中的行为表现与思想动态。大学生思想政治教育回归生活世界过程中，评价目的在于推动立德树人从理论构想转化为实践操作，通过知行合一的评价体系，实现立德树人实践，促进个体在现实生活的成长与发展，② 以此扭转思想政治教育评价凌驾于立德树人目的之上的局面，使思想政治教育评价最终能够服务于立德树人这一教育的根本任务与目的。

---

① ［英］维克托·迈尔－舍恩伯格、肯尼思·库克耶：《大数据时代：生活、工作与思维的大变革》，盛杨燕、周涛译，浙江人民出版社 2013 年版，第 9 页。
② 张铭凯、靳玉乐：《论立德树人的实践逻辑与推进机制》，《中国电化教育》2020 年第 8 期。

第五章

大学生思想政治教育回归
生活世界的合理界限

生活世界作为思想政治教育的现实基础与实践载体，承载着特有的功能，发挥着基础性的作用，是联结思想政治教育理论与实践的载体。生活是思想政治教育的本源，而思想政治教育又为现实个人提供着价值指引和实践指向。随着对人自身的关注，教育倡导回到人自身与人自身所属的现实生活世界，生活自身所具有的教育意义也在反思中求索。在此发展背景中，大学生思想政治教育也面临着新的现实诉求与转化。传统大学生思想政治教育单纯的知识认知教育模式受到质疑，而大学生思想政治教育生活化为此困境的摆脱指出了一个可能的方向。[①] 任何事物的存在与发展都需在合理的限度之内，超出这一合理限度，将引发事物本身质的变化或是不能够按照预期发展。大学生思想政治教育对生活世界的回归，同样有自身合理的限度，在实施的过程中有着自身特定的时间场域与空间场域，也有着自身的价值限度与主体限度。

第一节 大学生思想政治教育回归
生活世界的价值限度

一 普遍主义与个体价值的合理限度

第一，引导自我生活主体的构建。传统的思想政治教育，力图用模

[①] 龙柏林：《道德教育：在日常生活与非日常生活之间》，《学术交流》2003年第10期。

式化与标准化的教育，来实现对个体的思想引领与行为指导。但是，这种指导性在现实生活中却不具有普遍性的适用条件，其指导力依据时间、地点、条件与主体的不同而不同。普遍性的规范，只有在任何方面都相同或是类似的情况下才适用，而具有普遍适用性的价值判断，也需要在相同或是类似的情况下才可以遵循。① 然而，在现实生活实践中的价值判断，主要依据某一个问题或是事件而提出，而生活世界的变迁不断引发价值观念的变化。大学生思想政治教育对生活世界的回归，其目的在于让教育对象在获得社会共识的基础上，能够不断成长为自我生活的主体。现实的生活世界既是交往行为的支撑根基，也是社会理论建构的土壤。它不仅是文化延续的载体，也是知识传承的中介，以及社会制度的发源地。生活世界由个体的交往与社会生活实践交织而成，个体在社会制度的规范中不断走向成熟。个体既生活在社会中，也栖息于社会之中。② 从夸美纽斯提出每个个体都应接受教育，到卢梭尊重儿童的自然天性，到斯宾塞的以个人的生活需要为起点，再到杜威提出教育即自我的生长。教育目标从宏大转向具体，关注到每个个体自身所属的成长过程与生活，让教育均等地面向每个个体。大学生思想政治教育回归生活世界旨在直面个体的现实生活，引导个体成为自我生活的主人。通过个体生活经验的扩展与重塑，不断获取生活本身的价值与意义，进一步促进个体自我的生长，拓展自我发展的可能性。通过对个体现实需要与需求的关注，对个体在各类关系中真实体验的重视，最终使个体能够获得个人独有的人生价值与生活意蕴。在生活化的视域之下，思政工作者以学生个体的生活背景作为出发点，通过社会生活实践经验的获得与改造，对学生的生活方式与生存状态进行潜移默化的影响与塑造，让学生成长为有教养之人。个体在自我发展与成长的过程中，不是固定与一成不变的，是一种动态生成的过程。在这一过程中过早地被规定化、物化与功用化，不但不利于个体成长可能性的拓展，而且会导致教育的功利化取向。思想政治教育仅仅定位为生活的准备，就会以普遍化的社会行

---

① 张传有：《休谟"是"与"应当"问题的重新解读》，《河北学刊》2007年第5期。
② 张彤：《哈贝马斯的"生活世界范式"》，《学术交流》2015年第2期。

为来设计个体的行为,将个体的发展固定于统一的模式,其行为与习惯趋向于模式化。大学生思想政治教育对生活世界的回归,不仅仅是将思想政治教育定义为未来生存或是生活的准备,也不仅仅是现实生活所应具有的手段或工具,它所呈现出来的是教育对象与思想政治教育之间的动态生成过程,而这一过程将以现实生活世界为基础,让个体对自我生活世界进行认知和省察,使个体能够保持灵动的生命状态,让个体能够充分地感知和体验整个教育过程,以此避免并打破思想政治教育长期的工具化、功利化与抽象化的倾向。高校思想政治教育的目的在于给予大学生价值引领,使之能够成人。大学生思想政治教育对生活世界的回归,立足于学生的身心特点和已有的生活实践经验,既关注学生当下的生存状态与生活境遇,又要关注未来可能的生活,对现代生活的适应与超越转化为教育的目标与内容,引导学生能够获得一种自主且自由的生活方式并加以实践,让学生成为能够不断进行自我教育、自我管理与自我成长的主体。一方面使大学生思想政治教育生活化理念获得提升,另一方面能够超越现代思想政治教育对于现代生活全方位适应的完成。[①]

第二,关注个体精神生命的提升。日常生活是生命存续的确证,个体自我生存依附于生命之中。只有生命的存在才会有生活,也才有对自我人生价值与意义的追问。"全部人类历史的第一个前提无疑是有生命的个人的存在。"[②] 而"人们为了能够'创造历史',必须能够生活。但是为了生活,首先就需要吃喝住穿以及其他一些东西"[③]。生活作为个体生命价值确证与维护的基础,建构了个体生命得以延续的基本形态。人们的日常生活不仅是一个符号世界,还是一个需要不断进行塑造、提升与引导的场域。布鲁默曾指出,"经验世界是由不同情境中的行动者之间不断变化的符号互动过程所组成的"[④]。对于生活意义的问题,运

[①] 刘铁芳:《从苏格拉底到杜威:教育的生活转向与现代教育的完成》,《北京大学教育评论》2010年第2期。
[②] 《马克思恩格斯选集》第1卷,人民出版社2012年版,第146页。
[③] 《马克思恩格斯选集》第1卷,人民出版社2012年版,第158页。
[④] 吴飞:《"空间实践"与诗意的抵抗——解读米歇尔·德塞图的日常生活实践理论》,《社会学研究》2009年第2期。

用科学方法无法解决。随着信息化的发展，互联网侵入大学生的生活空间，大量信息无处不在，大学生也易于沉浸在娱乐化、物质化的生存状态之中。由于空闲时间的大量透支与过度消费，使学生个体无暇顾及与思考生命与生活的本质状态与意义，而现实生活中的价值越是平庸、虚无与世俗，就越使人们渴求得到价值的引领与精神境界的提升。大学生思想政治教育生活化，通过一种共识的生活理想与价值理想的介入，使个体的自我发展与社会发展目标一致，从而能够将目标性与意义感赋予个体的生命与生活之中。生活是个体之间相互交往构成的意义世界，个体的自我生命价值与生存意义都是在他者或是共在这一生存视域之下不断延展与实现的。个体自身所获得的生存境遇也是在这一视域下得以塑造的，个人呈现的样子就是个人对于自己生命的表现，生命是个体自己专属的。个体在与他人的交往之中获得生命体验，同时创造自己所属的人生与价值，在互动之中获得自我存在的真实感。① 生命与生活对于个体，不仅是一种类存在和意义的抽象建构，还是个体感性、具体的存在与体悟。"人感到了他自己的世界是被无数可见和不可见的纽带而与宇宙的普遍秩序紧密联系着的——他力图洞察这种神秘的联系。"大学生思想政治教育对生活世界的回归，旨在将视角聚焦于个体内在精神生命，旨在对于个体生来如此的同质性的扬弃，使个体生命的本真状态得以恢复，重拾对生命价值与生活意义的追求，以此使个体的日常生活获得改造与重塑。②

第三，促进个体生存与类生存相互统一。马克思主义哲学对现实与生活的关注，是由它的本性所决定的。生活哲学视野之下的马克思主义，通过对生活前提的解析与生活难题的解答，不断切入实际生活之中，以此揭示生活的本质、探索生活的本真、改造生活的现有方式与重构生活的意义。③ 哲学对生活的关注，使生活取向为哲学的理论话语提供了一个全新的空间。马克思主义哲学是从现实的人出发，从现实的人

---

① [匈] 阿格妮丝·赫勒：《日常生活》，衣俊卿译，重庆出版社1990年版，第245页。
② 郭婷：《价值观何以融入日常生活》，《人文杂志》2019年第2期。
③ 马讯：《生活哲学视野中的马克思主义》，《哲学研究》2004年第11期。

的实际生活过程出发，以此描绘人们所开展的实践活动，由此揭示生活实践的本质。人们所处的日常生活世界，既承载着每个现实个人生命的延续，也和现实个人的生存境遇息息相关，它维系着现实个人生存存在与各类再生产实践活动的总和。与之相对的是非日常生活，它与现实社会的整体存在密切相关，是维系社会或是类的再生产的各类实践活动的总称。非日常活动由科学、哲学、经济、政治等各类精神生产与有组织的社会运动组成。日常生活由观念、交往，以及其他与个体的直接环境相关的活动组成。个体生活于日常生活之中，在日常生活中进行着生产与再生产。大学生思想政治教育生活化，目的在于使思想政治教育与个体的实际境况相联系，使个体能够在自己生存的日常生活领域中，探寻自我生存的价值与意义，以此不断提升自身所具有的生命价值与更高层次的生存意义。在此过程中需要将思想政治教育过程视为变革了的实践活动，将其置身于现实生活之中，以此实现大学生思想政治教育的生命化与生活化。大学生思想政治教育对生活世界的回归，需要关注个体的现实生活世界，关注个体的现实需求与需要，将教育转变为个体自觉的生活过程教化，以此赋予个体生活的意义。同时，需要注重个体的主体生成能力，更加强调个体自身所具有的主动性、自主性与高度的理性自觉，让个体在生活实践中展现自己生命价值的同时，能够让自己的生活世界与理性化、系统化的科学世界相融合，实现外在知识与自身内部心理、精神、思想的相互和谐与统一，使自己的个体生存与类生存相统一，从而寻找到自我生命成长的连接点。在此过程中教育者需要将受教育者既有的知识与经验，作为教育的起点。通过思想政治教育与生活的切合，教育者不断引导受教育者探索与挖掘自我生长所具有的深度与生命意义的广度，对学生的自我认知、觉解、塑造与成长给予一定的价值指引与教化，让教育对象在知识、能力、情感态度、价值观、德性、精神境界等方面获得全方位的提升。大学生思想政治教育回归生活世界的目的在于将每个个体的生命与生活，作为受教育者与思想政治教育的连接点，使思想政治教育与受教育者的生命、生活相关，以此融入受教育者的生命与生活之中。在此过程中使个体的生命成长既符合自我发展的需求，也能够符合社会的发展需要，使大学生思想政治教育成为接地气的现实所需，以及个体生存与生活之中不可或缺的存在。①

二 事实判断与价值判断的合理把握

首先，是与应当的问题。大学生思想政治教育当中关涉是与应当的问题，即事实判断与价值判断的问题，关乎到大学生思想政治教育当中认知与实践、事实引领与价值引领、描述与规范等之间的关系。这些关系不仅涉及大学生思想政治教育生活化实践活动的范围界定，还涉及在事实与价值之间作为中介的生活实践的相关问题探寻。思想政治教育不仅仅是简单的知识传授或是一种理论的灌输，还关涉到价值指引与判断。是，应当属于事实判断与价值判断的问题，关涉事实引领与价值引领、描述与规范等之间的关系。知识关乎的是事实，思想观念与行为的正确与否，不只是简单地建立在对象的关系之上。② 价值判断具有主观性的特征，而从单纯的事实判断中无法推论出有关价值的判断，事实判断的陈述并不能承担价值判断的陈述。因此，个体的认知活动、观念活动和行为活动之间存在着本质上的区别与联系。在现实生活世界的实践活动之中，理性与情感是个体的重要组成部分，但两者在思想政治教育的实践活动之中所处的地位与作用却不相同。因此，个体的认知活动与观念活动有着本质上的区别。理性、情感是个体的重要组成部分，两者共同作用于实践活动之中。理性给予个体规范性指导，情感给予实践活动以动力。在思想政治教育实践活动中，既要肯定理性对于实践活动的指导作用，也要关注情感活动在实践活动中的影响力。事实判断作为价值判断的基础与前提，并不意味着价值判断是对事实判断的简单推导，两者之间并非线性的因果关系，而是一种综合关系。是与应当的问题，在思想政治教育中呈现出个人在活动之中的自由意志，个体在面临着诸多选择与判断时，应当体现出诸多选择之中的最佳，而正是这一选择能力才使个体具有了所谓的自由。不同的哲学家对此作出了不同的界定，亚里士多德认为这是实践智慧，康德认为是实践判断力。应当是对未来

---

① 孙慧玲：《对思想政治教育有效性的另一种思考》，《学术交流》2008 年第 1 期。
② ［英］休谟：《人性论》，关文运译，商务印书馆 1996 年版，第 509—510 页。

行为的预先指导，而它所指向的是还未存在的事实。在思想政治教育实践活动中，既要肯定理性对实践活动的指导作用，也要看到情感在实践活动中的促进作用，两者是综合作用的关系。大学生思想政治教育对生活世界回归的过程中，指导个体应当如何生活，但是前提是建立在生活是什么的基础之上。它并非抽象空洞的理论，也并非庸俗的生活理论。它是基于个体自由与生活事实的基础上，告诉个体应当怎样成为完整的人，作为现实的个人应该过什么样的生活，追寻什么样可能的生活，以及应当怎样去过值得过的生活。大学生思想政治教育回归生活世界，旨在使个体在现实生活实践中，面临诸多可能的行为时，能够做出符合个体发展与社会发展法则的行为，从而实现个体与社会的统一、思想与行为的统一。

其次，个体自身是连接事实判断与价值判断的桥梁。人既属于自在、事实已存的自然世界，也属于应当的本体世界。由于人的这种二重性质，使是与应当统一于人自身中，使事实判断和价值判断之间产生关联。作为现实生活中的个人，生活实践构成了生活事实，行为本身构成了人存在的事实，而思想政治教育并不是告知个体已经做过的事情，而是告知应该做的事，实现价值引领的作用。通过个体本身与生活实践发生联系，使是与应当、事实与规范、自由与必然之间相互统一，从而使个体的行为既是个体自由的自主行为，又能够符合社会的发展需求。正当性是价值判断的主要特征，正当性通过诸多的价值判断所构成。[1] 大学生思想政治教育生活化需要进一步区分两种情况：一种是外在的强制力要求个体应当怎样去做，以此表达出一定要的意思；另一种是通过对个体行为的导向与有目的性的引导，呈现出一种期望或是期许，让个体自愿地这样去做或是主动地朝着这个方向去发展，而非外在的强制力规定或是影响。[2] 当教育者在说某一种行为是好的，就是向受教育者提出了应当的要求，实际上是引导个体朝着这个方向或是这样一种行为进行模仿或是学习。[3] 在这一活动过程之中，思想政治教育所呈现的并非一

---

[1] 张传有：《休谟"是"与"应当"问题的重新解读》，《河北学刊》2007年第5期。
[2] ［英］约翰·穆勒：《功用主义》，唐钺译，商务印书馆1957年版，第56页。
[3] ［英］理查德·麦尔文·黑尔：《道德语言》，万俊人译，商务印书馆1999年版，第151页。

个简单的知识或是信息的预设、输出、传递与接纳的过程,还关涉到受教育者个体已有的认知能力、个体需要、已有经验、知识接受能力与程度等方面。价值依附于事实,价值认知指向于未发生的事实,个体并不是为已存在的事实去了解事物本身,而是为价值而进行认知。思想政治教育因其活动的特殊性,使教育对象的原初形态进行了事实认知与价值认知的划分。传统的思想政治教育更加注重对于事实认知的灌输,教育者在遵循事实认知的基础上对理论知识进行讲授,以此使受教育者能够有效而快速地获取理论知识。但是这样的方式产生了相应的负面影响,一方面使事实认知和价值认知两者之间出现了分裂或是断裂,使思想政治教育价值引领的作用进一步弱化;另一方面,在理论传授的过程中,使事实认知取代了价值认知,无法使理论与实践两者相互统一,逐渐远离教育对象的生活实际或是身心发展规律,使思想政治教育无法进一步深入人心或是接地气。日常生活是科学世界与生活世界两者之间的相互统一,思政工作者在开展思想政治教育活动时,需要进一步缩小科学世界和生活世界之间的距离,实现事实与价值的相互统一。大学生思想政治教育对生活世界的回归,通过生活把握受教育者的原初状态,改变传统思想政治教育人的空场,以此还原思想政治教育的本真状态。但是,在此过程中不能将受教育对象进行事实与价值的简单分割。只有从抽象到具体,才能使受教育者了解所学理论与知识的原本面貌。生活化视角下,思想政治教育理论知识经过生活而进行还原,并且获得了规定与说明,由此使理论变得丰富也更具生命力。思想政治教育理论工作者,不应只是关注理论教育与知识教学的模式设计,而更该关注受教育者本身,着眼于受教育者的现实生活。"我们以科学方式知道的事物不会变化……科学的对象是由于必然性而存在的……其次,我们还认为,科学可以传授,科学的知识可以学得。"[①] 随着近代以来科学主义的盛行,教育被具有普遍意义的教学模式所规制,但是思想政治教育说到底是对受教育者的一种价值引领,所谓的科学方法只是一种有益的补充,教育

---

① [古希腊] 亚里士多德:《尼各马可伦理学》,廖申白译,商务印书馆2003年版,第170页。

者不能将教育对象作为商品，进行流水线式的生产。传统大学生思想政治教育，为教育者构建的是充斥着理性与预期的科学世界，同时将教育对象的生活世界物化为可模范、复制与控制的简单世界。大学生思想政治教育对生活世界回归的目的在于，针对上述所存在的教育弊端，还给受教育者一个科学与信念、理性与情感、创造与美好相融合的生活世界，同时也是现实世界与精神世界相统一的世界。①

最后，需合理把握事实判断与价值判断之间的度。工业革命以来，对于物的创造、物欲的无限追求，使个体的精神需求被弱化。在认知与实践上，人的价值观念、道德品质、责任与担当等，面临着诸多挑战。个体在社会、家庭、团体组织等诸多的场域中获得培育与成长，而学校只是众多场域中的一种存在。大学生思想政治教育对生活世界的回归，要求教育者在把握受教育者本真生活世界的基础上，思考大学生思想政治教育生活化如何实现的问题，即从应然性与实然性上寻求到理论与实践相结合的路径。大学生思想政治教育生活化过程中所呈现出的难题与困难，都是科学主义倡导下无法完全复制与生产的，也无法运用科学统一的模式获得解决，比如价值观、道德品质、政治素质、道路认同、责任与担当等问题。科学有着自身的边界与范围，而大学生思想政治教育生活化也有着自身的界限，试图用此理论解决一切思想政治教育的理论问题与现实困境，将导致泛生活化、泛主体化，并将违背思想政治教育的本质与发展规律。大学生思想政治教育生活化有着自身的适用范围，无法承担思想政治教育中的所有责任。大学生思想政治教育生活化，有着它的现实意义与价值，但这意味着完全忽略传统的灌输理论。生活化有着它的现实意义与价值，但这并不意味着完全忽略传统的灌输理论。教育对于生活的回归是时代发展的必然，但同时还要与优良传统相结合，才能发挥其应有的价值与作用。但是，将思想政治教育等同于政治、道德等理论知识的简单灌输，必然使思想政治教育远离生活本身。事实世界追求的是严密的逻辑，具有普遍意义的真理与知识体系，而价

---

① 晏辉：《教育回归生活世界的基本方式》，《华东师范大学学报》（教育科学版）2006年第1期。

值世界追求的是生命所具有的意义与价值。19世纪至20世纪，对于知识与实证科学的追求，使事实描述、知识化取向成为各学科的准则，思想政治教育的发展也深受此准则的影响，对于思想政治教育内在本性与应然状态的探讨，陷入了知识合法性的危机。① 但是，人的生活脱离不了价值追求，而价值关系是人与客体间相互作用而形成的，这种相互作用过程通过社会实践而展开。人在认知客体的属性与意义的基础上，通过实践与客体之间建立起相应的价值关系。价值有着理性与意义的双重向度，个体在追求存在意义的过程中，需要有理性的支撑与指引，才能够使客体自身所具有的属性进一步满足主体的需求。思想政治教育自身所具有的价值，就是思想政治教育客体对于思想政治教育主体所具有的价值与意义，由此反映了主体与客体之间的相互关系。思想政治教育主体对于所呈现的客体所持有的态度，都通过个体的现实生活实践活动所反映出来，在具体的行为习惯与活动之中反映出赞成或是反对。思想政治教育所属的实践性，一方面在于个体的本质力量或是思想活动只能通过实践本身所呈现出来，另一方面理性与价值、事实与价值之间的相互统一只有在实践中实现。大学生思想政治教育生活化，通过生活实践活动呈现出价值与理性的相互统一，作为拥有理论思维的现实个人，只能存在于自身所属的现实世界中。思想政治教育不能浮于现实生活世界与个体生活实践之上，而建构一个形而上的理论世界。任何一种理论都需要以现实生活做根基，并受制于生活实践。"如果否认理论对于现实生活的任何超越性，把生活世界视为终极的东西，那么，理论不可避免地会成为一种现实生活的应声虫。"② 在大学生思想政治教育生活化的过程中，既需要区分事实判断与价值判断的边界，也要合理把握好两者之间的度。③

三 事实引领与价值引领的相互统一

第一，个体实然状态与应然状态的相互统一。个体进行价值追寻、

---

① 陈晏清：《政治哲学的时代使命》，《求是学刊》2006年第3期。
② 王南湜：《回归生活世界意味着什么》，《学术研究》2001年第10期。
③ 虞新胜、危琦：《回归生活实践的"政治"阐释：兼论奥克肖特〈政治中的理性主义〉中的政治概念》，《江西社会科学》2007年第4期。

判断与选择的过程，就是个人主体性得以凸显的过程。大学生思想政治教育对生活世界的回归，立足于个体本身的内在本性与应然状态，通过对个体思想与心灵的启发，激发受教育者个体对于追求美好生活的强烈愿望。同时，使个体在追求美好生活的过程中，不断进行自我反思与教育，最终通过内心的自觉而实现独立人格与完满的人性，肩负起社会发展过程中作为现实的社会人所应具有的责任担当与义务。大学生思想政治教育对生活世界的回归，不仅要关注当下整体的生活状态，还要关注意识形态教育的导向作用，不断回应社会、国家在特定历史方位之中的期许与中心任务。大学生思想政治教育生活化的乏力表现为价值引领的虚无，从表面上看存在着价值引领，并且对于个体的社会化设置了统一的标准。但是，事实上却使教育中原本应该蕴含的灵动生命与鲜活生活体验淡化了，最终教育者只是给受教育者构建了一个远离生活实践，充满枯燥感的成长空间。生活哲学主要关注于对生活的认知，对于生活价值的阐释与理解，并且通过生活实践使其得到实现。这一内容有两方面的内涵，一方面是生活哲学对于现实生活的尊重与反思，另一方面是对于可能生活的挖掘与激励。从适用范围来看，大学生思想政治教育回归生活世界是将思想政治教育所涉及的基本问题，上升到生活哲学的高度来进行分析。生活哲学研究的是生活领域中的价值问题，生活化视域下思想政治教育所具有的价值意义，需要在具体的生活实践中得以呈现与实现，并促进个体走向真善美的高度统一。大学生思想政治教育生活化，将思想政治教育作为引导教育对象，走向向真、向善与向美的生活实践活动，目的在于使教育对象成长为会生活的人，使个体能够在教育中不断获得个体体验。大学生思想政治教育回归生活世界，并非构筑于理想状态的乌托邦，而是通过思想政治教育与生活的联结与融合，让思想政治教育能够回归生活本身，给教育对象带来生活的指向与意义。在生活化视域下的教育活动，注重对于个体自身与所存现实生活世界的关注。大学生思想政治教育回归生活世界，以生活为起点，不断构建思想政治教育所具有的价值与意义，让思想政治教育在生活中发挥引领、导向与服务的作用，实现事实引领与价值引领的相互统一。大学生思想政治教育对生活世界的回归，旨在引导个体不断追寻、丰富生命与生活的意义，在这一探寻的过程中不断促进个体自身的自我生成与成长，获得个体自由与全面的发展。生命呈现于生活之中，生命的价值展现于现实生活世界之中，"我们所寻求的不是如何牢牢地保住我自己和生命，而主要是如何过一种有价值的生活并搏得永恒的认可。这不仅仅是寻求确定性，而是寻求个人的关联，寻求一定程度的相容性；不是寻找存在的落脚点，而是存在的方向"①。"我们应该持这种态度：既不能落入过去，也不能转向未来，而是完完全全存在于现在之中……假如过去和未来并没有加强现在的话，那么它们就毁灭了现在"②。思想政治教育既不能让过去成为个体所背负的异物，也不能简单作为未来生活的准备。"人被宣称为应当是不断探究他自身的存在物——一个在他生存的每时每刻都必须查问和审视他的生存状况的存在物。人类生活的真正价值，恰恰就存在于这种审视中，存在于这种对人类生活的批判态度中。"③ 人的生命价值与存在意义，只有通过自身才能得以延伸与拓展，而这一探寻的过程就是生命得以丰富、发展与觉解的过程。④ 大学生思想政治教育回归生活世界，不是给予受教育者现成的生活意义，而是通过价值引领个体的自我觉醒，在自我的成长中不断感悟与理解生命价值与生活意义，从而能够主动积极地塑造自我与创造生活。⑤ 对于个体自身的完整与个体生活的完满的追求，既不是无法实现的教育理想，也不是远不可及的教育梦想，通过教育实践与生活的融合而实现。同时，在引导个体不断追寻、丰富生命与生活的意义的过程中，立足于对个体自身与个体生活的关注，通过价值引领、个体的自我觉醒，在自我成长的过程中，不断发现生命的价值与生活的意义，从而能够主动积极地塑造自我与创造生活，最终达到自我领悟与觉解。⑥

---

① ［美］A. J. 赫舍尔：《人是谁》，隗仁莲译，贵州人民出版社1994年版，第48页。
② ［德］雅斯贝尔斯：《什么是教育》，邹进译，生活·读书·新知三联书店1991年版，第41页。
③ ［德］恩斯特·卡西尔：《人论》，甘阳译，上海译文出版社2004年版，第9页。
④ 张曙光：《生命及其意义——人的自我寻找与发现》，《学习与探索》1999年第5期。
⑤ 夏中义：《大学人文读本——人与自我》，广西师范大学出版社2002年版。
⑥ 梅萍：《生命教育：旨在生命意义的教育》，《思想理论教育》2011年第21期。

第二，事实引领与价值引领的相互统一。思想政治教育作为实践活动，有特定的目的性，而它对于生活所具有的导向作用，需要在现实生活世界的活动中才能得以展现。大学生思想政治教育对生活世界的回归，既不是日常观念下的纯粹学习，也不是随心所欲的引导，它有着社会发展的规范与要求，同时有着社会共同理想与远大理想目标的指引。大学生思想政治教育在回归生活世界的过程中，将生活作为中心，通过思想政治教育的影响力与渗透力，旨在能够构建真善美高度统一的生活共同体。这一特殊的社会实践活动，既有着价值指引功能，又有着对于思想政治教育自身存在意义的价值追问，即好的思想政治教育应该是什么样的，通过什么样的内容、方式、途径才能够实现好的教育。它并非随意的规划设计，也不是人云亦云的个人判断。大学生思想政治教育生活化，是一个动态生成的概念，思想政治教育所具有的生命力与生动性通过生活而得以呈现，是一种既合乎目的性又合乎规律性的相互统一，它是一种动态的生成过程，是一种超越教育本身的自然状态，体现着思想政治教育对于可能生活动态生成的意义与价值。在这一动态生成的过程中，需要有好的价值判断与向导。没有好的思想政治教育，就无法做出合理的价值判断，而个体判断千差万别，由此可能导致社会凝聚力与意识的缺失。大学生思想政治教育困境的源头，在于价值迷失或是价值虚无，以此使教育活动在实施的过程中缺乏价值引导力，从而导致思想政治教育主体在参与具体的教育实践活动时无所适从。大学生思想政治教育生活化的本质，不仅仅是解决知识的灌输与传授的问题，而是将思想政治教育转化为一种无形的影响力。让生活共同体中的个体，能够在崇高生活理想的引导下，通过生活实践完成个人生活方式的改造与重塑，最终能够走向美好生活，并使个体成长为拥有完整人格与完满个性的人。正如柏拉图的理想国，在现实世界中难以寻觅或实现，但是却可以在个体内心进行构建与展望。大学生思想政治教育是一项特殊、长期而艰巨的事业，在具体实践的过程中同样会面临诸多挫折、问题、矛盾与困难。大学生思想政治教育不仅仅在于教人向善或向好，真正有价值的思想政治教育应当是事实引领与价值引领的相互统一，能够让个体在事实判断的基础上，做出相对合理的价值选择与判断。生活是个体现实生活实践活动的呈现与生命价值的展现。生活是个体在现实世界中存在的状态与形式，同时还包含着个体对生命实践活动存在意义的追寻，以及对合理活动形式的探索。个体的世界观、人生观、价值观，是在对生活的价值和意义进行探寻的过程中形成的。思想政治教育起源于生活本身，凝聚着价值规范与社会共识的传递。生活世界相较于理论世界具有先在性，思想政治教育通过生活这一载体而具有现实指导力。生活世界作为一种事实性存在，是思想政治教育得以开展的根基和起点。思想政治教育相对于生活所具有的价值意义，在于可以更好地引领与服务于生活。大学生思想政治教育生活化，为思想政治教育回归生活、贴近学生与贴近实际找到了好的突破口，在思想政治教育自身价值的呈现过程中，切实体现了理论与实践两者之间的相互统一。好的教育，不仅仅是理论知识的灌输与传授，需要在现实实践中丰富与发展。大学生思想政治教育作为大学生适应社会前阶段的重要组成，对个体社会化有一定的指导意义。学校既是社会的有机组成，也是社会组织形式的一种。高校作为学生步入社会的实践平台，大学生思想政治教育生活化，重在关切个体在现实生活之中找寻个人人生价值的现实途径，进一步发挥思想政治教育的价值影响力，以此构建关于生活化教育的命题与知识体系。大学生思想政治教育生活化，既不是对现实生活世界的简单迎合，也不是对思想政治教育所存在的合理性与价值性的简单辩护或维护，而在具体的生活实践活动中不断探寻思想政治教育所存在的意义之根。大学生思想政治教育生活化，形成了真正意义上的理论与实践相统一的教育，引领个体在畅想与创造美好生活的过程中，将积极的生活态度和合理的生活方式付诸于生活实践之中，在不断适应当下生活的同时又超越生活，不断期待新的可能的生活图景。[①]

第三，好的思想政治教育需要有价值的引导力。从思想政治教育生活性质的意义上来看，思想政治教育同生活具有同构的性质，思想政治教育理论源于现实生活世界的需要。思想政治教育的理论体系与逻辑，

[①] 樊改霞、田养邑：《教育哲学是实践哲学：教育价值的角度》，《国家教育行政学院学报》2012年第6期。

包含着对现实生活世界的回应与观照,凝结着对现实生活世界之中所追寻的真善美的价值指引。大学生思想政治教育生活化,以更加包容或是接地气的方式,使自身能够融于生活之中,引领个体的社会生活,通过强有力的价值指引超越自身的逻辑体系、说教与规范化,扎根于现实生活,使其充满生命力与创造力。在思想政治教育中,对生活实践情景的理论反思,凝结了生活实践中的真善美与生活智慧。大学生思想政治教育生活化需要置于生活之中,扎根于现实生活,使其充满生命力与创造力。[1] 任何学科发展的最终目的都是对生活的改善,科学技术的运用实现了对工具的改良,以此达到效率的提升。但是,生活的价值与意义,无法通过科学实证获得与建构。从异化的角度来说,科学理性与工具理性甚至会造成意义的崩塌。大学生思想政治教育生活化,生活作为教育的起点与归宿,使思想政治教育立足于学生所生存的现实生活世界,拉近思想政治教育与现实生活世界之间的距离。教育与生活远离或是割裂了与生活之间的联结,就使个体难以获取完整的知识与自我发展,同时也不易形成好的道德品质与人格的完满,更不能深刻地领悟生命自身的价值与人生境界的宽广度。大学生思想政治教育生活化中,思想政治教育所引领的生活,即基于当下的现实生活世界与历史基础,同时指向于未来生存与发展的一种可能生存状态,一种自觉与自为的生活状态。学生不仅难以获得完整的知识与自我发展,同时也不易形成好的道德品质与人格的完满生活状态。有价值的思想政治教育,需要引导个体对当下现实生活世界的审视、反思与适度的超越,并以此来指导与提升个体当下的生活世界,指向于未来的可能世界。大学生思想政治教育生活化,不可能对学生的生活做全盘的规划与限定,但是并不妨碍它的导向功能,导向并不同于控制或规定,而是作为一种引领与指向。大学生思想政治教育源于现实生活的需要与发展,但是它自身又不断地高于现实生活,指向于更加符合人性与社会发展的可能生活,相较于现实生活本身,可能生活将更加的美好、幸福与有意义。大学生思想政治教育对生活世界的回归,思政工作者既要立足于现实生活,又要指向于未来可能

---

[1] 刘炎欣、陈理宣:《教育理论何以关涉生活智慧》,《基础教育》2016年第1期。

的生活，在进行教育教学时，需联系学生的现实生活，同时还要能够指引学生追寻未来完满的生活。在此过程中，既要关注学生已有的生存状态与生活方式，还要不断深入学生的日常生活世界之中，与学生已有的生活经验发生联结，以此呈现思想政治教育赋予生活的特殊意义，实现思想政治教育的价值引领功能。大学生思想政治教育对生活世界的回归，教育者既要关注当下，又要面向未来，指引学生将可能生活的目标逐渐内化为现实的个人理想，使学生能够对未来具有可实现的目标要求，同时对未来确定更加明确的发展方向，将理想与现实能够相互统一。个体的成长是一个动态生成的过程，受着诸多因素的综合影响。大学生思想政治教育生活化，教育者需要将现实生活与可能生活相结合，在进行教育教学时，需联系学生的现实生活，实现对学生现实生活的价值引领。在引领的过程中，教育者既要关注当下，又要面向未来，同样肩负着现在的个体走向未来个体的目标与任务。这一目标的达成，需要思想政治教育不断增强现实的生活感，从学生当下的现实生活出发，以此激发他们的自主性与主动性，培养他们的主体性精神，让他们能够为自己的生活做主。同时，能够为他们天性的展现提供可能的发展空间，鼓励他们做出自我的价值选择，不断省察与创造自己应该过的生活，让学生能够以主人的身份走向属己的可能生活。它并不意味着对学生生活的全面约束、控制与负责，而是通过对学生主体性的培养，引导学生规范自己的行为，使自己的个人生活理想与社会主义共同理想、共产主义远大理想相统一，使自己的生活实践与美好生活的创造相统一，使自己的生活方式与和谐社会的构建相统一。它需要在事实引领的基础上，实现价值引领，在让学生了解是什么的基础上，让学生知道应该是什么，通过自主选择与判断力的培养，使学生能够对自己的生活全面负责与规划。通过对当下生活的审视与反思，不断获得创造未来可能生活的动力，在今日之不足的基础上追求一个更好的自我与更完满的生活状态。它的更大意义在于对受教育者的价值引领，使学生能够立足当下，又不断超越当下的现实生活，通过生活质量的提升、生活方式的塑造、生命价值的实现，实现现实生活与未来生活发展的统一。①

第二节 大学生思想政治教育回归
生活世界的主体界限

一 防止主体性缺失

首先,尊重个体的独立性与自主性。旧唯物主义对唯心主义做了彻底的批判,但是对于事物、感性与现实性"只是从客体的或者直观的形式去理解"②。对于主体性的忽视,一定程度上也会导致客体性的脱离。马克思曾指出,对于事物与现象,需要从主客体两方面进行全方面的理解。恩格斯也曾指出社会发展历史与自然发展史两者之间的不同,社会历史发展是由发生于历史领域中的活动所组成的,任何事情的发生都蕴含着某些自觉的意图和预期的目的。大学生思想政治教育对生活世界的回归,要注重教育者的导向性和受教育者的自主性相统一,需要将社会要求的教化与个体的自我内化相统一,同时还需要实现个体社会化与个性化、导向性与自主性、价值引领与主动建构的相互统一。大学生思想政治教育生活化,教育者需要不断激发教育对象的主体性,学习的过程就是受教育者自觉内化与实践的过程,目的在于不断将学习的驱动力变为自我发展的动力,使各类思想观念转变为自身坚定的理想信念,将外部的他律转化为自律。在教育教学活动实施中,通过受教育者的积极主动、自觉自省,不断提升受教育者的价值判断、价值选择、自我决断、自我塑造与自我完善的能力,使受教育者不但能够知其然,还能知其所以然,更能够行其所行。思想政治教育过程,是将外部的教育影响力逐渐转化为个体内部自觉能力的过程,大学生思想政治教育对生活世界的回归,旨在改变过去将个体看作知识接受的工具或容器,转变科学主义

---

① 张天宝:《关注学生的生活世界:当代课堂教学改革的重要特征》,《中国教育学刊》2007年第3期。

② 《马克思恩格斯选集》第1卷,人民出版社2012年版,第133页。

价值取向，标准化与模式化地对人进行塑造。生活化理念的导向下，需不断激发个体的生命力与创造力，需要顾及受教育者个体的生活经验与心理需求，受教育者所接受的教育应该是精神上的教育，受教育者在教育影响下的成长，应该是精神上的整体性成长。[1] 在进行知识获取的过程中，受教育者更期望获得人格上的平等、尊重与理解，也更加主动和愿意与理解自己的人进行相互的沟通与交流。大学生思想政治教育对生活世界的回归，不仅要将教育对象看作现实生活的个人，给予人格上的平等与尊重，还需要理解教育对象已有的个体经验、价值判断与价值选择，将个体置身于自己所属的生存状态与现实生活世界中加以理解，进而改变思想政治教育实施过程之中人的空场状态，让思想政治教育关注到教育对象，让教育对象获得意义的自主构建，实现思想政治教育的价值引领功能。

其次，使个体成为自我成长与发展的主体。大学生思想政治教育对生活世界的回归，体现了对于教育对象已有生活经验与现实存在基础的尊重。传统思想政治教育在工具理性与功利化的导向之下，过于注重思想政治教育的工具性价值与事实引领功能，过于注重理论知识的单向灌输，脱离现实生活实践，远离学生的现实生活世界，最终导致思想政治教育与人自身存在的疏离，使受教育者局限于封闭、单一的理论世界之中，使思想政治教育无法获得预期的教育效果与实效。随着社会的进步发展与对人的关注与重视，思想政治教育需要置身于现实的生活世界中，将个体作为现实生活的人来看待。思想政治教育并不只是抽象的理论世界，而是要引导个体在现实的生活世界中探寻人生价值与生活意义，需要从科学化、工具化的世界转向现实生活世界之中，使个体能够探寻自身的存在价值、生存问题与精神境界等问题。对于生活的批判与反思，构成了科学的理论知识，大学生思想政治教育，不能够照搬实用主义与工具理性的方法，否则将造成受教育者科学世界与生活世界的疏离与割裂，进而造成受教育者自身的分裂。大学生思想政治教育对生活

---

[1] 金生鈜：《理解与教育——走向哲学解释学的教育哲学导论》，教育科学出版社1997年版，第45页。

世界的回归，首要的是对生活主体的培育，需要充分尊重受教育者的主体地位，让教育者与受教育者在一个动态生成、开放多维、共在共有的世界中相互成长。一方面，促进教育主体的道德品质、思想观念、政治素质、品德个性的完善与生成，需要将个体置身于自身所属的现实生活中。大学生思想政治教育生活化，既是教育对于生活回归的展现，也是对于工具理性的超越，更是一种具有主体间性的思想政治教育。大学生思想政治教育对生活世界的回归，既要关注个体的生活背景、已有经验、现实需求，又要关注个体的身心发展规律、情感、意志等非智力因素和对于受教育者个体本身的关切。另一方面，还要能够激发受教育者的主动性与积极性，为受教育者提供成长的内驱力、创造可能的条件，让受教育者在现实生活世界中切实感受到思想政治教育所存在的价值与意义，让受教育者体会到思想政治教育并不是可有可无的存在。大学生思想政治教育生活化，需要关注受教育者的自我生成与发展的需求，将外部的知识灌输转化为受教育者自身期待接受与成长的动力，不断激发受教育者的批判精神、创造精神与超越精神，促进个体德性的完善与个性的完整，以此提升受教育者的学习效果。在进行教育教学的过程中，将个体生命的成长看作目的，让个体在自己当下的应然状态中获得主体地位的尊重。与此同时，还将自我的成长与整个人类的崇高尊严相联系，使自身所具有的思想、行为能够符合整个人类社会进步与发展的需要，并能够将这种自觉自愿转化为心理内部的个体需求。这种需求并非外在的强制，也不是约束与控制，而是一种自觉自为的心理状态。通过受教育者的自我教育、自我反思，能够自觉自为地对自身思想观念与行为表现进行重塑与概念，教育者需要为受教育者不断创造条件与可能性的发展空间，以此满足受教育者的发展需要，最终使受教育者能够成长为自我成长与发展的主体。①

最后，重视个体的自主性、能动性与创造性。大学生思想政治教育对生活世界的回归，立足于个体的主体性，旨在将思想政治教育单向灌

---

① 李社亮：《回归现实生活：道德教育的理想路径——一个关于道德价值取向的话题》，《河南大学学报》（社会科学版）2017年第2期。

输转变为教育者与受教育者之间共同参与的活动,并以平等对话的形式展开。在进行教育教学的过程中,将生硬、冰冷的理论知识通过生活转化为活泼、鲜活的内容融入受教育者的自我教育与成长之中,教育者通过激发受教育者的内在潜能,使受教育者的思想、能力、整体素质与预期的教育目标相符合。[1] 大学生思想政治教育对生活世界的回归,旨在对个体自主性与自为性尊重的基础上,不断激发个体的能动性,进而形成个体的自觉理性。在教育的过程中,教育者要给予受教育者充分的理解与尊重,进行平等的交流与合作,使教育者与受教育者之间能进行顺畅的互动与交流,使受教育者获得情感共鸣,在交往互动与交流的过程中,让教育对象能够进一步验证并能够认识到人之为人的存在状态。大学生思想政治教育回归生活世界的目的在于让个体在具体的生活情境中具有自我判断、控制与践行的能力,通过他律与自律的统一,使所习得的思想政治教育内容能够内化于心、外化于行。大学生思想政治教育发展的基本前提,是个体主体性的确立。思想观念、道德品质与个性的完善仅依靠后天的习得难以完成,它需要教育者个体的主动参与和内化。个体内在心理结构的整合形成了思想观念,它反映了个体的需求、情感等。只有将思想政治教育与个体的生活相联结,才能使个体从中获得个体体验与经验,最终实现其发展。对学生个体所属现实生活的重视,既体现了思想政治教育观的转变,也体现了学生观的变化。大学生思想政治教育需要发挥价值引领的作用,但是这种作用的发挥是立足于受教育者的主体性之上的,其过程需要重视受教育者的主动参与,充分发挥受教育者的自主性、能动性与创造性。大学生思想政治教育回归生活世界的过程中,教育者应尽力提供与创造各种可能的条件,运用多样化的形式,通过情景创设、个体体验、自我反思、自我教育等方法,提升学生在现实生活情境中,面对具体问题时的自我判断与选择的能力,并能够对自己的选择与行为负责。这一教育过程正是主体性发挥与弘扬的过程,也是受教育者体验自由的过程,受教育者在这一过程中不断促进自我的完善与发展,并在完善与发展的过程中获得主体的自为与自觉。大

---

[1] 熊建生:《思想政治教育内容结构论》,中国社会科学出版社2012年版,第311页。

学生思想政治教育对生活世界的回归,不仅要有教育对象的自主参与、主体性的发挥,而且所获得的教育影响也需要通过生活形成与展现。既要注重发挥个体的主体性、能动性与创造性,又要符合思想政治教育发展的规律,才能使传统大学生思想政治教育解决远离学生与脱离生活的困境与难题。①

二 防止主体性流溢

第一,引导个体构建和谐主体性。大学生思想政治教育对生活世界的回归,需要给予主体充分的尊重与理解,但是同时还要防止个体的主体性流溢。通过引导个体和谐主体性的生成,防止个人主体性的泛滥与膨胀。通过个体交互主体性的发展,使个体能够成长为和谐的社会主体。② 大学生思想政治教育对生活世界回归的过程中,注重个体的主体性的发挥,还要引导个体能够形成和谐的主体性,在人与自然、社会、他人、自我交往的过程中实现关系的和谐统一。教育者通过情境化教学,最大限度地激发受教育者的能动性、积极性与创造性,通过对受教育者已有生活经验的挖掘,以受教育者的生活背景为起点,使受教育者获得真实,以此实现思想政治教育潜移默化的熏陶与影响。大学生作为发展与不完善的人,有着自身的不成熟特质。在对他们充分理解与尊重的基础上,一方面需要发挥他们的主体性,另一方面还需要进行合理的价值引导。大学生自身的不成熟、不完满,对于个体生活价值观念的选择与判断还不够成熟,省察与反思不够深入,还需要教育者的导向与引导。思想政治教育的价值引领,成为个体自主建构与成长的方向指引。在多元价值观念与选择中,既不是什么都可以的片面判断,也不是什么都不可以的控制与约束。教育者在指引受教育者进行选择与判断的过程中,需要在事实判断的基础上做出合理的价值判断。教育者需要在受教育者可能的行为中,引导受教育者结合已有的经验、当下的情境、未来

---

① 胡旭华、冯夏根:《生活德育的理念创新及其现实建构》,《思想政治教育研究》2012年第5期。
② 张耀灿、曹清燕:《论马克思主义人学视野中思想政治教育的目的》,《马克思主义与现实》2007年第6期。

的发展趋势，做出最优的选择。教育者一方面可以给受教育者教授规范与准则，另一方面还要让受教育者在现实生活情境中体验到规则与规范的合理性与正确性，并能够在生活实践中进行检验，能够更好地把握生活。在这一过程中，教育者既不是命令的强加，也不是以权威者的身份替受教育者做决定，更不是用一种具有普遍意义的价值观念，去规制与裁剪受教育者的价值观念，而是立足于受教育者本身，尊重学生的价值判断与已有经验，在此基础上实现学生自我判断与选择能力的提升。大学生思想政治教育对生活世界的回归，旨在构建一种学习与生活的共同体，通过教育者与受教育者之间的互动与构建，将生活作为起点，使教育者与受教育者从主客的二元思维，转化为主体间性中的双主体思维。思想政治教育的教育教学活动并不是某一方的单独活动，而是教育者与受教育者之间的共同互动，虽然各自的角色不同，但各主体之间作为一种双向互动、相互平等与理解的关系而存在。教育者通过激活受教育者的生活感悟，引导教育对象主动参与到教育教学活动之中，并不断与受教育者进行交流与对话，从而能够引导受教育者实现更高层次的自我建构。① 受教育者作为学生自我建构的引导者、激发者与深化者，需要从知识的教育转向人的教育，通过备知识转向备学生，结合学生的现实生活情境，激发教育对象的好奇心与求知欲望，引导受教育者构建和谐主体性，使受教育者能够自主地学习与发展。②

第二，引导个体构建交互主体性。马克思曾认为："人的本质不是单个人所固有的抽象物，在其现实性上，它是一切社会关系的总和。"③ 主体间性是两个或两个以上主体之间的相关性，个体的主体性是它的基础，主要反映双主体间的相关、调节与统一的关系。个体在日常生活世界的存在，都离不开与他人的交往，任何个体都并不能脱离他人而独立存在。④ 大

---

① 鲁洁：《回归生活——"品德与生活""品德与社会"课程与教材探寻》，《课程·教材·教法》2003年第9期。
② 蔡宝来、李清臣：《教学回归生活的目的：为了学生的发展》，《教育科学研究》2009年第2期。
③ 《马克思恩格斯选集》第1卷，人民出版社2012年版，第139页。
④ 宋琳、李丹：《价值、现实与实践：高校日常思想政治教育三维探析》，《理论导刊》2020年第5期。

学生思想政治教育对生活世界的回归，就是改变过去在教育教学过程中的二元思维，使单方面的灌输转变为双向主体间的对话与互动，教育者需要更加关注与理解受教育者。教育者与受教育者在教育教学的活动过程中，作为交互关系的主体而存在，两者间的对话与互动形成主体间性，双方通过交流能实现共通，以此能够达成共识。所谓的对话，并不是一种观点对另一种观点的否定与强加，而是通过双方观点的改变而达到一种新的视界。[①] 思想政治教育的理论知识，需要通过对话而获得理解，教育者通过对话可以更好地理解受教育者当下的境遇与现实需求，从而能够给予有针对性与有实效的教化与引导。同时，通过对话使双方达成对问题、现象、事件等的共同认知，在相互促进的过程中，最终获得满意的结论。大学生思想政治教育回归生活世界，将生活作为起点与平台，以教育者与受教育者之间的对话代替受教育者的单向灌输，以平等的姿态构建各主体间的相互尊重与理解，一方面消解受教育者对权威理论、观点与话语的盲从，另一方面消解用普遍主义对于受教育者的预设、规定与控制，从而实现思想政治教育对于生命活力的激发与人性本真的回归。交互主体性，在一定程度上反映了民主个性，既符合社会发展的教育理念，也符合未来人类精神的发展需求。同时，思想工作者的导向性要与教育对象的主动性相结合，才能进一步加强思想政治教育所具有的价值指引力、理论说服力与强烈的情感感染力。教育者的主导作用与受教育者主体地位的相互结合，才能实现真正意义上的教学相长。教育者需要紧跟时代的发展步伐，自觉主动地提高自身的素养，在吸取知识与信息的过程中，不断提升自己的理论水平、思想素质、道德文化素质、教育教学能力等。既要当好受教育者的领路人与引导者，还要在与学生互动的过程中形成潜移默化的影响，以无声的身教，促进学生个性与人格的完善。教育者与受教育者通过双向互动，实现信息与情感的相互交流。教育者要根据受教育者的个体需求与现实生活需要，进行生活化叙事的理论引导与生活实践的指导，以此教会受教育者能够进行辨

---

① [美]大卫·雷·格里芬：《后现代精神》，王成兵译，中央编译出版社1998年版，第7页。

析、选择与判断。在此过程中,将生活作为载体进行思想政治教育,又使思想政治教育能够在生活中进行、指向生活、为生活服务,最终达到润物细无声的境界。

第三,引导个体构建完整主体性。思想政治教育在实施的过程中,需要充分尊重与理解个体,引导个体在对社会要求的思想观念、政治素质与道德品质进行信服与拥护的基础上,自觉自愿地进行接受,以此能够达到慎独的境界。大学生思想政治教育对生活世界的回归,教育者需重视个体主体性的发挥,主体性的发挥离不开个体的自由,这种自由并非毫无边界的自由,它建立于个体的能动性之上,立足于个体的自省自悟与自察,它并不是让个体随心所欲地树立自己的价值标准与判断,而是在教育者引导下的自我发展,使自我的成长、价值判断、生活观念与社会发展需求相一致,以此使思想政治教育最终成为人性化的、自由精神的与为生活服务的教育。使人成之为人,只是存在论意义上的个体所指,学会生活、学会做人才是现实日常生活的核心。大学生思想政治教育回归生活世界的过程中,教育者需对生活中的思想政治教育资源进行挖掘,不断赋予受教育者在成长过程中的义务自觉与权力支配,给予受教育者更多成长的空间,能够使受教育者主动掌握、构建与自主实践思想政治教育理论知识的能力,使个体能够懂得生活、会生活、过值得过的生活。[①] 思想政治教育不止是创造美好生活的工具与手段,更应该是生活本身,不断将生活本身的意义赋予思想政治教育,才能使思想政治教育能够为完整个性、完善人格与可能生活的追求提供认知的基础与前提。学生思想政治教育生活化,引导个体对生活的超越,实质上也是对个体完整主体性的一种关切。[②] 在双主体的互动之中,教育者化身为协助者、倾听者、对话者与民主关系的促进者。通过对受教育者完整主体性的关切,使受教育者能够积极主动地接受与内化教育者的教学要求与教育影响。大学生思想政治教育对生活世界的回归,意味着教育对象并非接收知识的工具或器物,而是自身附带着已有经验、个人成长经

[①] 糜海波:《道德教育回归生活世界的若干思考》,《思想理论教育》2007 年第 3 期。
[②] 迟艳杰:《教学意味着"生活"》,《教育研究》2004 年第 11 期。

历、性格、禀赋，附带着成长印记中的各类知识，同时也是正在成长与不成熟的个体。教育者在进行价值引领的过程中，既要尊重受教育者已有的知识经验与生活背景，又要能够给予受教育者个体价值的肯定与情感支持。在教育活动开展的过程之中，教育者既要重视受教育者知识与技能的获得，又要重视受教育者完整主体性的养成，让受教育者在主体间的相互关切中，能够去关怀与自身、他人、社会、自然之间的联结。①

三 防止虚假性自我

首先，给个体保留足够的个性发展空间。马尔库塞认为："当代社会的力量（智力的和物质的）之大于以往，是无可估量的——这意味着社会对个人的统治的范围之大于以往，也是无可估量的。我们社会的突出之处是，在压倒一切的效率和日益提高的生活水准这双重的基础上，利用技术而不是恐怖去压服那些离心的社会力量。"② "一切解放都有赖于对奴役状态的觉悟，而这种觉悟的出现却往往被占主导地位的需要和满足所阻碍。"③ 个体的需要本应是千差万别的，但是因为社会技术的推广，致使个体需要演变为单一化、模式化的社会需求，转化为社会需要这一生产线上生产出的诸多产品而已。个体的个性因此消失，进而失去了自我，变成麻木与感知迟钝的单向度的人。大众信息传播技术的飞速发展，大量的娱乐信息与商品信息，伴随着人为所规定的习俗与态度，需要用一种切合适宜的方式使消费者和生产者之间产生联结，并使生产者和整个社会的理智与情感反映相结合。这些输出的信息产品通过对个体的灌输与控制，以此形成一种虚假意识，并且这些产品延伸至社会的多个阶层，以此变成诸多个体的可得之物，由此构筑出一种虚幻的美好

---

① 贾志国、衷光锤：《对"教学面向生活世界"的批判及超越》，《高教探索》2019年第3期。

② ［美］赫伯特·马尔库塞：《单向度的人：发达工业社会意识形态研究》，刘继译，上海译文出版社2014年版，第2页。

③ ［美］赫伯特·马尔库塞：《单向度的人：发达工业社会意识形态研究》，刘继译，上海译文出版社2014年版，第7—8页。

生活方式或模式,而这样的美好生活本身抗拒着质的变化,由此就导致单面思想与行为模式的产生。① 这种单向度的人正逐渐丧失基本的批判能力,思想的独立、自觉以及政治对立的权利。正在一个看似能够日益通过社会组织而满足个体需要的社会中逐渐被剥夺。② 个体从肉体到精神,都在逐渐丧失选择、判断与否定的能力。由于大众文化的影响,个体在面对诸多争议性问题的时候,立场不清、认识不明、反思不足、批判意识弱,从而陷入无立场或是立场不清晰的困境中。随着社会的发展,多元文化与价值观的凸显,大学生思想政治教育回归生活世界,旨在倡导事实引领与价值引领相统一的基础上,需要给个体提供能够足够发展个性的空间,以包容性与主体性为前提,在价值多元的现实生活中,不断提升个体的判断力与选择力,引导个体在选择与判断的过程中拥有清晰的立场。同时,还需要激活学生的个体需求与真实情感,做一个拥有思想、善于思考的人,而不是一个麻木不仁、不愿思考或是什么都可什么都不可的单面存在的个体。大学生作为未来社会所需要的人才,肩负着民族、国家与社会的期望,承担着各历史时期的历史重任与中心任务,作为合格的社会成员,需要有正向的价值引领与价值指导,还需要有判断力、鉴别力与选择力,而不是做一个什么都无所谓的单面存在的人。大学生作为未来社会所需要的人才,同时需要有明确的价值立场、清晰的价值判断,以及正确的人生态度面对自己的人生与生活,同时还需要面对整个国家、世界与未来。③ 人的全面发展源于人自身的需要,"任何人如果不同时为了自己的某种需要和为了这种需要的器官而做事,他就什么也不能做"④。需要,既反映着个体的主观意愿,又反映着个体自我延续、发展的稳定性,同时需要具有清晰的指向性与目的性。个体一旦意识到自身的需要,就会以动机的形式呈现,并逐渐展

---

① [美]赫伯特·马尔库塞:《单向度的人:发达工业社会意识形态研究》,刘继译,上海译文出版社2014年版,第10页。

② [美]赫伯特·马尔库塞:《单向度的人:发达工业社会意识形态研究》,刘继译,上海译文出版社2014年版,第1页。

③ 高华:《大众文化背景下大学生生活方式及价值观研究》,《宁夏大学学报》(人文社会科学版)2016年第2期。

④ 《马克思恩格斯全集》第3卷,人民出版社1960年版,第286页。

现于个体的行为之中。个体的需要具有多样性与无限性，同时还具有社会性。个体需要的消失或是社会需要模式化的替代，就会使个体丧失自我发展的动机，进而丧失自我、脱离自我，演化为一种虚假性的需求，这种虚假性需求的背后是虚假性的自我呈现。大学生思想政治教育对生活世界的回归，既要注重个体的自我需求，又要注重需求的真实性、多样性与层次性，通过对个体需求的满足，激发个体自我发展的动力，以此促进个体的全面发展。①

其次，注重个人利益与整体利益的统一性。人的本质决定了人在思想政治教育中所具有的主体地位。思想政治教育旨在引导个体能够正确对待整体利益与个人利益之间的矛盾，使个体的生成、发展与人的本质要求相一致，使个体发展需求与整体发展需求相一致，以此避免思想政治教育陷入模式化与单一化的困境。随着科技发展与知识信息的日益膨胀，对于个体的生存与发展有着更高层次与高阶级的要求，同样对于思想政治教育也提出了更高的标准与使命。思想政治教育要紧跟时代的变迁与社会的发展，对于个体的存在与发展提出了更高的要求，要立足于个体的主体性生成与发展，引导个体主体人格的塑造，进而使主体能够拥有自主价值判断，将自我的利益与整体利益相结合，使自我的发展目标与整体发展目标相一致。通过正确价值观念的确立与崇高人生理想的树立，使个体能够不断丰富自身的个性和塑造良好的品性，进而形成完整的人格。② 大学生思想政治教育对生活世界的回归，旨在满足个体的需要与利益，需要与利益产生主体的动机，背离了主体的利益必然背离了主体自身的需求，致使思想政治教育在个体的心中变得可有可无，假若背离了主体的需要与动机，最终将使思想政治教育在个体的心中变得可有可无，或是演变为毫无意义的空中楼阁。个体的诸多实践活动都是在需要与目标的驱使下展开的，需要的满足意味着个体利益的满足与价值的实现。由此看来，需要就是还未能实现的利益，个体利益作为个体

---

① 陈金明：《理想与现实：人的全面发展的价值承诺和当代形态》，《教学与研究》2004年第1期。

② 侯玉基：《论人的本质与思想政治教育》，《山东社会科学》2003年第3期。

需要的表现与实现形式，在不同的个体之间、群体之间、个体与群体之间有着较大的差异或矛盾。"人们奋斗所争取的一切，都同他们的利益有关。"① 社会的有序运行依赖于稳定的生活秩序与社会秩序，而社会在运行的过程中需要处理各类冲突与矛盾。人与人之间的关系构成了社会关系，不同个体形成不同的利益主体，而不同利益主体之间存在着各种矛盾与冲突。思想政治教育通过协调不同主体间的利益关系，并使各不同主体能够形成社会整体要求的发展要求与动机，以此增强社会发展的凝聚力，进而形成强大的发展合力与共识，能够将矛盾与冲突限定在具体可控的范围之内予以化解，能够实现公共利益与共同利益的最大化，以此实现社会平稳有序的运行与发展。思想政治教育代表了一定阶级的需求、利益与思想，中国共产党作为执政党，代表着广大人民群众的需求与思想，即整体利益的需要。大学生思想政治教育对生活世界的回归，以个体的需求的满足为基础，就是要使个体自身的利益能够在整体利益的追求中获得满足，在维护整体利益的同时获得个体利益的发展。教育者需要引导受教育者，不断处理好个体利益与整体利益的关系，通过自身的协调与发展，消解所存在的利益冲突，使个体利益与社会利益相统一，追寻个人利益的同时，强化对整体利益的关注，使眼前利益能够与长远利益相结合，以此实现个体与社会的深层次互动与联结。

最后，关注个体现实生活境遇的差异性。传统大学生思想政治教育，主要是通过专门化与专业化训练的教育者，将预先设定的理论知识传授给受教育者。这种以知识传授为主要目标的思想政治教育，不但与现实生活相疏离，而且这种被动式与机械式的理论灌输，使受教育者难以获得真实的情感体验与内心感悟。同时，这种思想政治教育将所有的教育对象都按照统一的标准与模式来进行培养，进而忽视了受教育者个体现实生活境遇中的差异性。大学生思想政治教育对生活世界的回归，致力于让个体积极主动地投身于生活化的教育模式之中，并能够在平等的教育环境中拥有自我的话语权，能够应对自身所处的不同现实生活境

---

① 《马克思恩格斯全集》第 1 卷，人民出版社 1956 年版，第 82 页。

遇。传统思想政治教育由于我者的虚无化，使受教育者个体逐渐陷入无声的沉默，进而导致自我的缺位。大学生思想政治教育对生活世界的回归，立足于现实生活世界之中个体所面临的现实生活境遇，在尊重差异性与个体化的基础上，使受教育者能够找到自我，使我者这一重要主体回归至思想政治教育之中，实现教育者与受教育者能够进行双向互动的对话与交流。通过这种我者的回归与重拾的自我，使受教育者能够在现实生活过程中，不断体悟与内化社会发展过程中所要求的各类规范与要求，教育者在进行情境化教学时，需不断贴近学生的现实生活，还要注重学生内在独特的个体体验。同时，能够通过自主的生活过程，不断规范自己的行为表现，形成良好而科学的生活方式，进而不断提升自己的品德与修养，以此形成完满个性与人格，成长为未来社会所需要的人。同时，还能在这一过程中不断享受作为人的尊严与存在，不断提升自己的精神境界，追寻属于个体自身的美好生活。大学生思想政治教育，需要受教育者的自主参与和认同理解，在实际社会生活实践中，践行与体验各类规范与要求。高校思想政治教育生活化，需要关注个体现实生活境遇的差异性，使个体获得深层次的理解与关切，并且不将前置的教育目标与标准模式化、固定化，能够允许受教育对象之间存在差异与不同。教育的真正价值，在于受教育者能够在原有基础上获得发展与提升，而并非标准化与固定化的产品生产。高校思想政治教育对生活世界的回归是个体主动生成的过程，既是受教育者生活实践中的交往过程与价值选择过程，也是受教育者在现实生活中的领悟、体验与实践的过程。① 教育中的需求含有匮乏之意，② 教育暗含着受教育对象的期待。大学生思想政治教育对生活世界的回归，就是要回到学生这一核心，唤醒学生的人格与心灵。③ "围绕学生、关照学生、服务学生。"④ 在尊重

---

① 毕明生：《试论贴近大学生生活实际的高校德育》，《思想理论教育导刊》2009 年第 8 期。
② 单中惠、杨汉麟：《西方教育学名著提要》，中国人民大学出版社 2016 年版，第 677 页。
③ 邹进：《现代德国文化教育学》，山西教育出版社 1992 年版，第 73 页。
④ 《习近平谈治国理政》第二卷，外文出版社 2017 年版，第 377 页。

个体现实境遇差异性的基础上，给予受教育者足够的尊重与理解，通过对受教育者个体需求的分析与了解，使大学生思想政治教育能够有迹可循。教育者通过满足受教育者对于思想政治教育的有用性需求，才能使受教育者拥有正向的获得感，才能将所获得物进行内化，并能够在现实生活实践中得以践行。教育者既要让受教育者能够潜移默化地感悟到思想政治教育对于现实生活所独有的价值与作用，还要让受教育者能够通过自我存在价值、人生价值与生活意义的确认，进而树立崇高的理想与信念。

第三节 大学生思想政治教育回归生活世界的时空场域

一 树立生活形态的场域意识

第一，场是客观存在的关系系统。对于场的研究与认识，开始于对物质世界的研究，著名的物理学家法拉第、麦克斯韦和赫兹先后论证并确立了有关电磁场的经典理论。随后，爱因斯坦、海森堡等著名的科学家对场理论进行了深入的研究，统一场论的提出是现代物理学上的思维革命。在自然科学已有研究的启发下，格式塔派的心理学家将场的概念引入心理学领域，进一步确立了心理场论，以此阐释了环境与个体行为之间的函数关系。[1] 在这之后，社会学家也将场的概念引入社会学领域，并将用场对社会进行分析。从社会学的视角，社会学家迪尔凯姆最早在社会学的领域使用这一概念。他认为任何事物的存在与表现都是在场中进行的，对于社会现象的考察，需要将其放置到社会的大背景中进行综合考察，以此发掘影响他们的各类社会联系。[2] 皮埃尔·布尔迪厄对于场的概念做了较为系统的阐述，他认为在高度分化的生活中，社会

---

[1] 朱智贤：《心理学大辞典》，北京师范大学出版社1989年版，第57—58页。
[2] [法]埃米尔·迪尔凯姆：《社会学方法的规则》，胡伟译，华夏出版社1999年版，第5页。

世界是由有着相对自主性的小世界所构成的,而社会小世界又是由自身逻辑与有着必然客观关系的空间所构成。① 社会作为一个大的场域,就是由诸多相对独立而又相互关联的子场域所构成。② 皮埃尔·布尔迪厄对于场的概念做了较为系统的阐述。在不同的学科领域,根据各自的学科特点,对于场的概念描述各自不同。但是,从关系的角度来看,场的本质就是客观存在的关系系统。场作为关系网格的具体描述与反应,场力由吸引和排斥构成,场的自身力与各诱力间的博弈塑造着场内的各因子,以此形成不同的构型。根据场的内涵发展与不同时期、不同领域的认知。从事物存在与发展的关系出发,对各类现象的考察,要从它内部各要素分子间的关系进行考察,同时还要对整个已形成的集合体进行研究。生活既是由相互独立而又相互作用的各类元素组成,同时还是拥有自身逻辑体系的集合体。③ 大学生思想政治教育回归生活世界的过程中所构成的场域,由不同的群体、不同的区域、位置与过程所组成,依据各主体所输出的教育影响,形成了有形或是无形的教育语境、境遇与环境。大学生思想政治教育生活化,需要有特定的社会基础与观念基础,还需要有场域意识或是语境感。现代教育倡导运用生物化、生活化的活动教学代替传统的课堂教学,以此解决传统教育存在的三大矛盾,即教师、学生之间的矛盾,间接、直接经验间的矛盾,智力、非智力因素间的矛盾,以及国际教育目标从学会生存、关心、做人的逐步演进,使现代教育逐渐向生活回归。大学生思想政治教育对生活世界的回归,不是就生活的事而论事,更不是生活常识的讲授,而是从学科的度与问题的深度,用思想政治教育理论知识对各类生活现象进行解释、描述与阐释,引导个体具有生命力的生活。它是学理与问题的结合、理论与实践的结合、个别与整体的结合,目的在于使思想政治教育能够实现理论与实践两者之间的相互统一。因此,大学生思想政治教育需要回到自身赖

---

① [法]布尔迪厄、[美]华康德:《反思社会学导引》,李猛、李康译,商务印书馆2015年版,第55—58页。
② 张小军:《社会场论》,团结出版社1991年版,第142页。
③ 段黔冰、张红坚:《"场"视域下大学生体育生活化研究》,《北京体育大学学报》2008年第4期。

以存在和发展的场域与语境中，审视受教育者在现实生活世界中思想与行动是否相互统一。

第二，学校是交互主体的公共空间。相对于个体，学校生活具有公共性，而这种公共性是有限的公共性，限于学校内各成员之间的相互关系，它是一种非血缘也非情缘的关系。学校有着物理属性，也有着意义属性。其中，物理属性代表着物质基础所形成的公共空间，意义属性从社会学的角度来看，是在公共空间中所形成的人际交往。哈贝马斯曾认为，新生有机体只有在人与人的社会互动之中才能称之为人，只有投身于自身所属的社会世界的公共空间之内，才能够成为一个人。[1] 学校教育属于公共空间的教育，公共空间之中存在着社会的人际关系互动，教育即从个体所属的社会角色入手，引导教育对象在自身与各类环境的交互影响中去寻找教育的意义。公共空间内有着接受、观察、参与与互动的不同成员，不同个体所承担的角色不同，学校教育在不同环境之下呈现出的不同人、事、物，赋予了不同的教育影响与教育意义。学校生活中的个体，通过对公共空间所属社会世界的观察与审视，增加对社会的认知与思考，以此获得零星的规矩。在公共空间内，教育者客观上既承担着社会角色的扮演，也承担着信息的传播，受教育者通过信息传递、自我观察、自我感悟与觉解，以此逐渐形成对于外界的初步印象。受教育者个体借助自己的观察，以此形成对社会的初步印象。个体作为接受的对象，自主地观察自己感兴趣的事物。通过环境的呈现或是与个体之间无意的观察相遇，对个体产生一定的影响。正如校园中各类宣传、标语、主题活动等，通过个体日常的无意注意，让个体所倡导的思想文化与价值观念有所认知与体察。学校的各类宣传、标语、主题宣传活动等校园文化环境的渲染与塑造，一方面使个体身在其中获得正向思想与价值观念的引导，另一方面使个体意识到自己所在校园所具有的活力，以此引发个体对于校园以及校园生活的热爱。这就是公共空间所起到的教育效果，个体作为参与者在公共空间获得对于现实生活世界的认知与体验。在学校的公共生活中，个体对于公共空间之内人文事件的参与有着

---

[1] ［德］哈贝马斯：《公共空间与政治公共领域》，《哲学原理》2009年第6期。

不同的形式，一类是通过某种有组织的人文活动的参与，另一类是偶然性地被动参与至某些人文事件中。通过这些人文事件，个体获得不同程度的教育影响、情感体验与经验的吸取，能够进一步修正自己的行为。作为互动者，因自身陷入某种积极的或是消极的事件之中，通过互动进行社会建构。大学生思想政治教育对生活世界的回归，将思想政治教育的教育影响融入学生的现实生活世界之中，让思想政治教育的教育现象存在于日常生活之中，并且作为日常生活的一种有机组成而存在，使思想政治教育成为学生生活与成长环境中的重要组成部分。相对于有组织的课堂教学，生活中的教育具有情境性、非日常性、偶发性与即时性，但它同样可以通过组织、制度的支撑与保障，以及系统的设计，实现其教育的目的性，生成受教育者的自觉性。[1] 所谓非正式的学习，就是将学习的主动权保留在学习者的手中，学习活动有目的性，但是没有严密的组织结构。大学生思想政治教育在回归生活世界的过程中，进一步加强思想政治教育与生活之间的连接，使思想政治教育活动具有随时随地的特征，而学校公共空间作为思想政治教育发生的重要场所，使思想政治教育融于学生的日常交往与行动之中，由此实现思想政治教育所追求的全员、全程、全方位与全领域的指引。已存在的事实与现实信息能够牵涉个体的深层次认知与价值观念，对自然存在的信息进行事实性的叙述与评论，即非正式的教育行为。与之相适应的方法是示范与纠正，教育内容可以是正向的，也可以是反向的，都可以作为教育的素材或内容而存在，个体正确的行为或是错误的行为都可为教化这一目的服务，都可转化为思想政治教育的教育内容。大学生思想政治教育对生活世界的回归，一方面旨在使个体能够拥有建设性观念，使人能成之为人，使个体能够立足、反思、省察当下生活，并能够创造未来生活，以此实现对现有生活的超越与人生价值的实现；另一方面，使个体能够实现具有丰富内涵的社会化。前者是对于个体自身德性与能力的关注，后者是对于个体的社会认同、社会建设品质的关注。学校作为公共空间，不仅是个

---

[1] 崔祥民、郭春：《非正式学习理论与创新型人才开发》，《武汉工程大学学报》2009年第6期。

体存在的物理空间，也是个体交互存在的集合。大学生思想政治教育回归生活世界，旨在使个体能够在学校这一交互公共空间之内，获得当下与未来生活所需要的知识、技能、德性与社会性。①

第三，生活形态的思想政治教育环境。"人们为了能够'创造历史'，必须能够生活。但是为了生活，首先就需要吃喝住穿以及其他一些东西。"② "个人怎样表现自己的生命，他们自己就是怎样。因此，他们是什么样的，这同他们的生产是一致的。"③ 大学生的日常生活世界形成了大学生思想政治教育的环境，大学生思想政治教育需要与大学生的生活形态相切合。大学生思想政治教育对生活世界的回归，内含着对于生活形态的审视，它对个体呈现开放姿态，将自身置于生活形态之中，它的目标、内容、方法、载体等根据个体的现实需要、社会需求来进行选择。正如狄尔泰曾指出，只有通过有关我们自己的、他人的生活表达，表现出自身实际上所体验到的东西，我们才能实现对自己的理解。④ 大学生思想政治教育对生活世界的回归，使思想政治教育能够赋予生活意义，呈现生活的真实样态，使思想政治教育更加接地气与贴近学生的生活，从抽象空洞的理论转化为具体生活实践的指导与生活智慧，使思想政治教育的理论性与实践性相结合，将理论说教转化为具体的方法指引，让学生能够在真实的生活情境之中加以运用。个体的生活往往表现为日常生活的各种细节，日常生活各类小事的意义对于个体来说是模糊不清的，个体难以通过语言，将日复一日的日常生活清晰地表述出来。在学生的日常生活要素中，思政工作者需要不断挖掘生活环境自身所赋予的教育影响与教育意义，在思政工作中引入生活素材，将理论的话语转化为生活话语，从而能够符合个体的认知水平与理解能力。与此同时，还可以将具有典型性、正能量的个体生活上升到社会主流价

---

① 刘庆昌：《日常生活中的教育现象分析》，《山西大学学报》（哲学社会科学版）2019年第4期。
② 《马克思恩格斯选集》第1卷，人民出版社2012年版，第158页。
③ 《马克思恩格斯选集》第1卷，人民出版社2012年版，第147页。
④ ［德］威廉·狄尔泰：《历史中的意义》，艾彦译，北京联合出版公司2013年版，第8页。

值取向的群体示范,使其能够成为宣传的典型与榜样。大学生思想政治教育对生活世界的回归,使思想政治教育呈现出生活的样态需要有主体的参与和创造,教育者需要将生活作为文本,转变为会讲故事的人,通过生活叙事,使受教育者既能够认知与体验思想政治教育对于生活的价值,又要能够将理论知识内容转化为具有普遍意义的价值遵循。大学生思想政治教育对生活世界的回归,需要注重思想政治教育环境的创设,在遵循思想政治教育规律的基础上,构建生活形态的教育影响要素与环境,使学生能够潜移默化地接受教育或受到影响。生活形态的思想政治教育环境,需要依据环境中提供的各组成要素,如物质、生活素材、话语、媒介等之间的协同,创设出立足于现实而又高于现实教育环境的形态。个体在现实生活情境中出现类似的情景时,才会产生移情的作用,以此激发个体的心理机制,增进认知或产生情感共鸣。个体会根据已有相似情境中的模仿,对其进行价值判断与行为抉择。大学生思想政治教育对生活世界的回归,教育者在教育环境创设的过程之中,主动承担榜样示范的作用,使受教育者通过不断的观察与学习,在参与教育活动的过程中获得经验与体验。心理机能的发挥是通过自我影响和外部影响的相互作用来调节的。① 大学生思想政治教育对生活世界的回归,意味着将生活化作文本,创设生活形态的思想政治教育环境,使思想政治教育能够在个体的现实生活中实现内化、外行与反馈。②

二 构建联结生活的基础场域

第一,以个体生活为根基。"不是意识决定生活,而是生活决定意识。"③ 从价值观念的产生的内在逻辑来看,生活是价值观念的发源地,所谓的观念史就是日常生活史。个体的日常生活活动与现实生活实践,都立足于事实认知的基础之上,而且伴随着对于客观事物本质与规律的

---

① [美] A. 班杜拉:《思想和行动的社会基础——社会认知论(下册)》,林颖、王小明、胡谊等译,华东师范大学出版社 2001 年版,第 473 页。
② 周琪:《论思想政治教育环境的生成、生活形态和自觉实践》,《教学与研究》2017 年第 10 期。
③ 《马克思恩格斯选集》第 1 卷,人民出版社 2012 年版,第 152 页。

认识。在事实认知的基础上，根据主体的需要形成了价值判断，并内化为价值观念。在现实生活实践中，个体对各类价值关系与价值判断进行反复比较、选择、整合、实践，最终形成具有持久性与稳定性的价值观。同时，又在现实生活实践之中不断进行检验、沉淀与重塑，无声地影响着个体的日常生活方式。亚里士多德将美德划分为能够被教授的知识与生活中所形成的德性。价值观念的知识可以被讲授，但是其功能与价值的实现需要落实在生活之中。价值观念的产生、存在与功能的实现，需要依赖于日常生活。抽象的价值观念，需要与日常生活的情境性相结合。理想化的意识形态，需要与日常生活的现实性、实用性相结合，并保持两者之间的张力，才能使价值观念、意识形态教育融入个体的生活之中，成为个体所需并使其发挥应有的价值与作用。青少年的健康成长，离不开思想引领与观念塑造。"一种价值观要真正发挥作用，必须融入社会生活，让人们在实践中感知它、领悟它。要注意把我们所提倡的与人们日常生活紧密联系起来，在落细、落小、落实上下功夫。"[①] 马克思主义哲学从天国转向尘世之中，从解释世界到改变世界，个体从抽象的存在转化为有生命的现实个体。现实的个人，既是日常生活的承载者，也是价值产生的主体。"个人怎样表现自己的生活，他们自己也就怎样。"[②] 现实的个人，是日常生活的承载者。个体的思想观念与生活具有较高的同构性，个体的价值判断关涉到对日常生活的省察、反思、重塑与创造。大学生思想政治教育对生活世界的回归，旨在将外源性的价值引导与内源性的自觉转化相结合，使个体能够自觉地吸收与内化外部的思想政治教育影响力，不断转化自身的价值判断能力，并能自觉地践行于日常生活之中，实现对生活的重塑与超越，使个体与社会的价值取向相一致，以此成为社会主流价值观念的坚定信仰者、追随者与践行者。[③] 现实生活，既是产生个体经验的场地，也是思想政治教育生活化的基础场域。大学生思想政治教育对生活世界的回归，关注

---

① 《习近平谈治国理政》，外文出版社2014年版，第165页。
② 《马克思恩格斯全集》第3卷，人民出版社1960年版，第24页。
③ 郭婷：《大学生社会主义核心价值观认同的日常生活建构》，《理论视野》2017年第10期。

的是当下，指向的是未来，目的在于实现空间化的实践，使个体的内求与外求相结合，以此实现个体经验的获得与转化。① 其目的在于将思想政治教育宏大叙事理论的灌输与个体的生活相联结，使个体的日常生活与科学理论相融合，并能够让个体的正确价值观念与正当行为，体现于日常生活的点滴之中，从身边的点滴中呈现出来，并且不断汇集这些呈现出来的闪光点，让个体成为自我成长、自我教育的典范，以此能够形成个体的生活智慧。大学生思想政治教育回归生活世界的过程中，每一个个体都是一个自我成长与教育的对象，教育者需要言传身教，从自己做起，进而潜移默化地影响受教育者，并能够在与受教育者进行沟通与交流的过程中实现教学相长。受教育者需要从理论知识的会不会、懂不懂转向为生活中的应该不应该，使自身从日常生活的细节与点滴之中，不断提升与实践自己的价值判断力，使自己的观念正确、行为恰当，以此能够塑造既符合当下社会主流价值，又符合未来社会发展趋势的个体生活，并在塑造的过程中能够实现自我的人生价值与生活意义。②

第二，以学校生活为根本。现代教育发展的一大趋势是教育生活化、生活教育化，现代教育这一观念的转变，意味着教育对于生活的回归。从交互关系的视角来看，大学生思想政治教育的各要素统一于现实的学校生活之中，学校生活是大学生思想政治教育的基础与实践场域。高校需要依据校本情况，结合受教育者的主体需求，不断创设与构建良好的校园人文环境，通过人文环境影响与塑造受教育者的生活方式。同时，还要重视受教育者的业余生活，重视校园文化活动的意识形态教育功能。通过自觉自为的日常事务管理，形成受教育者的自主意识，能够在民主的氛围中实现自我管理与自主负责。通过打造引领社会主流价值观念的网络平台、微教育、微情境与微领袖等，实现虚拟生活世界中对受教育者的引领。在大思政的背景下，通过构建多主体多场域相融合的育人体系与协同机制，以及知行合一的评价机制，为大学生思想政治教

---

① 刘铁芳：《从苏格拉底到杜威：教育的生活转向与现代教育的完成》，《北京大学教育评论》2010年第2期。
② 王健敏：《具身德育：立德树人背景下德育新理念与新路径》，《中国特殊教育》2017年第5期。

育回归生活世界构建良好的运行机制并提供制度保障，使身处其中的各要素能够有序运行、相互协调统一，最终形成教育合力。大学生思想政治教育对生活世界的回归，旨在规划的非刻意性与设计的无痕性，让受教育者日用而不知，在现实生活实践与生活情境的点滴中，获得自我的成长。学校生活需要让受教育者在习以为常的场景中感受真善美的浸润与熏陶，通过有意与无意的教育影响，使社会主流价值观念成为受教育者日常生活中的一部分，并能够使受教育者接受，以此形成稳定的价值观念、思想意识与行为导向。通过和谐校园生态的建设，使受教育者能够享有平等的权利与义务，为受教育者提供对等的发展机会，保障受教育者的人格自由，使受教育者的个人利益得到合理的分配，进而使受教育者能够获得自由而全面的发展，使受教育者在其中能够体验到民主正义、公平法治、自由共享、和谐发展等理念的科学价值与意义。通过学校之中校风、教风与学风的建设，培养受教育者自主教育、自主发展、自主成长的主体性，并不断激发受教育者的主动性、能动性与积极性，为受教育者创造适宜的发展条件与环境，提供自主发展的机会与权利。通过包容开放的校园精神，尊重受教育者的背景差异与价值选择，实现受教育者人格上的平等。校园文化具有润物细无声的教育影响力，也是大学生思想政治教育的重要途径、方式与载体。大学生"应该把学习作为首要任务，作为一种责任、一种精神追求、一种生活方式，树立梦想从学习开始、事业靠本领成就的观念，让勤奋学习成为青春远航的动力，让增长本领成为青春搏击的能量"[1]。学校通过树立以文育人的理念，创设健康积极向上的思想文化氛围，使受教育者将学习转化为一种积极向上的生活方式，将业余生活转化为一种健康有益的生活方式，将消费生活转化为一种科学合理的生活方式。同时，使校园文化的软实力转化为受教育者自主发展与成长的精神动力，成长为能够担当民族复兴大任的有为青年。[2] 通过校园文化品牌的打造，充分运用新媒体，与受

---

[1] 《习近平关于青少年和共青团工作论述摘编》，中央文献出版社2017年版，第45页。
[2] 孔祥慧：《新时代大学生思想政治教育的文化育人理念及其强化》，《思想政治教育研究》2019年第1期。

教育者形成多方面、全景式、宽领域的良性互动，挖掘学校生活、个体生活中的教育资源，整合已有的教育资源，推进舆论生态的变化，形成良好的价值导向与特色校本文化品牌，使受教育者既能够获得正向的引导，还能体会生活的真实感与归属感。学校生活是科学与人文的结合，通过真善美高度统一的学校生活，使个体生活获得充盈，精神境界得以提升。

三　打造生活化的实践能量场

第一，内场与外场的结合。个体行为的改变需要自身内部的主导力，同时还需要外部的诱导力。社会行为的改变需要内部力与外部力的结合，并通过外部能量场的诱导与自身内部的主导才能够实现。大学生思想政治教育生活化，本质在于立足于教育对象的生活样态与生存形式，引导教育对象科学、合理、积极的生活方式，通过自身内部力与外在影响力的最佳结合得以实现，在此过程之中实现个体行为的转变。人作为关系的存在物，在自身的成长过程中受着不同的群体意识的影响，个体行为方式的变化，受着强化相互吸收、弱化相互排斥的这一原则的影响。大学生思想政治教育对生活世界的回归过程中，个体作为主动的参与者，其思想与行为一致性的改变是思想政治教育追寻的目标，而这一结果将在教育对象的现实生活世界中去检验。大学生思想政治教育回归生活世界的实践场域，从时空限度和关系结构上看，由内场与外场相结合，外场由思想政治的社会大环境构成，由于生活自身的复杂性与多样性，历史变迁、时代发展与社会进步都将影响着思想政治教育的发展与方向。高校可以通过自身的影响力，通过服务社区，服务地方的区域文化建设，以此扩展自身的影响力，使高校在与大环境的互动之中，通过相互作用与影响，能够创设符合大学生思想政治教育发展的良好大环境。在内场之中，教育者与教育对象都作为大学生思想政治教育不可或缺的元素而占据着主体地位，思想政治教育回归生活世界的程度由教育对象的需求程度决定，思想政治教育所涉及的内容与个体的现实需求之间的耦合程度，影响着思想政治教育融入个体现实生活的限度。学校生活是大学生思想政治教育现实的环境基础与物质基础，大学生思想政治教育对生活世界的回归，通过主体、目标、主要内容、方法、载体、实现方式等多方面的互动与协调，以此构建大学生思想政治教育生活化的运行系统，同时借助着大环境与小环境的影响，实现个体思想与行为的统一。信息与价值观念的多元化，为思想政治教育提供了诸多教育资源，但并不是生活素材越多越好，也不是所有的生活素材都适合于个体的发展与成长需要，此问题涉及适宜性与实用性。大学生思想政治教育生活化，需要根据校情、教情、学情等去进行对思想政治教育的改造与创新，使其既能够符合自身的校本情况，又能够满足学生的兴趣与需求。传统思想政治教育的工具性，被过于夸大与强化，弱化了思想政治教育的生活属性，也使学生生活与思想政治教育发生了割裂。同时，在教育教学的过程中，过于注重所教授内容的统一化，使用方法的模式化，考核标准的同一化。一方面忽视了主体的需求，另一方面也忽略了生活的自愿性价值，使学生的生活状态处于自发与自流的初始状态，以此难以使思想政治教育在学生的心中扎根，在生活中落地。教育不仅仅是作为生活的预备，更是生活中不可或缺的部分，教育所指向的不仅是未来可能与美好生活的创造，还应当是教育实践过程中对于生活的感悟与生命价值的体验。教育生活化，是受教育者在教育活动的领域之中与活动过程之中，能够直接享受与创造生活。[1] 大学生思想政治教育对生活世界的回归，需要对思想政治教育的对象、目标、主要内容、方法、载体、实现方式进行生活化的改造，使思想政治教育能够实现向生活世界的回归，使学生的生活世界与科学世界相融合与统一。大学生思想政治教育生活化，需要充分发挥生活的资源性价值、校本文化价值，发挥自身内场的引导力，拓展外场的影响力，通过打造内场与外场相结合的实践平台，以此为个体的全面成长提供良好的实践场域。[2]

第二，构建和谐的环境系统。"人创造环境，同样，环境也创造

---

[1] 傅松涛、刘树船：《教育生活简论》，《河北大学学报》（哲学社会科学版）2004年第5期。

[2] 段黔冰、张红坚：《"场"视域下大学生体育生活化研究》，《北京体育大学学报》2008年第4期。

人。"① 任何个体的成长都受着环境的影响，而环境以自身独有的方式影响、感染与熏陶着个体，让个体在环境之中受着潜移默化的影响。大学生思想政治教育对生活世界的回归，需要营造良好的文化氛围，才能使思想政治教育回归与贴近生活的目标更易于达成。高校需要积极创设有利于大学生成长与发展的环境系统，从物质基础的建设、制度环境的打造、文化环境的创设、公共空间的管理等方面积极构建和谐的校园文化环境系统，使其既符合社会主流价值观念的引导，又能符合学生个体成长的需要。同时，还要以大学生的生活为立足点，构造社会环境、社区、学校一体化的思政教育环境系统，以此形成生活化的良好环境氛围。② 学生生活方式受着校园文化环境潜移默化的影响，同时校园也是大学生思想政治教育的现实实践场域。通过对校园环境的优化，创设文明、健康的生活氛围，进而潜移默化地影响学生的生活方式。校园环境的建设包括硬环境与软环境，即精神文化环境与物质文化环境。通过校园环境建设，一方面使学生的思想意识、价值观念与道德情操获得熏陶与情感的渲染；另一方面能够发挥校园文化、校风、教风、学风等潜移默化的影响力。同时，通过打造符合人性发展、和谐优美并具有价值引领的生活化美好校园，使个体能够深处其中并获得归属感与价值感。大学生思想政治教育工作者，需要从受教育者的学习生活、业余生活、娱乐生活、消费生活等多个角度挖掘教育的素材，发挥教育的功能，使学生在不同的生活领域与实践活动中获得价值观念的转变与塑造。③ 现代校园生态建设具有本源、直观、无痕等特点。校园作为社会的一个小窗口与缩影，对于学生的思想观念意识有着重要的影响力。大学生具有思维活跃与善于接受新事物的特点，但是由于价值观念与知识体系还不够完备与成熟，易于受到环境的影响而发生转化。校园生态环境具有思想政治教育的独特价值，同时在大学生思想政治教育生活化中发挥着重要

---

① 《马克思恩格斯选集》第1卷，人民出版社2012年版，第172—173页。
② 毕明生：《试论贴近大学生生活实际的高校德育》，《思想理论教育导刊》2009年第8期。
③ 杨晓慧：《当代大学生生活方式问题及对策研究》，《东北师大学报》（哲学社会科学版）2006年第6期。

作用。大学生思想政治教育生活化，需要营造各种具有正能量且符合社会主流价值观的校园生态环境，使学生能够通过校园感知、了解社会的规则与运行法则，使学生在良好的校园生态环境系统中，获得符合社会主流价值观念的世界观、人生观与价值观。让学生在耳濡目染中，潜移默化地形成对于社会与国家价值体系的正确判断与评价。观念层面的问题产生于生活过程之中，它的解决离不开具体的生活场景。通过对良好校园生态环境系统的打造，为学生常设能够触摸与感知的真实情境，将抽象的价值观念、空洞的说教变得可感知可触及，并能够可亲与可信。校园生态环境还要为学生的闲暇生活创设健康、有益的平台。"无能力处理好闲暇是造成酗酒或吸毒、自杀、屈从社会上的不良行为以及其他种种变态病症的主要原因。"① 一个人对于闲暇时间的利用，从侧面反映了一定的生活状态。大学生思想政治教育对生活世界的回归，破除了传统思想政治教育所具有的时间界限与空间界限，将思想政治教育课堂内与课堂外相结合，正式教育与非正式教育相结合，显性教育与隐性教育相结合，将思想政治教育融入学生的日常生活之中，通过无意而为之的方式，对学生的人格和德性产生无痕的影响与作用。

第三，打造隐性教育方法的聚合场。日居而不觉的生活世界，其自身就有着丰富的教育价值与教育影响力，同时还是隐性教育方法所能够实施的聚合场。大学生思想政治教育回归生活世界中的生活，从广义上来讲，是个体完整的生活世界，囊括着自然、社会、家庭、学校等全方位的生存空间。从狭义上来讲，学生的日常校园生活"伦理之事不仅和意义重大、改变生活的冲突有关，也和日常生活有关"②。生活总是超越时空的藩篱，蕴含着最具有生命力的教育资料，蕴含着最具有教育意义的情境。学校环境就是思想政治教育赖以存在与进行的场所与条件，是个体在学校之中与周围一切发生的客观现象的总和，时间结构与空间结构构成了学校生活的总体。学校的精神文化风貌、制度运行体制、校

---

① [美] J.曼蒂等：《闲暇教育理论与实践》，叶京等译，春秋出版社1989年版，第51页。
② [英] 特里·伊格尔顿：《理论之后》，商正译，商务印书馆2009年版，第167页。

风校貌等相互作用、依存与补充，使其形成了对受教育者有着潜移默化影响的文化场地。通过高尚的大学精神、良好的人文环境、包容的文化情怀，使受教育者能够自觉形成具有责任与担当的主体，在接纳多种知识、思想与价值观的过程中，能拥有自主自觉的能力，从而能够追求有价值、值得过的可能生活。通过科学、合理、规范的制度体系，使学生能够树立合理的生活秩序意识、公共生活意识、民主法制意识等，使其能够体验有尊严与有道德的生活。[①] 校园文化环境影响力的提升，不是书本理论知识所能解决的问题，它实质上是一种文化的熏陶与渗透。通过以文化人的过程，感受一种文化的存在。大学生思想政治教育对生活世界的回归，旨在能够培育拥有社会主流价值导向、先进文化指导、生活气息浓厚、社会关系和谐的思想政治教育文化环境，让受教育者能够在多元的文化与价值冲突中，感知与体验社会主流价值与先进文化的科学性、合理性与价值性。在各类主题文化活动能够寻找人的存在性意义，体验与现代文明生活相符合的生活方式，感知公共生活中的德行，在文化的引导与环境的渲染中，形成受教育者的公共精神、自律意识与道德境界。[②] 大学生思想政治教育对生活世界的回归，立足于打造生活化的育人氛围，在贴近学生的自身、生活与实际的基础上，运用各类媒体与媒介，打造利于受教育者成长的环境氛围。通过微生活、微环境、微平台的打造与创设，构造符合学生特点的思想政治教育话语风格与仪式，将生活化的思想政治教育融入校园的各个领域，以及受教育者的各个生活领域。通过微平台利用各类微媒体，及时把握校园动态与学生生活动态，适时进行引导与把握；通过微活动展现正能量与主流的微文化；通过微舆论找到学生兴趣点与关注焦点；打造微领袖，形成良好的示范与引领等。通过以上方式，不断将校园文化的建设与思想政治教育的信息资源相整合，将校园打造为隐性教育资源的聚合地，充分发挥校园的以文化人、以文育人的教育功能。

---

① 粟高燕：《高校生活德育的实践探索》，《教育探索》2006 年第 11 期。
② 郭维平：《高校学科德育与生活德育结合的学理与实践》，《江苏高教》2012 年第 3 期。

参考文献

一 经典文献

《马克思恩格斯全集》第1卷，人民出版社1956年版。
《马克思恩格斯全集》第2卷，人民出版社1957年版。
《马克思恩格斯全集》第3卷，人民出版社1960年版。
《马克思恩格斯全集》第20卷，人民出版社1971年版。
《马克思恩格斯全集》第3卷，人民出版社2002年版。
《马克思恩格斯选集》第36卷，人民出版社1975年版。
《马克思恩格斯全集》第34卷，人民出版社2008年版。
《马克思恩格斯选集》第13卷，人民出版社1995年版。
《马克斯恩格斯文集》第18卷，人民出版社2009年版。
《马克思恩格斯选集》第1、2、3、4卷，人民出版社2012年版。
《列宁全集》第6卷，人民出版社2013年版。
《列宁全集》第32卷，人民出版社1985年版。
《列宁全集》第40卷，人民出版社1986年版。
《列宁全集》第45卷，人民出版社1990年版。
《列宁全集》第26、32卷，人民出版社2017年版。
《毛泽东选集》第1卷，人民出版社1991年版。
《毛泽东选集》第2卷，人民出版社1991年版。
《毛泽东选集》第3卷，人民出版社1991年版。
《邓小平文选》第2卷，人民出版社1994年版。
《十六大以来重要文献选编（上）》，中央文献出版社2005年版。

《十八大以来重要文献选编（下）》，中央文献出版社 2018 年版。

《十八大以来重要文献选编（上）》，中央文献出版社 2014 年版。

《十九大以来重要文献选编（上）》，中央文献出版社 2019 年版。

《习近平谈治国理政》，外文出版社 2014 年版。

《习近平谈治国理政》第二卷，外文出版社 2017 年版。

《习近平谈治国理政》第三卷，外文出版社 2020 年版。

《习近平关于青少年和共青团工作论述摘编》，中央文献出版社 2017 年版。

习近平：《决胜全面建成小康社会　夺取新时代中国特色社会主义伟大胜利——在中国共产党第十九次全国代表大会上的报告》，人民出版社 2017 年版。

习近平：《之江新语》，浙江人民出版社 2007 年版。

习近平：《在北京大学师生座谈会上的讲话》，人民出版社 2018 年版。

二　中文专著

北京大学哲学系外国哲学史教研室：《西方哲学原著选读：下卷》，商务印书馆 1986 年版。

陈秉公：《思想政治教育学原理》，辽宁人民出版社 2001 年版。

陈波：《陶行知教育文选》，浙江大学出版社 2014 年版。

陈来：《古代思想文化的世界：春秋时代的宗教、伦理和社会思想》，北京大学出版社 2017 年版。

崔建军：《纯粹的声音》，东方出版社 1995 年版。

董宝良、喻本伐、周洪宇：《陶行知教育论著选》，人民教育出版社 2011 年版。

董世峰：《价值：哈特曼对道德基础的构建》，光明日报出版社 2006 年版。

杜时忠：《德育十论》，黑龙江教育出版社 2003 年版。

冯建军：《教育的人学视野》，安徽教育出版社 2008 年版。

高秉江：《胡塞尔与西方主体主义哲学》，武汉大学出版社 2005 年版。

高德胜：《道德教育的30个细节》，中国人民大学出版社2018年版。

高清海：《人的"类生命"与"类哲学"》，吉林人民出版社1998年版。

龚群：《道德乌托邦的重构——哈贝马斯交往伦理思想研究》，商务印书馆2003年版。

顾明远：《中国教育的文化基础》，山西教育出版社2018年版。

韩玲：《马克思的理论教育思想研究》，中国社会科学出版社2009年版。

黄武雄：《学校在窗外》，首都师范大学出版社2009年版。

黄向阳：《德育原理》，华东师范大学出版社2000年版。

金生鈜：《理解与教育——走向哲学解释学的教育哲学导论》，教育科学出版社1997年版。

李安宅：《〈仪礼〉与〈礼记〉之社会学的研究》，上海人民出版社2005年版。

李泽厚：《中国现代思想史论》，安徽文艺出版社1999年版。

李志强：《走进生活的道德教育——杜威道德教育思想研究》，中国社会科学出版社2009年版。

鲁洁：《超越与创新》，人民教育出版社2001年版。

鲁洁：《德育现代化实践研究》，江苏教育出版社2003年版。

《论语　大学　中庸》，陈晓芬、徐儒宗译，中华书局2011年版。

苗力田主编：《亚里士多德选集（伦理学卷）》，中国人民大学出版社1999年版。

邱伟光、张耀灿：《思想政治教育学原理》，高等教育出版社1999年版。

单中惠、杨汉麟：《西方教育学名著提要》，中国人民大学出版社2016年版。

陶行知：《陶行知全集（第二卷）》，四川教育出版社1991年版。

陶行知：《中国教育改造》，商务印书馆2014年版。

万俊人：《现代西方伦理学史（下册）》，北京大学出版社1992年版。

王南湜、谢永康：《后主体性哲学的视域——马克思唯物主义的当代阐释》，中国人民大学出版社2004年版。

王守仁：《王阳明全集（第2册）》，上海古籍出版社1992年版。

王雅林、董鸿扬：《生活方式概论》，黑龙江人民出版社 1989 年版。

项贤明：《泛教育论——广义教育学的初步探索》，山西教育出版社 2000 年版。

谢维和：《教育活动的社会学分析：一种教育社会学的研究》，教育科学出版社 2000 年版。

熊建生：《思想政治教育内容结构论》，中国社会科学出版社 2012 年版。

杨国荣：《伦理与存在——道德哲学研究》，华东师范大学出版社 2009 年版。

叶澜：《"新基础教育"发展性研究报告集》，中国轻工业出版社 2004 年版。

袁本新、王丽荣：《人本德育论》，人民出版社 2007 年版。

袁贵仁：《价值观的理论与实践——价值观若干问题的思考》，北京师范大学出版社 2006 年版。

张德胜：《儒家伦理和社会秩序：社会学的诠释》，上海人民出版社 2008 年版。

张华：《经验课程论》，上海教育出版社 2001 年版。

张焕庭：《西方资产阶级教育论著选》，人民教育出版社 1979 年版。

张小军：《社会场论》，团结出版社 1991 年版。

赵汀阳：《论可能生活》，生活·读书·新知三联书店 1994 年版。

赵祥麟、王承绪：《杜威教育名篇》，教育科学出版社 2006 年版。

周保松：《走进生命的学问》，生活·读书·新知三联书店 2012 年版。

朱智贤：《心理学大辞典》，北京师范大学出版社 1989 年版。

邹进：《现代德国文化教育学》，山西教育出版社 1992 年版。

三　中文译著

联合国教科文组织国际教育发展委员会：《学会生存——教育世界的今天和明天》，华东师范大学比较教育研究所译，教育科学出版社 1996 年版。

［奥］L.贝塔兰菲：《一般系统论：基础　发展　应用》，秋同、袁嘉新译，社会科学文献出版社1987年版。

［奥］阿尔弗雷德·舒茨：《社会世界的意义构成》，游淙祺译，商务印书馆2012年版。

［德］哈贝马斯：《交往行动理论（第二卷）——论功能主义理性批判》，洪佩郁、蔺菁译，重庆出版社1994年版。

［德］汉娜·阿伦特：《启迪：本雅明文选》，张旭东、王斑译，生活·读书·新知三联书店2008年版。

［德］汉斯-格奥尔格·伽达默尔：《真理与方法，诠释学1（修订译本）》，洪汉鼎译，商务印书馆2011年版。

［德］黑格尔：《历史哲学》，王造时译，上海书店出版社2006年版。

［德］黑格尔：《小逻辑》，贺麟译，商务印书馆2019年版。

［德］康德：《纯粹理性批判》，邓晓芒译，人民出版社2004年版。

［德］马克斯·舍勒：《资本主义的未来》，罗悌伦译，生活·读书·新知三联书店1997年版。

［德］马克斯·韦伯：《学术与政治》，冯克利译，商务印书馆2018年版。

［德］威廉·狄尔泰：《历史中的意义》，艾彦译，北京联合出版公司2013年版。

［德］雅斯贝尔斯：《什么是教育》，邹进译，生活·读书·新知三联书店1991年版。

［法］埃米尔·迪尔凯姆：《社会学方法的规则》，胡伟译，华夏出版社1999年版。

［法］布尔迪厄、［美］华康德：《反思社会学导引》，李猛、李康译，商务印书馆2015年版。

［法］卢梭：《爱弥儿（上卷）》，李平沤译，商务印书馆2007年版。

［法］约瑟夫·祁雅理：《二十世纪法国思潮：从柏格森到莱维·施特劳斯》，吴永宗等译，商务印书馆1987年版。

［古希腊］色诺芬：《回忆苏格拉底》，吴永泉译，商务印书馆2000

年版。

[古希腊] 亚里士多德：《尼各马可伦理学》，廖申白译，商务印书馆 2003 年版。

[加] 查尔斯·泰勒：《自我的根源：现代认同的形成》，韩震等译，译林出版社 2001 年版。

[加] 马克斯·范梅南：《教学机智——教育智慧的意蕴》，李树英译，教育科学出版社 2001 年版。

[美] A. 班杜拉：《思想和行为的社会基础——社会认知论（上册）》，林颖、王小明、胡谊等译，华东师范大学出版社 2001 年版。

[美] A. 麦金太尔：《德性之后》，龚群等译，中国社会科学出版社 1995 年版。

[美] J. 曼蒂等：《闲暇教育理论与实践》，叶京等译，春秋出版社 1989 年版。

[美] 布鲁斯·罗宾斯：《全球化中的知识左派》，徐晓雯译，中国社会科学出版社 2000 年版。

[美] 大卫·科泽：《仪式、政治与权力》，王海洲译，江苏人民出版社 2015 年版。

[美] 大卫·雷·格里芬：《后现代精神》，王成兵译，中央编译出版社 1998 年版。

[美] 戴维·波普诺：《我们身处的世界：波普诺社会学》，李强等译，中国人民大学出版社 2014 年版。

[美] 弗吉尼亚·赫尔德：《关怀伦理学》，苑莉均译，商务印书馆 2014 年版。

[美] 弗兰克纳：《伦理学》，关键译，生活·读书·新知三联书店 1987 年版。

[美] 赫伯特·马尔库塞：《单向度的人：发达工业社会意识形态研究》，刘继译，上海译文出版社 2014 年版。

[美] 黑泽尔·E. 巴恩斯：《冷却的太阳——一种存在主义伦理学》，万俊人等译，中央编译出版社 2004 年版。

［美］路易斯·拉斯思：《价值与教学》，谭松贤译，浙江教育出版社 2003 年版。

［美］内尔·诺丁斯：《学会关心：教育的另一种模式（第 2 版）》，于天龙译，教育科学出版社 2014 年版。

［美］威廉·巴雷特：《非理性的人——存在主义哲学研究》，杨照明、艾平译，商务印书馆 2004 年版。

［美］A. J. 赫舍尔：《人是谁》，隗仁莲译，贵州人民出版社 1994 年版。

［美］约翰·杜威：《杜威教育名篇》，赵祥麟、王承绪译，教育科学出版社 2006 年版。

［美］约翰·杜威：《民主·经验·教育》，彭正梅译，上海人民出版社 2009 年版。

［美］约翰·杜威：《民主主义与教育》，王承绪译，人民教育出版社 2001 年版。

［美］约翰·杜威：《人的问题》，傅统先、邱椿译，上海人民出版社 2014 年版。

［美］约翰·杜威：《学校与社会·明日之学校》，赵祥麟等译，人民教育出版社 2005 年版。

［匈］阿格妮丝·赫勒：《现代性理论》，李瑞华译，商务印书馆 2005 年版。

［匈］阿格妮丝·赫勒：《日常生活》，衣俊卿译，重庆出版社 1990 年版。

［英］安东尼·吉登斯：《现代性与自我认同：晚期现代中的自我与社会》，夏璐译，中国人民大学出版社 2016 年版。

［英］霍布斯：《利维坦》，黎思复、黎廷弼译，商务印书馆 1985 年版。

［英］理查德·麦尔文·黑尔：《道德语言》，万俊人译，商务印书馆 1999 年版。

［英］洛克：《人类理解论（上）》，关文运译，商务印书馆 1959 年版。

［英］迈克尔·奥克肖特：《经验及其模式》，吴玉军译，文津出版社 2005 年版。

［英］密尔：《论自由》，许宝骙译，商务印书馆2015年版。

［英］约翰·穆勒：《功用主义》，唐钺译，商务印书馆1957年版。

［英］齐格蒙特·鲍曼：《作为实践的文化》，郑莉译，北京大学出版社2009年版。

［英］斯宾塞：《斯宾塞教育论著选》，胡毅、王承绪译，人民教育出版社2005年版。

［英］特里·伊格尔顿：《理论之后》，商正译，商务印书馆2009年版。

［英］托马斯·莫尔：《乌托邦》，戴镏龄译，商务印书馆2006年版。

［英］维克托迈尔－舍恩伯格、肯尼思·库克耶：《大数据时代：生活、工作与思维的大变革》，盛杨燕、周涛译，浙江人民出版社2013年版。

［英］休谟：《人性论》，关文运译，商务印书馆1996年版。

四 期刊

白显良：《在思想政治教育科研中坚持马克思主义的几个问题》，《思想理论教育导刊》2016年第2期。

柏伟：《大学生思想政治教育生活化探究》，《高教发展与评估》2011年第2期。

班建武：《基于学生经验的学校价值教育有效性基础及其实现途径——以社会主义核心价值观教育为例》，《国家教育行政学院学报》2016年第5期。

毕明生：《试论贴近大学生生活实际的高校德育》，《思想理论教育导刊》2009年第8期。

蔡宝来、李清臣：《教学回归生活的目的：为了学生的发展》，《教育科学研究》2009年第2期。

蔡斯敏：《日常生活视角下"自我"的存在状态与实现方式》，《学术探索》2019年第6期。

曹辉：《道德教育的生活本义及其回归路向》，《湖南师范大学教育科学学报》2015年第3期。

柴秀波：《奥伊肯的精神生活理论及其现代启示》，《国外理论动态》2008年第11期。

柴秀波：《从平面化生存走向立体化生存》，《学术交流》2007年第1期。

柴秀波：《从意义角度对生存状态的哲学考察》，《兰州学刊》2006年第10期。

陈金明：《理想与现实：人的全面发展的价值承诺和当代形态》，《教学与研究》2004年第1期。

陈秀兰：《杜威经验教育观之实践蕴涵——〈民主主义与教育〉解读》，《高教发展与评估》2007年第3期。

陈晏清：《政治哲学的时代使命》，《求是学刊》2006年第3期。

陈玉祥：《德育生活化目标的人本解析》，《现代大学教育》2010年第5期。

陈媛：《马克思的生活价值论及其实践意义》，《学术论坛》2013年第12期。

陈占安：《准确把握理论联系实际思想原则的科学内涵》，《北方交通大学学报》（社会科学版）2003年第4期。

迟艳杰：《教学意味着"生活"》，《教育研究》2004年第11期。

崔祥民、郭春：《非正式学习理论与创新型人才开发》，《武汉工程大学学报》2009年第6期。

邓晓芒：《黑格尔的三种精神标本：浮士德、哈姆雷特和堂·吉诃德——读〈精神现象学〉札记（之二）》，《云南大学学报》（社会科学版）2013年第5期。

丁亚春、马玲：《新时代美好生活价值承诺的四维思考》，《思想政治教育研究》2020年第2期。

丁玉峰：《关于高校意识形态教育生活化的实践思考》，《思想政治教育研究》2018年第4期。

董辉：《"美好生活"本位的现代教育伦理信念及合理性辨析》，《伦理学研究》2019年第5期。

董文桃：《论日常生活叙事》，《江汉论坛》2007年第11期。

段建斌：《关于思想政治教育价值在当代发展的思考》，《求实》2009年第11期。

段黔冰、张红坚：《"场"视域下大学生体育生活化研究》，《北京体育大学学报》2008年第4期。

樊改霞、田养邑：《教育哲学是实践哲学：教育价值的角度》，《国家教育行政学院学报》2012年第6期。

樊泓池、王贵新：《社会主义核心价值观大众化的四维进路》，《思想政治教育研究》2017年第5期。

范关香：《开放社会德育生活化的必然性与实现途径》，《南通大学学报》（社会科学版）2012年第6期。

冯建军：《道德教育：引导幸福生活的建构》，《高等教育研究》2011年第5期。

冯建军：《教育成"人"：依据与内涵》，《教育研究与实验》2010年第6期。

冯益谦：《中美大学思想政治教育方法比较研究》，《思想教育研究》2007年第1期。

冯刚、严帅：《新中国成立70年来高校思想政治教育的成就、经验与展望》，《教学与研究》2019年第9期。

傅松涛、刘树船：《教育生活简论》，《河北大学学报》（哲学社会科学版）2004年第5期。

高秉江：《生活世界与生存主体》，《华中科技大学学报》（社会科学版）2001年第4期。

高德胜：《生活德育：境遇、主题与未来》，《教育研究与实验》2012年第3期。

高华：《大众文化背景下大学生生活方式及价值观研究》，《宁夏大学学报》（人文社会科学版）2016年第2期。

高宇、胡树祥：《微视频APP：网络思想政治教育的新场域——基于"快手正能量"的大数据分析与思考》，《思想教育研究》2017年第

12 期。

高中建、孟利艳：《"80 后"现象的归因及对策分析》，《中国青年研究》2007 年第 10 期。

顾钰民、闫宇豪：《因事而化、因时而进、因势而新是提高教学质量和水平的核心》，《思想教育研究》2017 年第 1 期。

郭红明：《微博与思想政治教育生活化转向的理论契合及其价值探寻》，《北京邮电大学学报》（社会科学版）2013 年第 4 期。

郭婷：《大学生社会主义核心价值观认同的日常生活建构》，《理论视野》2017 年第 10 期。

郭婷：《价值观何以融入日常生活》，《人文杂志》2019 年第 2 期。

郭维平：《高校学科德育与生活德育结合的学理与实践》，《江苏高教》2012 年第 3 期。

侯洁、王澍：《高扬人的实践本性：鲁洁德育思想管窥》，《教育学报》2018 年第 6 期。

侯文华：《高校德育生活化的生成路径》，《南通大学学报》（社会科学版）2011 年第 5 期。

侯玉基：《论人的本质与思想政治教育》，《山东社会科学》2003 年第 3 期。

胡凯：《论思想政治教育理论研究中的生活话语》，《思想理论教育》2007 年第 11 期。

胡林英：《回归生活是道德教育走出困境的出路》，《西南师范大学学报》（人文社会科学版）2002 年第 5 期。

胡沫：《从人的生活世界看思想政治教育的经济学跃迁》，《思想教育研究》2006 年第 10 期。

胡旭华、冯夏根：《生活德育的理念创新及其现实建构》，《思想政治教育研究》2012 年第 5 期。

黄首晶：《论书本知识与生活经验的关系——中外认识论"先验"研究深度变革中的视阈》，《云南师范大学学报》（哲学社会科学版）2007 年第 2 期。

韩宪洲：《高校思想政治工作要准确把握"三大规律"的内涵与逻辑》，《思想理论教育导刊》2018年第4期。

贾志国、苌光锤：《对"教学面向生活世界"的批判及超越》，《高教探索》2019年第3期。

姜金林：《网络空间治理视角下大学生思想政治教育的创新》，《学校党建与思想教育》2020年第18期。

姜书国：《选择生活经验 完善大学课程》，《现代大学教育》2007年第6期。

蒋孔阳：《人类也依照美底规律来造形》，《扬州大学学报》（社会科学版）1980年第4期。

金生鈜：《教育哲学如何关怀生活》，《复旦教育论坛》2011年第2期。

金生鈜：《为什么说价值是教育性的》，《湖南师范大学教育科学学报》2015年第5期。

金雁：《关于高校思想政治教育"三贴近"的思考》，《江苏高教》2006年第3期。

靳安广：《理论联系实际思想的深化：从马克思到邓小平》，《河南师范大学学报》（哲学社会科学版）2015年第4期。

靖国平：《培养道德生活的当事人》，《教育科学研究》2012年第1期。

孔祥慧：《新时代大学生思想政治教育的文化育人理念及其强化》，《思想政治教育研究》2019年第1期。

寇红江、马驰知：《着力推动思政教育因事而化、因时而进、因势而新》，《中国高等教育》2018年第5期。

蓝江：《论日常生活中的思想政治教育》，《思想理论教育》2008年第1期。

雷跃捷：《"三贴近"是对邓小平新闻思想的继承和发展》，《中国广播电视学刊》2004年第10期。

李长吉、秦平：《教学应该回归怎样的生活世界》，《中国教育学刊》2005年第10期。

李大健：《论高校德育贴近生活的路向》，《思想教育研究》2007年第

1期。

李飞、廖小琴：《后现代背景下青年学生的精神生活透视》，《理论导刊》2015年第9期。

李红宇：《狄尔泰的体验概念》，《史学理论研究》2001年第1期。

李进付：《"因事而化、因时而进、因势而新"的内在意蕴及方法论意义》，《思想教育研究》2017年第5期。

李珏、袁勋：《高校网络思想政治教育话语体系考量》，《学校党建与思想教育》2019年第18期。

李社亮：《回归现实生活：道德教育的理想路径——一个关于道德价值取向的话题》，《河南大学学报》（社会科学版）2017年第2期。

李太平、刘燕楠：《教育研究的转向：从科学世界到生活世界》，《湖北大学学报》（哲学社会科学版）2015年第1期。

李伟胜：《学生主动生存：构建属于自己的生活》，《思想理论教育》2003年第5期。

李新：《经验性及经验的回归与超越——"历验"、"体验"与"经验"的比较辨析》，《东北师大学报》（哲学社会科学版）2016年第6期。

刘国章：《论"先验"因素在人的认识活动过程中的作用》，《社会科学辑刊》2002年第5期。

刘海燕：《终身教育的召唤——回归生活世界》，《教育发展研究》2006年第20期。

刘丽琴：《"微时代"背景下高校思想政治"微教育"探析》，《学校党建与思想教育》2019年第4期。

刘庆昌：《日常生活中的教育现象分析》，《山西大学学报》（哲学社会科学版）2019年第4期。

刘铁芳：《从苏格拉底到杜威：教育的生活转向与现代教育的完成》，《北京大学教育评论》2010年第2期。

刘铁芳：《在理想与虚无之间：当前道德教化价值目标问题的困境与超越》，《国家教育行政学院学报》2005年第6期。

刘炎欣、陈理宣：《教育理论何以关涉生活智慧》，《基础教育》2016年第 1 期。

龙柏林:《道德教育:在日常生活与非日常生活之间》,《学术交流》2003 年第 10 期。

鲁洁:《道德教育的根本作为:引导生活的建构》,《教育研究》2010 年第 10 期。

鲁洁:《德育课程的生活论转向——小学德育课程在观念上的变革》,《华东师范大学学报》(教育科学版) 2005 年第 3 期。

鲁洁:《回归生活——"品德与生活""品德与社会"课程与教材探寻》,《课程·教材·教法》2003 年第 9 期。

鲁洁:《做成一个人——道德教育的根本指向》,《教育研究》2007 年第 11 期。

路强:《关怀伦理与美好生活共同体建构》,《中州学刊》2020 年第 10 期。

马开剑:《杜威"经验"概念的动态特征及其课程意义》,《贵州师范大学学报》(社会科学版) 2004 年第 4 期。

马讯:《生活哲学视野中的马克思主义》,《哲学研究》2004 年第 11 期。

梅娟:《现代社会和谐的理想:政治正义与个人自由的统一》,《江西师范大学学报》(哲学社会科学版) 2005 年第 6 期。

梅萍:《生命教育:旨在生命意义的教育》,《思想理论教育》2011 年第 21 期。

孟筱、蔡国英、周福盛:《新时代教育发展的历史逻辑、理论意涵与实践路径》,《北方民族大学学报》(哲学社会科学版) 2019 年第 6 期。

糜海波:《道德教育回归生活世界的若干思考》,《思想理论教育》2007 年第 3 期。

戚如强:《习近平立德树人思想的理论渊源与精神实质》,《马克思主义研究》2018 年第 7 期。

漆思:《中国梦:现代性文明批判与当代生活理想建构》,《南京社会科学》2013 年第 9 期。

冉晓斌、刘跃文、姜锦虎:《社交网络活跃行为的大数据分析:网络外部性的视角》,《管理科学》2017 年第 5 期。

申丹：《叙事结构与认知过程——认知叙事学评析》，《外语与外语教学》2004 年第 9 期。

沈瑞：《论活动教育对学生生活实践能力的培养》，《思想理论教育》2007 年第 24 期。

宋琳、李丹：《价值、现实与实践：高校日常思想政治教育三维探析》，《理论导刊》2020 年第 5 期。

粟高燕：《高校生活德育的实践探索》，《教育探索》2006 年第 11 期。

孙慧玲：《对思想政治教育有效性的另一种思考》，《学术交流》2008 年第 1 期。

谭培文：《日常生活世界：人的全面发展的现实平台》，《学术论坛》2004 年第 2 期。

唐亚阳、陈三营：《因事而化、因时而进、因势而新——努力把新时代思想政治工作做得更好》，《湖南社会科学》2018 年第 5 期。

田慧生：《时代呼唤教育智慧及智慧型老师》，《教育研究》2005 年第 2 期。

汪怀君：《论生活世界的交往特性》，《道德与文明》2010 年第 1 期。

汪信砚：《社会理想与人的全面发展》，《社会科学杂志》2003 年第 2 期。

王柏棣、王英杰：《大学生理想教育的现实性维度》，《东北师大学报》（哲学社会科学版）2018 年第 6 期。

王策三：《认真对待"轻视知识"的教育思潮——再评由"应试教育"向素质教育转轨提法的讨论》，《教育发展研究》2004 年第 10 期。

王光秀：《论当代视域中的马克思生活世界理论》，《理论探讨》2013 年第 2 期。

王海萍、李晓晴：《现代性视域下日常生活与个体需要的选择》，《学术交流》2019 年第 3 期。

王健敏：《具身德育：立德树人背景下德育新理念与新路径》，《中国特殊教育》2017 年第 5 期。

王鉴:《"教育与生活"问题之问对》,《当代教育与文化》2012年第1期。

王俊琳、李太平:《个性"成人"教育的生成逻辑与创新理路》,《广西社会科学》2020年第12期。

王俊琳:《雅斯贝尔斯论大学师生爱的理解与精神交往》,《高教探索》2019年第3期。

王露璐、张霄:《现代化进程中的道德建设——第13次中韩伦理学讨论会综述》,《哲学动态》2005年第7期。

王南湜:《回归生活世界意味着什么》,《学术研究》2001年第10期。

王青原:《生活化校园的彰显——回归生活的学校德育》,《河北师范大学学报》(教育科学版)2005年第2期。

王学风:《多元文化背景下的学校德育改革》,《思想理论教育》2005年第11期。

王雅林:《生活方式研究的社会理论基础——对马克思历史唯物主义社会理论体系的再诠释》,《南京社会科学》2006年第9期。

魏华:《"一个经验":杜威美学中一个容易被误读的概念》,《湖北社会科学》2015年第8期。

吴飞:《"空间实践"与诗意的抵抗——解读米歇尔·德塞图的日常生活实践理论》,《社会学研究》2009年第2期。

吴云、王强:《大学生理想信念教育中道德信仰的作用机制——以"生活世界"为根基的哲学解读》,《高校教育管理》2007年第1期。

项松林:《马克思的生活理论及其时代价值》,《南通大学学报》(社会科学版)2019年第2期。

项贤明:《论生活教育与学校教育的逻辑关系》,《教育研究》2013年第8期。

肖群忠:《论生活与伦理的关系》,《中国人民大学学报》2018年第3期。

谢四平:《强化知行合一 增强大学生思想政治教育实效性》,《湖南社会科学》2005年第3期。

邢斐:《大学生道德建设的教育引导与实践养成》,《学校党建与思想教育》2020年第11期。

熊和平:《生活:经验与超验》,《浙江社会科学》2005年第6期。

徐辉、刘建军:《十八大以来思想政治工作的成绩与经验》,《思想政治教育研究》2017年第5期。

徐新平、许静:《"三贴近"传统的历史演进》,《湖南大学学报》(社会科学版)2008年第2期。

晏辉:《教育回归生活世界的基本方式》,《华东师范大学学报》(教育科学版)2006年第1期。

阳剑兰、曾长秋:《思想政治教育生活化的追问》,《湖湘论坛》2010年第1期。

杨发航:《马克思主义理论教育的基本经验初探》,《思想理论教育导刊》2011年第5期。

杨国荣:《日常生活的本体论意义》,《华东师范大学学报》(哲学社会科学版)2003年第2期。

杨晓慧:《当代大学生生活方式问题及对策研究》,《东北师大学报》(哲学社会科学版)2006年第6期。

姚冬梅:《论生活的意义与德育的使命》,《思想政治教育研究》2010年第2期。

叶方兴:《从"悬浮"走向"融合"——论现代性语境下思想政治教育与日常生活的关系》,《探索》2019年第6期。

叶文梓:《从"知识世界"走进"生活世界"——对学校道德教育基础的反思》,《浙江社会科学》2001年第3期。

虞新胜、危琦:《回归生活实践的"政治"阐释:兼论奥克肖特〈政治中的理性主义〉中的政治概念》,《江西社会科学》2007年第4期。

袁平凡:《思想政治理论类课程结构叙事的价值与实践研究》,《学校党建与思想教育》2019年第23期。

袁祖社:《精神生活的"自我治理"逻辑及其公共性追求——思想"正当化"自身的知识论前提》,《江海学刊》2017年第1期。

曾祥云：《毛泽东"理论联系实际"思想解读》，《湖湘论坛》2014年第4期。

张传有：《休谟"是"与"应当"问题的重新解读》，《河北学刊》2007年第5期。

张国启：《大学生思想政治教育生活化路径探讨》，《思想教育研究》2008年第4期。

张奎良：《马克思人的本质思想的全景展示》，《天津社会科学》2014年第1期。

张铭凯、靳玉乐：《论立德树人的实践逻辑与推进机制》，《中国电化教育》2020年第8期。

张曙光：《生命及其意义——人的自我寻找与发现》，《学习与探索》1999年第5期。

张天宝：《关注学生的生活世界：当代课堂教学改革的重要特征》，《中国教育学刊》2007年第3期。

张彤：《哈贝马斯的"生活世界范式"》，《学术交流》2015年第2期。

张向众：《人在学校日常教育实践中的共同成长——一种教育学意义上的幸福观》，《教育科学研究》2008年第7期。

张耀灿、曹清燕：《论马克思主义人学视野中思想政治教育的目的》，《马克思主义与现实》2007年第6期。

张耀灿、曹清燕：《新中国成立60年来高校思想政治教育的基本经验》，《思想理论教育导刊》2009年第8期。

赵惜群：《关注生活：德育目标的价值取向》，《中南大学学报》（社会科学版）2008年第6期。

赵野田、张一苇：《习近平网络空间治理思想的哲学意涵与核心理念》，《广西社会科学》2018年第6期。

周洪宇：《教育生活史：教育史学研究新视域》，《教育研究》2015年第6期。

周琪：《论思想政治教育环境的生成、生活形态和自觉实践》，《教学与研究》2017年第10期。

周文宣、武传君：《校园文化建设与大学精神培育》，《大学教育科学》2008年第1期。

朱承：《生活政治化与政治生活化——以〈礼记〉为中心的考察》，《上海大学学报》（社会科学版）2013年第6期。

朱松峰：《"纯粹意识"与"实际生活经验"——胡塞尔与早期海德格尔的比较》，《广西社会科学》2008年第10期。

朱晓宏：《经验、体验与公共教育学——现象学视野中的高师公共教育学教学改革》，《教师教育研究》2007年第6期。

朱晓霞、刘萌萌、赵雪：《复杂网络中的信息传播机制研究》，《情报科学》2017年第5期。

郑永廷：《思想政治教育的根源探究》，《中国高校社会科学》2014年第3期。

［德］哈贝马斯：《公共空间与政治公共领域》，《哲学原理》2009年第9期。

后　　记

　　本人长期致力于高校思想政治教育问题的研究，在现实生活中，大学生思想政治教育与生活的疏离，自身也面临着诸多的现实困境：第一，远离个体的真实生存状态。传统高校思政教育目标过于远、大、空，无法满足个体的现实需求与内在学习动机，将个体的现实生存状态隔离在外。无法解决个体自我成长过程中的实际困难与问题，造成学生的个体生活与社会生活相脱节，使个体社会化难以顺利进行。第二，教育过程缺乏价值性、体验性、主体性。传统大学生思想政治教育，由于过于注重理论的灌输与知识的传授，易于忽略学生的主观诉求、感受，忽视体验与经验的获得，进而导致人文关怀与深度体验的缺失。第三，教育供给与需求之间的不对等。传统大学生思想政治教育，对于理论知识的宣讲过于注重机械化重复与直白讲授，致使学生的学习兴趣与内驱力无法得以激发，进而丧失独立探索的好奇心与自我教育的内在动力，使教育供给与个体需求之间不对等，以此导致教育的失效与缺效。第四，缺乏对于个体现实生活的价值引领。大学生思想政治教育与时代、社会发生着各种交会，而传统大学生思想政治教育存在于抽象的理论世界与科学世界之中，无法现实地解决学生所遭遇的观念误区、思想困惑等问题，也无法让学生找到属己的真实的生活世界。因此，要使价值观发生作用，就需要引导个体能够回到现实生活实践中不断进行感知与领悟，不断与个体的日常生活发生联系，在细、小、实上下功夫。

　　大学生思想政治教育回归生活世界的提出，既符合现代教育的发展趋势，也符合现代思想政治教育发展的本质要求，同时也是解决传统大学生思想政治教育现实困境的理想途径之一。国内外已有相关研究中对于实践理念、实践路径等已经达成了某些共识，为专门化、系统化地研究大学生思想政治教育生活化打下了良好基础。但与此同时，还存在以下方面的不足：其一，在研究内容上。首先，对生活与思想政治教育两者之间的关系研究还不够深入。对于此问题的解答，有着本源性的意义。它关涉了大学生思想政治教育回归生活世界的合理性、合法性与可能性。其次，相关的理论基础主要集中于哲学、现象学、教育学、心理学等学科，对其他相关学科的关注较少，其理论依据主要围绕马克思、胡塞尔等的"生活世界"理论、哈贝马斯的"社会交往"等理论开展。然而，大学生思想政治教育不仅培养学生的道德规范，还涉及"意识形态"的问题，旨在以马克思主义为指导和核心，让受教育者能够认同党的领导核心作用与中国特色社会主义制度。它还关涉到马克思主义理论、思想政治教育、伦理学、社会学等学科的相关内容。再次，实践路径方面。已有研究提出了实践路径的相关理念，但涉及的具体要素都较为零散，并且对每个要素实施的具体化路径的分析也不够深入，缺乏行之有效的整体性实践框架。最后是实践载体方面。已有研究多集中于显性教育功能的研究，对隐性教育功能的关注相对较少。然而，思想政治教育能够深入人心，能够产生潜移默化、持久性的影响，需要通过不同的渠道，不断渗透进学生的生活之中，才能实现日用而不自知的教育效果。其二，在研究方法方面。更多的是经验性、理论性研究，实证研究相对较少。以上存在的不足方面构成了本书的部分研究内容与创新点。

大学生思想政治教育对于生活世界的回归，从理论意义上来看：一是对现代思想政治教育本质的重新审视。大学生思想政治教育对生活世界的回归，着重强调生活对思想政治教育的意义与价值，以生活为基点，通过生活来实现思想政治教育预期的教育效果。从生活与教育、生活与人之间的关系来看，将思想政治教育置于现实生活之中，服务于生活，将生活作为原点设置思想政治教育的同心圆。在围绕生活的同时，与生活相结合，在生活中进行，以期确立一种人作为主体、生活作为中心、教育作为导向的新的思想政治教育范式。相比传统的思想政治教育，大学生思想政治教育对生活世界的回归不仅仅是方式或手段的变化，也不是让思想政治教育脱离现实的权宜之计，而是对现代思想政治教育本质的重新审视与全面观照。二是对生活教育理论的进一步探索。思想政治教育需关注现实世界中的个体，需要不断回应现实实践活动与现实生活中所面临的问题，同时还需要关注现实个体的主观需要，否则研究内容就会僵化，并缺乏现实意义。大学生思想政治教育对生活世界的回归，是教育与生活相联结之必然性与必要性的深入思考，是对传统大学生思想政治教育的反思，更是对思想政治教育所存在的现实世界的回应。三是促进思想政治教育研究视角的转换。范式创新意味着对已有范式的超越与突破，旨在用新的范畴术语、原则与方法对研究对象进行阐释，并将研究视野转入新的领域之中。大学生思想政治教育对生活世界的回归，研究视角从传统人转向现代人，把生活作为研究的理论基点，将个体的成长置于生活之中，植根于现实社会实践的基础之上，使思想政治教育与现实生活能够实现有意义的联结。从实践意义来看，一是促进大学生思想政治教育从抽象向具体的转变。思政和生活的结合，目的在于使思想政治教育能够为大学生的现实生活提供有效的引导，在大学生的现实生活中实现价值导向的作用。生活不仅是思想政治教育的实践寓所，而且应是价值旨归。生活与思想政治教育的融合，是两者之间的本源性要求与相互作用、发展的结果。生活作为思想政治教育所存在的基础与本源，思想政治教育不能悬浮于生活之上而独立存在，日常生活本身也构成了思想政治教育的重要内容。大学生思想政治教育对生活世界的回归，将思想政治教育切入学生的生活与生命体验之中，将所传播的价值观念融入学生的现实生活实践之中，才能真正让学生将所学的理论知识、价值观念等入脑入心，不断拥有获得感，进而实现日用而不知的教育理想。二是能够更好地把握大学生思想政治教育的教育规律。大学生思想政治教育，需要观照现实生存背景与条件，关切现实生活的变迁，才能够在现代性特征的社会语境之下，更真实地把握教育对象与思想政治教育规律。以此，不断满足社会发展需求，以及大学生个体发展的需要。通过思政教育实现日常生活的引领与塑造，克服现代性所附带的负面思想文化，完成思想政治教育自身所应担负的时代使命。三是实现大学生思想政治教育的价值引领。生活化视角凸显了对生命与生活本真的追寻，对于人的生存状态、境遇、价值与意义的关切。既彰显了对人的本质与生活本质的回归，也体现了现代性语境下对大学生生活的塑造与引领，将生活中的思想关切作为切入点，以生活作为载体与中介，依托与借助于生活，通过生活实现价值导向与引领的作用。四是凸显大学生思想政治教育的现实性与时代性。一方面是现代政治、经济、文化对于人们日常生活的改变，另一方面是现代性切入人们的日常生活之中的方方面面。现代化人格的培育需要统一于现实和理想之中，既要反思历史、批判当下，又应面向未来。传统大学生思想政治教育因为自身的过于直白化与理想化，使其丧失了对现实生活观照的生命力，以及对现实生活进行指导的价值性。在生活化视角下，大学生思想政治教育对现实生活的关注，给个体的人生征程以导向，不断审视、反思、批判、超越当下的现实生活，才能更具有时代生命力。

在研究过程中，深感生活所包含内容的繁杂与广博。由于本人的学识浅薄，理论功底还较为薄弱，对于思想政治教育与生活这两者关系的研究还需进进一步深入，所构建的大学生思想政治教育回归生活世界整体性实践框架，还需进一步加强针对性、现实性与可操作性。对于生活世界的回归脱离不了具体的生活情境，需要结合具体的案例进行研究结论的论证。如何在个案之中寻找到具有普适性的实践路径是需要进一步深入思考的问题。因此，本书的研究只是大学生思想政治教育回归生活世界的初步探索，还有大量的研究工作需要后期开展，书中所存不足之处，恳望同行能够给予批评指正。

最后，感谢恩师王宗礼教授的耐心指导、悉心教诲与辛苦付出，在选题、拟定框架与成稿的过程中，通过循循善诱的耐心引导，给予各种宝贵的建议与指导，使自己能够不断认识到视野的局限，分析问题的不足，驱使自己能够对所研究的问题不断进行深入的思考。恩师谦虚严谨的治学态度，对专业的信念、理想与人文情怀也潜移默化地影响着自己。正是恩师的专业引导与辛勤付出，才使自己的专著得以顺利完成。

感谢此书的责任编辑中国社会科学出版社刘艳女士。

感恩家人的关心、理解与付出，她们是我不断前进的动力。

本书的缘起、构思与形成过程交代如上，以此记录这一段难忘的学习之旅，是为后记。

李清薇

2023 年春于昆明